Historical Jump
of
Deep Theorical Link

From Hobbes, Nietzsche to
Freud and Rebellion of
the Mass

深邃思想系链的历史跳跃

霍布斯、尼采到弗洛伊德以及大众的反叛

叶启政 著

商务印书馆
创于1897 The Commercial Press

图书在版编目（CIP）数据

深邃思想系链的历史跳跃：霍布斯、尼采到弗洛伊德以及大众的反叛 / 叶启政著．—北京：商务印书馆，2021

ISBN 978-7-100-19903-2

Ⅰ.①深…　Ⅱ.①叶…　Ⅲ.①社会学—思想史—研究—西方国家　Ⅳ.①C91-095

中国版本图书馆 CIP 数据核字（2021）第 079035 号

深邃思想系链的历史跳跃
霍布斯、尼采到弗洛伊德以及大众的反叛
叶启政　著

商　务　印　书　馆　出　版
（北京王府井大街36号　邮政编码100710）
商　务　印　书　馆　发　行
北　京　冠　中　印　刷　厂　印　刷
ISBN 978-7-100-19903-2

2021年6月第1版　　开本 880×1230　1/32
2021年6月北京第1次印刷　　印张 11⅜

定价：58.00元

简体中文版序

今年四月一日接到北京商务印书馆的来函，希望我能为将于七月间出版的简体中文版写点东西，向未来的读者说些与这本书有关的话。作为作者，我认为这样的要求合情合理。况且，除了在原有序言中已经约略提到当初所以写这样一本书的基本动机之外，倘若我能够向读者们多做点交代，似乎将有助于读者们捕捉这本书的内容所可能蕴藏更深邃的意涵。对此意涵，我指的是：掌握主导着17世纪以来之西方社会思想发展的基本问题意识与历史脉络。就在这样之心理驱力的推动下，我答应商务印书馆的请求，在尽可能不与原序言的内容有所重复的原则下，以最为简短的篇幅写下下面的文字，希望有助于读者更能体味我在书中所想表达的意念，以及所以如是行文背后的历史脉络。

诚如我在原序中提到的，这本书所陈述的内容原是配合着我的另外一本书《象征交换与正负情愫交融——一项后现代现象的透析》而写就的。一开始，为了保持完整的呈现样貌，我原本是准备以单一本书的形式来出版，而我特别选择霍布斯、尼采与弗洛伊德等三位思想家的思想来予以刻画，乃因为我认为，若欲了解当前之所谓“后现代”场景，就西方社会思想的发展史而言，他们可以说是思想上的先驱，更是促进思想典范转换的重要转折点，尤其是尼采。但是，后来，基于整本书之篇幅长度的现实考虑，不得不选择适当的分割作法，改采以两本书的方式分别出版。

我所以认定霍布斯、尼采与弗洛伊德（外加马克思）的思想所以是促进思想典范转换的重要转折点，其中有一个关键，那是他们都以"（本能）欲望"的概念作为核心基点（或分离起点）来经营整个理论，而这恰恰能够用来勾勒至少从17世纪以来整个西方社会转型样貌的基本概念座架。简单地说，这个社会转型的样貌即是资本主义体制的浮现，而对"（本能）欲望"所牵引出来的身心状态正是用来刻画兴起之资产阶级最值得关注的特征，具有着特殊的历史－文化质性意义。

以最简扼的语言来说，要求解放人所原有的本能欲望，堪称是反映着资产阶级兴起的历史场景所反射出来的特殊历史－文化质性。这是一种具有浓厚"返祖"性质的集体期待，回归到人类所具"动物性"与"人文性"的临界点，亦即：人由具"野性"的"动物"转进为具"文化"的"人类"种属的原始交接点。下面，让我就西方社会思想的概念演进过程，对这样之以"欲望"的历史－文化质性为本之思想典范的发展，做个简单的说明，就权充阅读这本书的"导读"吧！

17世纪英国内战不断，对处于这样一个后人称为"资产阶级革命"情境下的霍布斯来说，无疑的，他意识到，面对的是一个将由资产阶级主导整个历史演进的新时代。就由嗜欲（appetite）（或谓欲望）开展出来的集体心理状态而言，过去封建时期以国王与贵族为历史主体所重视的“优越愿望”和“承认欲望”已经渐渐露出疲态，取而代之的是最足以反映新兴之资产阶级的心理状态，即：强调“对等愿望”和“最低程度之自我保全的欲望”。这于是乎构成为霍布斯经营其有关国家主权说的最基本，也是最核心概念要素。跟随在霍布斯之后的洛克（Locke）不遑多让，他更进一步地以追求“改进”（improvement）作为基本价值，为当时以羊毛纺织手工业为本之“农业资本主义”的正当性加持，并用来捍卫连带而来的“圈地运动”（movement of enclosure）以及在北美“新大陆”进行得如火如荼之殖民潮带来的“抢地”作为。洛克于是提出了以财产作为“自然权利”的“财产的劳动说”（简言之，财产的拥有是劳动的自然结果），以政治经济学的形式进一步地圆成了霍布斯的欲望心理学，作为支撑资产阶级作为历史主体的论述基础。

到了18世纪，曼德维尔（Mandeville）提出了一种说法：私人的恶德，若经过老练政治家的妥善管理，可能被转变成为公众的利益。这样的“私德成就公益”说法，为亚当·斯密（Adam Smith）所修饰且加以强化。他特别强调社会的发展与繁荣，主张人乃追求自我利益的。此一追求私利总是会以“一只看不见的手”的方式带来了成就公共利益的“未预期的结果”。尤有进之的，亚当·斯密承接着洛克强调“改进”的主张，以“追求更加条件的欲望”（desire to better one’s condition）取代霍布斯重视的“追求权力的欲望”概念，并认定这是新来临之资产阶级蕴生社会动力的基本心理基础，具有着伦理意涵。同时，对过去贵族与上流士绅阶层视其所专有享受着具创造“想象力”（imagination）的奢侈品作为追求美感与荣耀欲望的表现，亚当·斯密认为，如今在资产阶级身上也看到了，他们以此作为炫耀“生活情调”的阶级象征。在这样的情况下，劳动更是进而变成为“想象”的心理以“有用之观念”为名的一种实践作为。

在这样的历史场景里，过去被基督教会视为“恶行”或“恶德”的许多具激情（passion）意涵的情操，诸如虚荣、奢侈、贪婪、挥霍等，如今却转身变成为“繁荣与发展”之概念可能衍生的极致行止，并意图赋予“正当性”。准此，亚当·斯密以“利益”（interest）的概念来取代赤裸裸的“激情”概念，以掩遮其所具之“恶行”或“恶德”的历史负面“本质”。这可以说是为洛克的“权利”说的“自然”性与现实功效作用，提供了更为结实的实证伦理底石。无疑的，单单就如此对词汇的善加选择，即可以表明着，迎接正在滋长的资本主义体制，这些思想家们力图为一些原先负载着负面意涵的既有字汇形塑崭新的正面形象。诚如思想史家赫希曼（Hirschman）所诠释的，在概念上，“利益”意涵着可预测与恒定，因此，诸如赚钱获利等追求“利益”作为，可以被看成是一种宁静的激情（calm passion），足以获取正面的伦理意涵。这堪称西方社会思想史上的一种巧妙语义操弄，将由“激情”移位至“利益”时原先可能内涵的“毒素”全都抽掉，留下的是深具善意的良质心理成分。说来，这样的语义转换洗白，应当归功于亚当·斯密的《国富论》。

如此一般之以“持具个体”（possessive individual）为本的自然权利说来为资产阶级加持，形塑了一种崭新的生命观，强调个体是独立而自由的存有体，且以具外在控制性的持有（如钱财、土地、房屋等）作为基础来形构自我意识和自我肯定。要求不断地摆脱既有的种种社会性约束以获得充分“解放”，进而能够彰显个别“差异”，于是乎成为人们追求的“普世”价值。德国社会学家齐美尔（Simmel）即指出，19世纪的欧人追求的是个人的独立自主性，以别于18世纪所强调的自由与平等。但是，殊不料，任何的社会都不可能没有规范，对成员的行止作为均会要求有着一定的限制约束。面对着这样同时要求“解放”与“约制”的困局，人们心理上产生了正负情愫交融（ambivalence）的情结自是可以预期的。就历史的角度来看，19世纪后半叶体现在西欧世界的所谓“维多利亚”精神（Victorianism）正是内涵着解放与压抑并存的矛盾两难心理情结，而这正是弗洛伊德意图透过利比多（libido）作为原欲（性满足与攻击性本能）和本我（id）作为人的存在基底元素所营造出来的“潜意识”理论来告诉我们的历史故事。就此来看，基本上，潜意识可以说是因应着特殊历史场景而蕴生的一种心理现象。简单地说，它乃是因“理性化”的文明对人产生了压抑而引带出来的特殊心理状态。相对的，在初民社会里，人们基本上是没有什么“潜意识”问题的，因为社会本身并没有为人们带来明显的压抑，人们的情绪总是可以自然地发泄。

至于尼采，我始终认为他是天才，也是先知，他预见了资产阶级挟“欲望”作为自然权利的基石所经营出来之文明的命运。难怪，虽然弗洛伊德拥有尼采的著作，但是，始终“不敢”阅读，因为他害怕知道尼采早已将他自己想说的都说过了，而事实上也正是如此。甚至，我们可以说，尼采看得更深刻、透彻，也更有着令人省思的启发性。基本上，尼采视“正负情愫交融”是活着的人的基本心理状态，是“正常”的。它是代表“感性”之酒神狄俄尼索斯（Dionysus）与代表“理性”之太阳神阿波罗（Apollo）的两种精神，以“断而未断”的搓揉摩荡方式相互激荡出来的状态，而且是永恒轮回地呈现着，这意思是说，倘若，如弗洛伊德所认定的，“正负情愫交融”为现代文明人带来了心理障碍，那是因为人们的心灵太脆弱，也不懂得学习去体会，以从中吸取养分来培养“健康”的人格使然的。毋宁的，在尼采的心目中，“正负情愫交融”有着正面的生命意涵，乃人发挥创造力、想象力、意志力与坚韧性格的心理渊泉，可以说是上苍恩赐给人类的宝藏。说来，这正是尼采所以强调人需要不断修炼以力求自我精进来成就“超克人”（*Übermensch*, overman）的关键所在。单靠从事社会制度的改进，并不可能为人类根本地解决问题。

面对今天这样一个意义被中空化、厚重而踏实的象征变成为轻薄而飘荡之符号的“后现代”场景，我们所面对的问题毋宁地不单是“持有”，而是“虚空”。在这样时空转移的大时代里，让我们回到西方社会思想世界里，从过去的历史中寻找所以让整个世界如是演变与发展的理路轨迹，无疑地是有意义的，值得我们去探究。这可以说是这本著作所企图剔透的要旨。

叶启政　识于台北景美寓所

2021年4月5日

目　录

自 序

在这本集子里收集的是我从2008年以后陆陆续续写就的部分论文。除了第四章有关大众现象与共同体的讨论是在单独立意下写出来的，其他三篇文章原是为将与此书同时出版的另外一本著作《象征交换与正负情愫交融——一项后现代现象的透析》而写的。在原先的构想里，还将包含另外一个重要的思想家——马克思（Karl Marx），但是，因为后来考虑把已写就的这三篇文章另行单独结集出版，所以，也就把当时尚未动笔之有关马克思思想的讨论暂时搁置，另外再处理。尽管剔除了有关马克思之思想的评介，确实是一件遗憾的作为，但是，毕竟还是无损我原先构思的基本思维架构，也应当不会对读者的理解有什么明显的障碍。当然，假若，读者有兴趣知道，我对霍布斯、马克思、尼采与弗洛伊德等四位极具分量的思想家，在西方社会思想发展史中，有着怎样的亲近贯联关系，那就请径行参考《象征交换与正负情愫交融——一项后现代现象的透析》这本书吧！

在这里，我有必要说明一下，为什么我会改变心意，把原为《象征交换与正负情愫交融——一项后现代现象的透析》一书已写就的三章文字，又特别加上《“大众”云团的氤氲雾霭与液化的共同体》一文，单独另行集结成书出版。首先，暂且不谈我何以会在年已过65岁了还花费那么多的时间与精力来重新了解霍布斯、尼采与弗洛伊德，尤其是尼采。这，我留在《象征交换与正负情愫交融——一项后现代现象的透析》的序文中才做说明。在此，我仅只就“为什么改变心意而另行成集出版”做一点说明，因为，这样的说明，理应有助于读者在阅读本书时，比较方便走入我的心灵世界，了解我的写作用意，特别是有关议题何以是如是地提引着。

当初，为了梳理当代的所谓“后现代状况”，尤其确立整个“后现代”现象之呈现与所谓“现代性”的关键分离点，我认为，绝对有必要回到西方社会思想的发展脉络中去寻找一些具历史意义的线索。依据我过去的经验，我觉得，对霍布斯、马克思、尼采与弗洛伊德等四人的某些特定重要概念进行爬梳，并从事历史性的定位，可以说是深具意义的功课。这令我不得不耗费着相当多的时间和精力重读这些思想家的作品，尤其是有系统地阅读尼采的著作。于是，我就边读边做整理与诠释评论，后来变得欲罢不能，累积下来，不仅写下的文字超过原先预期的数量，而且，碰触的问题范围也跟着扩大，一样的，超出我原先规划的议题范围（尤其是有关尼采的部分）。如此一来，尽管这么做至少是有助于澄清自己的理解与更细致地铺陈这几位思想家的整体思想理路，但是，审度整个情形，却让我不得不承认，恐怕就难以摆在同一本书里头，作为提引我所真正关心的课题——象征交换与正负情愫交融的现象——的思想史线索了。否则的话，整本书的结构会显得沉重而累赘，相当臃肿邋遢，且不时又会有着失焦之虞。基于这样的考虑，以另外独立的一本书来呈现给读者，应当是比较妥当的，所以，我也就这么做了。

霍布斯、尼采与弗洛伊德分别是活在17、19与20世纪中叶的人物，他们所经验的自有其所处之时代的特殊历史－文化氛围，况且，这几个世纪又恰恰是欧洲世界面临着最大变动的时代，所以，他们的思想原本就极可能受制于时代所赋予的限制，无法推衍地通用于不同的时代和不同的社会。然而，毕竟，他们是重要的思想家，思想赋有着一脉相承的激挑性，足以留下一定强度的"磁滞"效果，对整个（即使施及于当代）社会理论的形塑有所影响。只不过，这样的思想传承所引生的"磁滞"作用，到头来，不免可能产生了时空误置的情形，显得榫头失准，不切实际，以致于误导、失焦。我所以选择霍布斯、尼采与弗洛伊德三人重新予以解读，其用意正在于此，因为，在西方社会思想发展史中，他们都可以说是举足轻重，有着巨大的影响分量，能够重新检讨他们的思想内涵，并给予适当的评论，着实会有着一定的意义。

自从17世纪以来，整个西方世界（连带的，全世界）经历着几乎是史无前例的快速变迁，特别到了19世纪以后，情形尤其是如此。其中，表现在社会的结构表征上面的，最明显的莫过于是所谓大众社会的出现。到了20世纪70年代，大众传播媒体科技（特别加上电脑科技衍生之网际网络技术）极其快速的发展，更是厚植了大众社会的根底。面对着为许多人所“诟病”的大众拟像现象——诸如冷漠、肤浅、低俗、哗众取宠、宣泄、纵欲、任性、桀骜不驯或乃至异化等——有如“癌细胞”以自我繁殖的方式一波又一波地浮现着，人们开始怀念传统“共同体”社会所留有“良好”的印象，他们看到的是，人与人之间所显露温馨、祥和、互信、可靠等美好的一面。于是，面对大众社会所呈显的“恶形恶状”，许多的人们（特别是社会学者）以往昔社会的模式（如中古世纪的欧洲）为典范，重新编织起“共同体”的美梦，希望人类未来的文明有向这个方向发展的机会。

在这样的期待之中，我们不免要问：历史可能倒流吗？还是，往昔美景已逝，难以再成真了？说真的，未来的情形应是如何，我不知道，但是，或许，我们至少可以从过去思想家的一些论述里找到一些灵感与启示，以提供给我们线索来从事合理的评估。总之，基于这样的考量，选择对霍布斯、尼采与弗洛伊德三位重要的思想家的论述（特别是尼采的思想）重新进行解读，并把《“大众”云团的氤氲雾霭与液化的共同体》一文也收集进来合着来阅读，似乎起着挑战读者之分析和洞识能力的试炼作用。

我个人是希望把这本集子当成《象征交换与正负情愫交融——一项后现代现象的透析》一书的辅助读物或更详尽的注脚。我这么期待着，绝非怀有不良的动机，当成一种委婉的促销手法，引诱读者多买一本书，而只是针对有着进一步兴趣了解我到底在想些什么的读者们有个提醒，如此而已。说真的，这样正经八百的严肃学术书籍，既非教科书，原就不能期待有什么销路的，想靠此赚钱，无疑是痴人说梦，绝无可能的。写这样的书，纯粹是基于个人的兴趣，恰恰又有着不怕死的出版商，肯不惜冒着赔本的风险来鼎力相助，所以，我也就让它出版，图个在人生旅程中留下一点记录，或许，将是最后的记录。

有一件事，我似乎有必要在此特别交代，那是：在这四篇文章中，有关尼采一文，我耗费的心力与时间最多，也最深。无论就知识的累积或生命的体现来说，从阅读尼采的作品之中，自己所得最为丰富，也最为深刻。这让我见识到尼采这一代奇人的才华，他对问题的挑动、时代脉动的敏感、历史经纬的掌握、文明发展的洞见，在在都是独到，且深具启发作用。尼采用着一辈子的生命，以孤独的单枪匹马姿态向传统权威正面挑战，其勇气和精神令人激赏。特别，尚是19世纪里，他即已经有着眼光以超乎时代的洞识能力，为21世纪的人类文明预言着，这绝非一般人做得到的。他为人类所提供之化解文明困境的药方，更是值得我们细细品味。当我写完这篇文章，在赞赏之余，最多的是感慨着，要在庸俗的“均值人”中经营“非凡例外”的思想事业，真的不容易，但是，尼采做到了，尽管他是孤独，也一再地被人们忽视、误解着。至于霍布斯，在这本书里，我要特别提示的是他把人之本能欲望（特别是所谓的自我保全本能）看成是理解，也是经营“社会”的基础，为后来之西方社会思想（不论是来自自由主义或社会主义）的发展奠下了基石。其中，最值得注意的，莫过于是为后来以资产阶级（继而，无产阶级）作为代表“人民”（因而，

“大众”）此一历史主体的典范形式来背书。更具意义的是，这开启了后来以人的心理特征作为理解，也是构作“社会”图像，乃至化解社会问题的必要（甚至唯一的）基础，弗洛伊德的“原欲说”即可以说是此一认知传统一脉衍生的说法，其所针对的正是被高度理性化之资产阶级所面对的心理困境（其最为典型的异常表征即是精神官能症）。更具体地来说，此一心理困境即是早已在初民社会里浮现、且甚为重要的所谓“正负情愫交融”（ambivalence）状态，而这一向即被西方社会学与人类学家视为是深具哲学人类学存有预设性质之一种具“源起”意涵的历史质性。

说来，相当吊诡的，这种原被视为与初民社会共生的“正负情愫交融”状态，竟然是大众社会的基本特质，甚至被看成是一股催动的原始动力。奇怪的是，尽管尼采以极为严厉而苛刻的口吻不惜余力地批判着大众现象，但是，他却挟持着酒神狄奥尼索斯的精神拥抱着“正负情愫交融”的心理状态，认为这是推动文明的动力，也是肯确人之存在意义的关键所在。正是这样的见解，让我们深深地体认到，要理解大众现象，尤其，为未来之人类文明开启崭新的格局，尼采的思想绝不能缺席。总之，这些简扼的描述使得我不得不肯定着，若欲妥帖地认识由西方人所主导之人类当前文明的发展，至少，霍布斯、尼采与弗洛伊德三人的思想（当然，还应当包含马克思）是必要有所观照的。

最后，我需要特别感谢远流出版社的吴家恒先生，他引介我把这本书出版。我更应当感谢世新大学，五年来，学校提供我一个可以安心写作的环境，而且相当礼待我，令我总是觉得亏欠许多，无以回报，谨以此书献给世新大学，尤其，这些年来一直帮助我的同仁们。

叶启政

识于世新大学研究室

2012年7月21日

第一章　霍布斯的嗜欲说

第一节　议题的定位

尽管，或许诚如普拉门纳兹（John Plamenatz）批评的，17世纪英国霍布斯的思想（譬如，在自然法则中，人到底是以屈从于至高者或上帝为前提）显得零乱，也有着颇多错误与失真之处（Plamenatz, 1963: 154），然而，回顾漫长的西方社会思想发展史，霍布斯提出的论述占有一席相当重要的地位，却是众人共同承认的。我们可以在霍布斯之后的诸多思想家，如洛克、休谟、亚当·斯密、卢梭、曼德维尔（Bernard Mandeville）、孟德斯鸠、弗格森（Adam Ferguson）或边沁等人的身上，看到霍布斯的思想产生着正面或反面的发酵作用[①]（参看Germino, 1972）。即使到了19世纪的马克思与20世纪的

① 明显的莫过于是体现在英国与苏格兰道德哲学的所谓情操学派（sentimental school）之中［如沙夫茨伯里（Lord Shaftesbury）、哈奇森（Francis Hutcheson）、弗格森、亚当·斯密、里德（Thomas Reid）、斯图尔特（Dugald Stewart）与休谟等人］。他们的社会思想可以说是针对霍布斯思想的批判性反应（Hirschman, 1977: 64; 同时参看 Schneider, 1967）。

弗洛伊德这两位具重量级身份之思想家的论述里，我们依旧看得到霍布斯思想的影子。甚至，我们可以说，就有关对人与社会图像之想象的观点上面，他们是承继并发扬着霍布斯思想的代表人物。

在此，所以特别观照马克思与弗洛伊德，有两点理由。其一、综观20世纪（特别第二次世界大战前后的一段时间内）之西方社会思想的发展轨迹，马克思与弗洛伊德的思想可谓是反映18世纪启蒙理性所彰显之“现代性”的重要标杆，乃是许多思想家选择对话的对象，可以说是导引着整个西方社会思想的发展轴线。举凡德国的批判理论，如阿多诺（Theodor Adorno）、霍克海默（Max Horkheimer）、马尔库塞（Herbert Marcuse）、赖希（Wilhelm Reich）或哈贝马斯（Jurgen Habermas）等人或自以布勒东（André Breton）为代表之超现实主义以降的法国社会思想（特别具左派色彩的），如列斐伏尔（Henri Lefebvre）、巴塔耶（Georges Bataille）、萨特、德波（Guy Debord）、德勒兹（Gilles Deleuze）、瓜达里（Felix Guattari）、拉康、福柯、卡斯托里亚迪斯（Cornelius Castoriadis）等，莫不直接或间接地同时以马克思与弗洛伊德的思想作为讨论的重要“分离点”。即使到了21世纪的今天，他们的思想还展现一定的影响威力。其二、倘若我们承认在当今（特别欧美）的世界里有着所谓“后现代性”出现，同时，此一后现代性在某个程度上有着将现代性的某些基本核心义理予以阖闭的意思，那么，自1970年代中叶开始，法国思想家鲍德里亚（Jean Baudrillard）在一系列的著作中即以马克思与弗洛伊德的思想当成批判对象，并借此作为寻找思想上之分离点的开端（Baudrillard, 1975, 1981, 1990a, b）。在这样的情况之下，既然马克思与弗洛伊德的思想被学者们以正面或反面的立场当成为具代表性的焦点，我们自然有理由去追究他们两人之思想背后的可能历史源头，而这正是所以选择霍布斯的思想来作为讨论焦点的缘由。

针对上面的第一个理由，霍布斯的思想在西方社会思想发展史中可谓扮演着具“启动”意涵的重要分水岭作用，而此一“启动”指的是，启动了西方世界对现代社会（尤其资本主义体制下的现代性）进行理解的思想枢纽[①]。其次，针对第二个理由，假若我们同意鲍德里亚的批判性论述对当今人类的后现代文明发展确实深具启发意义的话，那么，为了澄清和证成鲍德里亚对马克思与弗洛伊德之思想的批判论点，我们更是有必要回到霍布斯的理论重新给予评估。所以是如此，那是因为此一后现代性将现代性的某些基本核心义理予以阖闭掉，正是终结了霍布斯以人的需求欲望做基础所架出之具体物质性的社会（与历史）意义，也同时宣告着以霍布斯的“嗜欲（或欲望）”命题作为轴线来经营有关现代性的论述模式将退场，或至少需要转型，而这恰恰正是鲍德里亚之论点的核心。

为了让霍布斯的嗜欲说此一焦点议题呈现得更加顺畅，且显现得体，尤其，为了突显它和鲍德里亚对马克思与弗洛伊德的批评论点在思想史上确实有着一定亲近性，甚至可以相互

① 麦克弗森（C. B. Macpherson, 1962: 13, 16）即持此一看法，并认为霍布斯的论述必须摆在历史的脉络来看，才可能彰显出它内涵的深刻意义。

扣联起来，我们似乎有必要先针对一向被学者们公认为霍布斯思想的关怀与定位重点有着简扼的铺陈。

霍布斯（1588—1679）生于16世纪末的英国，一生活跃的时段是在17世纪里头。在当时的西欧世界里，特别是通过所谓的商业革命（Commercial Revolution），资产阶级（特指所谓的中产阶级）的力量渐渐浮现，而以国王为核心的势力，也企图突破教会主导的封建体制，在政治上争取绝对的主导权。如此，在日益茁壮的资产阶级结合着王权的夹杀下，以教会为中心且强调君权神授的封建体制面临着瓦解的危机。然而，在这过程中，教会（教士）犹做困兽之斗，企图保有其原有的势力，但这却只是更加助长社会的动荡不安[①]。譬如，就英国来说，在以国王为核心的国家主义生成的过程中，资产阶级即影响政局甚巨。在1649年与1688—1689年，资产阶级两度参与废除专制君王，提高国会的主导权，取消王室在政治与法律上的专权，进而通过制宪方式予以约束（引Becker & Barnes, 1961: 375）。

再特别就英国社会来看，除了有着上述如此一般的条件之外，在政治体制上，尚存有着更为纠结的内在问题。简单地说，情形大致是如此：查理一世（Charles I）在1625年登基

① 在1656年，霍布斯向一位索取《利维坦》一书的人士说明他为什么撰写此书时即提到："思考神职者在内战之前以及开始时做了什么，他们所讲所写的如何助长了内战"。又如在1668年出版的《贝希摩斯》（*Behemoth*）一书中，霍布斯更认为，该为英国内战负责的是人民的"诱惑者"，而其中最该受到谴责的，莫过于是神职人员（包含经院学者）（引自 Shapin & Schaffer, 2006: 97）。

后，为了去除国会不断的阻扰，致使与国会的关系变得相当紧张，其中导致紧张现象发生的阻扰之一是有关税收的运用问题。当时，议会控制了税收的最初来源，国王需要资金时，需得仰赖国会的通过。然而，国会议员为了讨好选民，自然是不愿多给，以免因此导致不断增税，失去了选民的支持。于是，国王与国会之间形成相互掣肘的状况，整个英国社会跟着处于动乱不安的状态之中。即使查理一世在1649年被处刑致死，政治上的纷争还是未能终止，至少直到1660年查理二世复位为止，内战持续发生着。

终其一生，霍布斯所关心而意图解决的，正是他所身处这样的历史场景，他于1651年所写就《利维坦》(*Leviathan*)一书，即被公认是力图为英国社会谋求确立和平的途径①(Macpherson, 1962, 1968; Plamenatz, 1962, 1963; Schmitt, 2008)。因此，霍布斯的论述指向的，可以说是有关具体政治体制的构作问题，而就当时英国的实际政治场景而言，他即以克伦威尔(Oliver Cromwell, 1599—1658)做护国公时

---

① 其实，其更早的作品《论公民》(*De Cive*)即已展现了这样的意图。该书的拉丁文本于1642年首次在巴黎出版，后来，1647年在荷兰阿姆斯特丹(Amsterdam)连续出了两版，英文版则是与1651年出版之《利维坦》同年问世。基本上，《利维坦》可以看成是《论公民》的延续，尽管二者之间存有一定的断裂性(Skinner, 2004: 12)。不过，不管怎么说，《利维坦》成为代表霍布斯之思想的经典作品，则是西方学界共同支持的看法，研究霍布斯者莫不以此一作品作为最主要的立论依据。准此，底下有关霍布斯之理论的论述，基本上即仰赖《利维坦》一书。根据斯金纳(Quentin Skinner)的研究，英文版的《利维坦》可能是在一年半的时间内写成的，霍布斯所以使用其母语（英语）在这么短的时间内写就，为的是让他的英国同胞有机会了解他的思想，以达到宣扬其政治主张、并使之有着落实的实际效果(Skinner, 2004: 19)。

所形成的政府形式作为主张君主立宪的理想楷模，并由此建构其心目中的理想政治体制，以作为稳定社会秩序的制度性基础[①]。

从这样的写作背景来看，无疑的，霍布斯的国家理论有着现实的考量基础，过去绝大多数的学者把兴趣安顿在有关国家形成的理论上面（特别是形塑政治权力的正当性时所具有的伦理意涵），因而是可以理解的。连带的，在社会思想上的贡献，霍布斯被定位在于提供具有建构"社会秩序"之功能作用的政治体制［即所谓的国家（state）］上面，于是乎也是一项顺理成章的见解。或更具体地说，他的成就一向被定位在于为现代西方世界提供国家形成的基本理论，而这个"国家"即他所称呼的"利维坦"[②]。

霍布斯之后的英法世界逐渐形成了以契约论为主调的自由主义政治思想（如洛克、卢梭、孟德斯鸠、边沁等人），并且掌握了至高权，成为主导欧洲（继而，美国，以至于全世界）社会发展的基本轴线。从社会与政治思想发展史的角度来

---

① 在政治体制上，霍布斯倾向于保王派（Royalist），支持单一君王为主的至高权，而非通过议会来主导的至高权形式（Plamenatz, 1963: 116）。

② 有关"利维坦"一概念的原始意涵，尤其是霍布斯使用此一概念的期待和时代背景的详细讨论，参看施米特（Carl Schmitt, 2008）。在此仅特别点出施米特的一项意见聊充点缀：施米特认为，霍布斯对"利维坦"这个形象的运用，乃出自于精妙之英国式的幽默与半具讽刺性质的文学念头（Schmitt, 2008: 55, 65）。同时，霍布斯不时使用 Commonwealth 一字指涉我们惯称的国家（state），但是，纽维（Glen Newey）指出，霍布斯使用 state 一词时，经常有着不同的特别意指，容易引起混淆。他建议使用政治权威体（political authority）一词以取代，或许会更恰当一些（Newey, 2008: 50）。

看，霍布斯的思想可以说即是此一自由主义思想的重要历史源头[①]。然而，在此处，这个面向并不是关切的重点，我们关心的毋宁是，其理论所涉及西方社会思想中更为深层之哲学人类学存有预设的“人性论”，以及此一存有预设为19世纪（特别20世纪）以来之现代西方社会思想所可以开展的历史意义。尤其，诚如上面提及的，它对当前后现代状况的基本社会理路所可能衍生的意涵。

为了证成霍布斯之人性论（尤其涉及西方社会思想中深层之哲学人类学存有预设）的历史意义，从事一些具历史社会学意涵的简扼厘清工作似乎是必要的。首先打算提到的，是有关他的论述与资本主义社会生成之间的可能关系。对此，麦克弗森指出，尽管霍布斯早已看到了资产阶级剥削农民的“羊吃人”场景，但是，他并未立即有着严厉的挞伐，更未见他直接而明确地针对资产阶级的社会（与历史）意涵有所着墨

① 根据赖利（Patrick Riley）研究，在17世纪后出现的社会契约论问世之前，西方世界其实早已有了立基于臣属者（不一定是独立个体）之自然意志的契约同意这样的说法了（Riley, 1982）。贝克（Howard Becker）与巴恩斯（Harry E. Barnes）则指出，以社会契约来解释社会制度和政治组织的源起与认可，首见于15世纪中叶之西尔维乌（Aeneas Sylvius）的著作里，但是，直到接近17世纪的开端，才被英国的胡克（Richard Hooker, 1552—1600）与德国的阿尔图修斯（Johannes Althusius, 1557—1638）用来充作为社会与政治理论的重要信条，而这预示了霍布斯的论点，并让他更加有系统且细致地予以阐述（Becker & Barnes, 1961: 377, 438）。准此，虽然，我不敢遽然地如贝克与巴恩斯所意涵的，立刻论断霍布斯的理论乃直接反映着资产阶级带动的商业革命，但是，倘若采取保守的态度来说，底下这么的说法应当是可以接受的合理论点。这个说法是，霍布斯之以契约同意为基础的政治权力正当性的论述，乃与其后之资产阶级的大幅兴起有着具一定历史意义的选择性亲近关系，并对后来者产生一定的启发作用。

（Macpherson, 1968）。尽管情形或许正如麦克弗森所说的，但是，我并无意从事更进一步的追究，因为这并非本文写作的焦点议题。在此，需要特别提示的倒是，回顾往后的西方社会之历史（与社会思想）发展的轨迹，霍布斯对“利维坦”国家的讨论，尤其，诸多基本命题的设定，对后来的社会思想家在描绘资本主义社会的图像形构时，的确产生了莫大的影响（参看 Macpherson, 1962, 1968; Bobbio, 1993: 10–12）。他的立论可以说为日后西方社会思想家描述资产阶级作为历史主体的（特别是政治经济）场景，埋下了深刻的伏笔，也为整个论述提供了核心的概念（与命题）基石，影响可谓至为关键，其中，他的嗜欲论（the theory of appetite）即是最具关键性的论证，尽管它一向被忽略了。正因为情形是如此，底下即以处理此一课题为焦点。

前面的论述提及，除了上述之对后来之西方具体政治制度的建构与有关国家的理论有所贡献之外，霍布斯的论述尚有着更为深刻的理论意涵——涉及有关建构稳定之社会秩序的一些基本机制要件，或更笼统地说，触及帕森斯（Talcott Parsons）所谓的“社会秩序如何可能”问题。对此，帕森斯即干脆就把“社会秩序问题”称呼为“霍布斯问题”[①]（Parsons, 1937: 89–94）。当然，论及此一议题时，霍布斯提到一些概

① 对霍布斯来说，所谓“社会秩序”问题的根本症结，基本上乃在于如何营造一个“如何避免混乱”之稳定而恒常的秩序，并非接受既定秩序下有着一定的“混乱”才是正常，并以经营着“正常混乱”为标的。这一点与后来甚多社会学家接受后者之社会秩序观的基本立场是不同的。

念，如社会契约、权力、政治权威、至高性（sovereignty）等，确实都很重要，但是，诚如帕森斯已注意到的，在霍布斯的思想体系里，立基于欲望（desires）而引发的激情（passions）概念，才是形塑"社会秩序"之基本单元（即社会行动）最为根本的概念基石（Parsons, 1937: 89–90）。准此立场，相对于过去学界特别重视霍布斯有关"利维坦"国家作为政治体的结构特质（与衍生的议题）的论述本身，把焦点转而特别摆在他的嗜欲论上面，于是乎有着极为特殊的社会学意涵。尤其，当我们回过头来检讨鲍德里亚企图以象征交换（symbolic exchange）作为基本表征来刻画后现代状况[①]，并宣告弗洛伊德的需求说（theory of need）与马克思的价值说（theory of value）失效[②]的时候，若能重新回顾霍布斯的嗜欲说，无疑地将为整个论证提供更坚实的历史基础，让我们可以从中获取更多思想上的启示，也可能让我们对鲍德里亚的象征交换说有着更多的感应与体味。

第二节　巨灵"利维坦"图像刻画下之"国家"概念的意象

贝克与巴恩斯曾经指出，16与17世纪的欧洲思想深受两

---

① 借用利奥塔（Jean-Francois Lyotard, 1984）的用语。

② 简言之，他们两人论点基本上均建立在霍布斯所提出之自我保全（self-preservation）的生存概念上面（同时参看 Baudrillard, 1975, 1981, 1990a, b）。

个方向的重要发现所影响：其一、发现使得人们对所知之世界（意指人们所在的地球）的范围与相对复杂性的了解程度增加；其二、发现使得人们对地球与其上之栖息者的相对大小感、重要性与其在宇宙中的意义地位感减小。前者指的是生物学家、探险者与早期民族学家的诸多有关生物体的结构以及美洲新大陆与非西方世界之初民社会的发现，而后者指的则是诸如伽利略与牛顿等人在天文学上的发现（Becker & Barnes, 1961: 341）。结果，在西方人的认知中，不只是地球变小，世界变大，而且，也改变了人们对自身与周遭之社会世界的认知态度，其中，最为显著而且直接冲撞既有社会秩序的，莫过于是逐渐动摇了整个封建体制。其次，发现初民社会似乎更加助长了欧洲人确认中古世纪时人们所持有的一种基本假设：在有社会建立之前，人是处于自然状态，有着所谓自然人（natural man）的样态。贝克与巴恩斯即认为，这样的认知模式强化了17乃至18世纪之欧洲人对自然状态、自然权利与契约论的兴趣。同时，对非欧洲世界（包含社会习俗与自然地理环境）的接触日益增多，更是使得欧洲人对有关人与自然环境之关系的诸多问题产生兴趣[①]，这对后来之所谓“社会科学”的诞生，具有显著的意义（Becker & Barnes, 1961: 344）。霍布斯正是处在以这样的定性基调来展现思想与拓殖知识的时代里，他的思想受到这样之发现的影响是可以想象得到的。其中最为明显的，即表现在对国家（*Civitas*, commonwealth or state）此一政

① 16世纪的蒙田（1533—1592）与博丹（Jean Bodin, 1530—1596）即是代表人物。

治实体的看法上面。

在《利维坦》一书《引言》的一开始，霍布斯称国家乃像“利维坦”这样一种庞然巨大的怪物，或可称之为一种人造的人（artificial man）、自动机（automaton）或机器（machine）[①]（Hobbes, 1998: 7）。根据波比欧（Norberto Bobbio）的说法，在文艺复兴时代之西方人的思想里（如培根），人造物并非如古代所认为的，只是模仿自然，而是等于自然本身。所以有着如是的想法，乃因自然被看成是一部大机器，发现自然即是企图理解制约其机制的法则。一旦此一隐藏着的法则能够被发现，人们即可以制造出另一具机器，以更完美的姿态让自然呈现，并增加其威力（Bobbio, 1993: 36）。准此理路来看，霍布斯的“利维坦”国家即是一具代表着完美之“自然”的机器，为本有缺陷的“自然状态”再创一个新的完美样态，以17世纪西欧人惯有的认知模式与语言来形容，这同时也是一项艺术作品（Hobbes, 1998: 7）。

虽然，诚如前面提示的，霍布斯提出“利维坦”国家，并赋予以至高性[②]，为的是意图化解当时处于内战状态之英国社会的困境，但是，对整个西方的社会思想而言，他所触及的，却是具有着更为久远且深刻的历史社会学意义。大体来说，这个社会学意义有两个层面：一是关涉具理论意涵之有关

---

① 在《论公民》一书的《致读者的序言》中，霍布斯即以时钟此一代表机器的原型来刻画国家（Hobbes, 1983）。

② 相对地来看，马基雅维利（Machiavelli, 1950）强调的，是君王个人的统御“品质”［特别是明智（*phronesis*）］的问题，而不是制度化的“至高性”所开展出来的结构问题。

人与社会的哲学人类学存有预设；另一则是针对着具特殊历史意涵之现实政治性的社会处境[①]。

就具理论性之哲学人类学存有论的意涵而言，霍布斯提出了所谓“自然状态”这样的想象图样，作为论述人类存在的一种认知上的预备（甚至是起始）状态[②]。首先，他认为，社会之所以形成，并非人类追求社会形式的本身[③]，而是人们欲

---

① 在研究霍布斯思想的学术传统里，对其哲学观一直有着两种不同的认知模式。其一认为霍布斯的政治哲学是其自然哲学观的逻辑所衍生出来的，因此，与霍布斯个人的历史处境无关；另一则主张霍布斯的政治哲学与自然哲学可以是相互独立着的，甚至，后者是受到前者的影响。有关此一长久之论争的评介，可参考芬恩（Stephen J. Finn, 2006），尽管其立场是偏向后者。在此，以“具理论意涵之哲学人类学存有预设”与“具历史意涵之现实政治性的社会处境”来阐述，除了有避开此一有关哲学立场的“罗生门”论争的意思之外，最主要的用意是另外开辟出一个理解霍布斯思想的分离点。由于这并非本文所欲讨论的重点，不拟多费篇幅来论述了。

② 在文艺复兴（Renaissance）时期，西方人即把人看成为“个体”，有着受到神祇恩赐之自然法则导引的自然状态（Peters, 1956: 156）。综观霍布斯的论述，我们可以说，他是触及人性问题的（如底下将论述的嗜欲或欲望概念），但是，若说人性是整个论述的焦点（或乃至是起点），倒不若说他论述的重点是“人类所处的自然状态”来得恰当些（参看 Hoekstra, 2007: 110）。再者，在此所以说自然状态是论述上的一种具哲学人类学意涵的认知预备状态，并不等于只是意味具有着实际演进之历史意义的“实质”原始状态（如一般所谓之初民部落的状态），其意涵较为深刻而显著的，毋宁是作为铺陈论述时具有启发性的一种认知分离点，重点在于它所企图对照的状态（对霍布斯而言，即“利维坦”国家所具的人工状态）上面。所以，粗略地说，在时序上，自然状态乃是相对于人为状态的前置状态，往往是人类进行社会改造时之一种具假设性质的“本有”状态。回归霍布斯之几何学至上的认知模式来说，自然状态则可以看成是几何学中的基本公设，乃定义所有可演绎之命题的基本前提，这一立论点至为关键。

③ 这样的论点显然地与其后之契约论的见解是一脉相承的，而与涂尔干（Durkheim, 1964, 1995）主张“集体意识”乃超乎个体而具有着社会先验性的立场正是相左。

想从中获取荣誉（荣耀）[honour（glory）] 或利益（profit）（Hobbes, 1983: 42）。尤其，人性中内涵着可能相互仇恨的因子，导致人们处于自然状态之中时，会因竞争（competition）、猜疑（diffidence）[①]与争取荣耀，引来争执（quarrel）（Hobbes, 1998: 83）。因此，处在这样相互争执着的自然状态下，人们彼此之间感到恐惧（fear），也往往相互伤害（hurt）着[②]，以至于使得人与人彼此之间"处于永远战争的状态之中"（Hobbes, 1983: 45, 49; 1998: 84）。这也就是说，自然状态基本上是一种人们处于战争的状态，既残酷，又邪恶（参看Bobbio, 1993: 42）。为了避免自然状态所衍生出来之残酷而邪恶的战争成为永远的状态，以便于让人们有着和平共处的机会，"利维坦"国家的建立是人类不能不选择的一条道路[③]。

显而易见的，就概念的内涵而言，供奉着这样的自然状态，基本上是对人的存在状态予以设定的一种深具人类学意涵的命题。只不过，尽管它只是一种具设定性的命题，但却经常是以在生活世界里可以感知到的一些经验作为基础，其基本意

① 这个英文字汇的字典意思是因缺乏自信而害羞，但其在中古世纪的原意则是对某事或人缺乏信心或信任。在此，考量霍布斯的论述文脉，译成"猜疑"似乎会比较合适些。

② 在拉丁文版的《论公民》一书中，霍布斯即指出，所谓公民社会（civil society）即始于人的相互恐惧（参看 Hobbes, 1983: 42）。这也就是说，由自然状态进入公民社会的人为状态的关键点在于消除人原先具有相互恐惧的心理状态。以当时社会处于动荡不安的处境来说，霍布斯以恐惧与相互伤害来勾勒人所处的自然状态，应当是相当可以理解的说法。

③ 正是霍布斯以这样的命题为前提所提出诸如自然法则与自然权利等观念，构成了后来研究霍布斯思想之学者们关心的核心焦点，在此，我实无多有置喙的必要，再说，个人也没有足够的学术素养与能耐来处理这样的课题。

义乃在于作为思想实验（thought experiment）[1]的概念工具。准此，整个问题的关键显然地并不在于是否“经验可证”，而是在于对理解相关的社会现象到底具有着怎样之特殊历史－文化意涵的启发意义与想象作用了（参看Germino, 1972: 93）。说来，这正是所以选择霍布斯的思想来讨论的关键所在，其所具特殊历史－文化意涵的启发作用，也因此成为底下论述霍布斯的嗜欲说对理解当代社会之意涵的关键转折点，而这个转折点又得从上述的霍布斯命题所可能彰显的现实社会（政治）性来承接。

就具现实政治性的社会处境来说，霍布斯关涉的，基本上是当时欧洲世界所呈现“神学－政治”对彰格局衍生的问题。简单说，这涉及基督教会整体与（绝对）王权（即属灵与属世）两股势力争夺政治权力之主导权的斗争问题（Schmitt, 2008: 159–170）。当然，所以称之为政治权力，乃是以今天惯有的概念来看的，在霍布斯的那个时代（尤其是其前的时代）里，基督教会的力量还是相当庞大，由属世权力主导的现实格局若非根本不存在，至少也仅是具附属性质而已。这也就是说，就现实而言，属世权力基本上乃依附在假“基督共同体”（Christian Commonwealth）为名之属灵权力所主导的格局之下[2]。易言之，对霍布斯而言，在以属灵带动属世之传统格局

---

① 此一概念借自马蒂尼奇（A. P. Martinich, 2005: 63ff）（同时参看 Kavka, 1986; Pasquino, 2001: 406ff）。

② 根据霍布斯的意思，属灵权力是属于神祇的政治，政治乃是宗教的一部分。相反的，属世权力则是属于人的政治，宗教则成为政治的一部分（Hobbes, 1998: chapter 12）。

的阴影下，纵然以尊王为纲本，他仍然必须在基督（上帝）的名分下寻找缔造社会和谐平和的基础，而这个基础即是他所宣称的基督共同体（Hobbes, 1998: Part 3）。无怪乎，施米特会认为，霍布斯谋求的其实是基督共同体的政治统一（Schmitt, 2008: 162）。更重要的，这无疑也正是霍布斯的理论与传统基督神权社会的图像展现“断裂”的开始，更是为上帝树立新形象的重要分离点。对霍布斯来说，这亦即企图通过具属世性质的“利维坦”国家来重塑上帝的形象，因而，有了“会死的上帝”（或谓“肉身的上帝”）的概念出现。霍布斯这样的立论，推到极端来看，乃借着物质性的概念来翻转属灵传统所具有的优势位阶，并以此确保属世君王运作权力时的正当性，更是作为期待君王获得最后胜利的论述基础。就在这样的概念转折与期待之下，君王所拥有的“利维坦”国家于是乎兼具了四种图像：（会死的）上帝、巨人、巨兽以及人通过技艺和智慧锻造出来的巨型机器①（参看 Schmitt, 2008: 146）。

在借某种形式来维持传统的上帝形象（即“会死的上

① 在 1938 年撰写《霍布斯国家学说中的利维坦》一文时，施米特还认为国家有三种图像：巨人、巨兽以及人通过技艺和智慧锻造出来的巨型机器（Schmitt, 2008: 55），但是，到了 1965 年撰写《完成了的宗教改革》一文时，他予以修正，加进“会死的上帝”作为描绘“国家”之特质的一环，而国家之所以是“会死的上帝”，乃因它总有一天可能被内战或叛乱所粉碎（参看 Schmitt, 2008: 120–121, 140）。显然的，对后人来说，霍布斯把“会死的上帝”概念加了进来，是时代的产物，在当时，有一定的社会意义，至少，这样的设定使得他的主张容易被接受。发展到 21 世纪的今天，基督宗教所架出之属灵的政治权力可以说是几乎完全消退了，我们不只不需要假借巨人、巨兽以及巨型机器等等的隐喻性的概念来形塑“国家”的概念，“会死的上帝”一概念更加是不再需要了。

帝”）的同时，以机器的形象来描绘人的世界，诚如上文中已提及的，其实是霍布斯所处之17世纪西欧世界极为流行之一种对社会图像的“新颖”想象方式。施米特即指出，此一图像的最初形而上的论断归功于笛卡尔，他把人体看成为一种机器，而由肉体和灵魂组成之人的整体则被看成是“智力加上一台机器”[①]。但是，霍布斯不同于笛卡尔[②]，他把此概念从“无形实体”的形而上层次拉下来，改采具人类学意涵的具体“物质化”立场，以隐喻的手法运用巨灵“利维坦”图像来刻画国家“巨人”。此时，灵魂不是外于作为机器的国家“巨人”，而是与肉体一起，同时变成为此一机器的一个零件[③]（Schmitt, 2008: 75, 138）。

在国家这个机器既是“巨人”与“利维坦”，且被认为是

① 在17世纪的西欧世界里，基本上，机械装置、有机体与艺术作品等三个概念的意涵并没有清楚的区分界线。对霍布斯而言，此三者都是人类最具创造力之产物（即机器）的组成部分（Schmitt, 2008: 77）。这个区分是后来才出现的。

② 有关霍布斯对笛卡尔思想之评论的阐述，参看林奇（W. T. Lynch, 1991）、马蒂尼奇（Martinich, 2005: chapter 2）与芬恩（Finn, 2006: 102–107）。

③ 在此，值得附带地提到扎卡（Yves C. Zarka）的评论。他认为，霍布斯的哲学其实是亚里士多德之物理学与形上学概念的激进版本，他改造了亚里士多德的因果说法，企图立基于具时序性的物质实在，借用几何学与机械论的观点，并通过具肉身之人类的感官经验与运动来呈现人的形象与社会现象。基本上，这乃有意远离着笛卡尔所持有之非物质性的灵魂概念（Zarka, 2006; 同时参看 Shapin & Schaffer, 2006: 85）。霍布斯以几何学的理念（即重视基本组成元素与明晰定义）为基础，对持无形实体论的物质主义立场予以批判，可以从《利维坦》一书第四部分的《论黑暗王国》中的论述得到佐证（Hobbes, 1998: 403–466）。

由许许多多的“小人”组成的前提下，这个同时也是“会死的上帝”是如何做决断呢？这成为霍布斯谋求“基督共同体的政治统一”时必须考量的关键重点。对此，霍布斯采取了具演绎逻辑性之几何学的形态构作作为思想基模来刻画国家机器，而人本身，特别是以人民为主体的芸芸众生（甚至进一步的是人的基本生理特征）则是组成国家“利维坦”的基本元素，就像几何学中的“点”作为最基本的构成元素一般[①]。这也就是说，虽然机器自身不会思考，但是，作为国家机器之组成成员的“人”所具有的种种身心特质（包含理性思考）本身，被认为原本即是内涵在国家机器之中的特定组成部分，而这正是使得国家机器会思考的关键所在。于是，我们可以把掌握和推动历史进程的主角轻易地转移到同时兼具激情（passions）与理性（reason）特质的“人”自身上面，他们为国家机器这个庞大的“人造的巨人”做决断与进行解释[②]。

霍布斯这样把构成国家机器“人造的巨人”的基础摆在“人”自身的身心特质上面，至少有着两层的意涵。首先，这意味着，人们再也不需要“上帝”这样的形而上托体来作为形塑国家机器的后盾。其次，人们彼此之间的关系本身是相当松散的，其基础乃在于人通过天赋的理性特质来经营具社会性（特别是政治意涵）的契约，而非源自先天性的社会连

① 有关进一步阐明几何学的想象对霍布斯思想的影响，将在下文中再次提到。

② 易言之，人所具有的种种身心特质本身原本即是内涵在国家机器里的特定组成部分。

带（诸如来自血缘或地缘的共同体感）所深具的社会心理性质。因此，让个体彼此之间订定契约相互制约，遂成为赋予国家机器“巨人”以生命的根本基础。显然的，这样的思想有着让个人主义的色彩得以明晰出来的潜在意涵。施米特即提出这样的评论：“……他（按：指霍布斯）从个体（角度）来区分友敌。在他那个时代的具体环境中，他得出这样的结论：从教会和先知方面威胁着个人主义的自由的危险，比起人们所担心的国家世俗当局的一切（所作所为），都更加严重”（Schmitt, 2008: 158）。如此一来，以“个体人”为本位的思考模式有了具体的社会条件予以支持，也因此有了对“非基督教化”与“非神祇化”推动“世俗化”的历史动力，让强调理性之“技术中立化”的国家统治术，更得以有了被高度运用的有利条件（Schmitt, 2008: 158–159）。在这样的认知背景下，推动国家机器的实际动力，被认为即是来自“人”本身所具有之共同的经验性特质。在认知上，嗜欲遂进而成为具定性意义的“体质”基础，而回到“人”本身之有关国家的讨论所衍生出来的关键课题，也才会成为是统治技术化（因而，中立化的合理性）的问题①。

就历史发展的进程来看，这样以“人”为本位，并由契

---

① 无怪乎，施米特会认为霍布斯是现代法学实证主义的精神父亲，是19世纪之功效主义者边沁与法学家奥斯丁（John Austin）的先行者，同时，也是自由法治国家的开路人，并称呼他为政治科学中的伽利略（Schmitt, 2008: 155–156, 159）。这也说明了，在19世纪里，主张实证哲学的孔德，何以会奉霍布斯为新宗教的教父，并用金色字母把他的名字列入科学时代的圣徒历书之中（引自 Schmitt, 2008: 170）。

约来定义的社会关系最为典型的，莫过于是通过法制的形式来表现。对霍布斯而言，在具备（或追求）法制体系的国家里，人们因此必须使用法制政治的语言来理解社会关系以及转化"人"为本位之特有身心特质所内涵的社会意义。诚如施米特提示的，这基本上即涉及拥有主权之法人的法学问题，更是关涉具体实践的哲学问题（Schmitt, 2008: 164）。至于具体实践哲学，则是建立在"利维坦"制定并执行国家法律所彰显之正当性的理性力量上面，情形犹如几何学的推论法背后所具有的力量一样，是一种至高的理性运作。准此，代表法律的国王的权威即是几何学家所展现具推理性的至高权威地位（参看Shapin & Schaffer, 2006: 215）。

以契约作为基础来为君王具有至高权威的法制政治体制提供正当性，并进而成就了一种以"人"为本位的和平秩序，乃意味着权能（power）是形塑"社会人"的重要概念。对霍布斯来说，权能涉及的是一个人能否有效地掌握自己之命运的能力，基本上是一个具功效意涵的概念。他就下了这样的定义："人的权能（普遍地来说）是一个人获取某种未来具有明显益处的现有手段，它或者是原有的，或者是工具的"（Hobbes, 1998: 58）。于是，凡是人所可能具有的种种天赋禀性（或能力）（如超克人的膂力、仪容、技艺、口才、财富、世袭的盾饰与纹章或高贵的出身等）或乃至传统亚里士多德伦理学中被归类为德行（virtue）的种种行止（如慷慨大度、明智、声誉等），只要可以获得人们尊敬（honor）的，都可以转换成为权能。回到霍布斯当时所存在的英国场域与他一向关心的问题，显然的，他所以重视权能的经营基本上为的是，一个人唯有有了这样的现实资源，他才可以没有恐惧，有了保全自己的生存机会①。倘若人有着为权力②而追求权力的情形，那是自我保全有了可靠之基础以后的事了。

当我们把权能看作一种存在于人与人互动之中的社会资源的时候，基本上，它是远离着自古希腊以来西方哲学传统企图通过（特别从道德层面来形塑的）"完人"形象来捕捉"人"与社会图像的认知基模，而是以具世俗之现实物质性的姿态来为"人"与社会赋予意义，并且回归到处于自然状态下之

---

① 奥尔福德（C. Fred Alford）认为，霍布斯乃以自恋（narcissistic）的形式来看待权能的概念，以为有权能之人的能力是无限的，而一般人民没有界范主权者以任何方式、在任何地方与任何时候进行侵犯的能力，以至于使得他者的他性（otherness）被否定掉（Alford, 1991: 97, 99, 101）。这也就是说，在奥尔福德的眼中，霍布斯忽视了有权者之权能是有极限的，权能的承受者是感受到权能施放者的权能力道所内涵的他者形象，而且，权能的承受者甚至是有一定之权能的"防卫"能力范围的。我个人认为，纵然奥尔福德这样的评论有一定的道理，但是，却不是霍布斯如此刻画权能概念的要旨，并不适用来理解霍布斯的权能观。倘若霍布斯有夸大主权者之权能的意思，那也是因为他的整个思想为着一个基本的宗旨：社会处在长期内战之中，人们实无法再容忍任何诉诸暴力的强权，唯有捍卫王权（来对抗教权）以作为维持社会秩序的制度性基石，和平才有可能，人民也才会有安稳的生活。无怪乎，皮特斯（Richard Peters）会认为，在霍布斯的思想里，追求权能的欲望乃与恐惧同时成为人们做任何事的原因（causes），也是接受自然法则的理由（Peters, 1956: 143-144, 165）。这也说明了何以伯恩斯（Laurence Berns）会认为，霍布斯显然是"期待着一个比完全武装之至高权力更形温和的政权所可能提示的（形式）"（Berns, 1981: 389）。

② 在此，所以使用"权力"，而不用"权能"一词，乃因为这样更加传神，也更形贴切现代社会之基本社会理路的特质。

人原有的身心体质特质自身上面来加以考查[①]。这样之身心体质特质的最原初表征即是底下所将提到的嗜欲（或欲望），其满足与否对人之心理所造成的愉快或痛苦，遂成为判定人之行为的依据，其中，寻求自我保全的本能可以说是为人们带来愉快（也是避免痛苦）感受最为根本的基础。准此，权能的表征乃具有着功能性的意思，为的即是实践着立基于人原有之身心体质特质的心理享乐主义（psychological hedonism），而这成为定义一个人之所以为“人”的基本实在要件（参看 Peters, 1956: 143–149）。对后来的西方社会思想的发展来说，奥尔福德即认为，霍布斯这样诉诸人们相互承认（recognition）的权能观，乃意味着自我意识（self-consciousness）的存在，也同时宣示着它对人之存在所内涵的不可分割价值，而这成为后来西方社会思想中“自我”（self）此一核心概念的基模（Alford, 1991: 95）。

第三节　霍布斯之嗜欲论的简单回顾

在《利维坦》一书中，霍布斯以“论人类”的一般质性来开题，他首先论述的是，人之所以作为人具有的天生感觉与想象能力[②]。以此为基础，他进而讨论人作为生物存有体所

① 这样的认知态度是相当“实在”的，可以与 15 至 16 世纪的马基雅维利（Machiavelli, 1950）的基本认知模式相衔接，可谓是开启当代具实证科学性格之社会（政治）科学知识典范的先锋。

② 赫恩肖（L. S. Hearnshaw, 1964: 1）即认为，霍布斯的嗜欲说堪谓为英国心理学的开端，早于一般所认为的英国心理学之父贝恩（Alexander Bain）有两百年之久。

具有的种种社会（文化）特质，诸如言语（speech）、推理与科学、以激情为本的主愿运动（voluntary motions）、论说（discourse）的目的与化解、具智性的德行、知识的主题、权能（power）、身价（worth）、尊严（dignity）、荣誉、人类和平共处的不同质样（manners）、宗教以及幸福（felicity）与苦难（misery）的自然状态等[①]（Hobbes, 1998: 9–33）。在对这些特质加以阐述之后，霍布斯立即就“人类天生具有着感觉与想象能力”作为前提，进行进一步的演绎论述。对此一论述的推演，麦克弗森指出，霍布斯深受伽利略把运动（motion）当成自然状态（即动者恒动，除非有其他东西阻止而使它停止）时所采取之拆零–构成法（resolutive-compositive method）[②]的影响，把此一原则运用在人的世界

① 芬恩认为，霍布斯此一由感觉与想象能力出发而转至其他种种看来更高阶的表象，乃预期了后来洛克对所谓初级与次级质性（quality）的区分（Finn, 2006: 110）。

② 语出瓦特金斯（John Watkins, 1955）。普拉门纳兹指出，在17世纪30年代逗留巴黎时，霍布斯深受伽桑狄（Pierre Gassendi）之物质主义的影响，构作了他的机械观（Plamenatz, 1963: 117）。对此，表现最为明确的是在《论公民》一书的《致读者的序言》中，他就这么说着：“关于我使用的方法，……我始于公民政府的最根本要素，之后追溯其生成与形式以及正义的初始，因为，可以让我们对任何事物获得最佳了解的，莫过于是从其组成动因下手。情形正如了解一块表或其他小机械一般，除非它被拆散而从部分来看，否则，齿轮的材质、样态与运动状态就无以得知。……”（Hobbes, 1983: 32）。奥克肖特（Michael Oakeshott）进一步评论道，霍布斯采取机械观把人看成为一种机制，可以从不同的抽象层次来考量，情形正如我们可以从数学上的数量（指时间的指示）、力或惯性的机械性名词，或可看得见的组成部分（如表壳、晶片等）等不同层次来观看一般。因此，我们必须分辨霍布斯所采取的到底是哪一个层次的观点（Oakeshott, 1975: 31, 注48）。简单说，霍布斯之机械观的基本立场是，通过想象力的运用，我们可以把社会力与现象化约成为经

里[①]（Macpherson, 1968: 19, 25–26）。尤有进之的，从上述有关霍布斯这样企图以人的基本生理特征作为基础来演绎有关社会秩序的理论之中，我们嗅闻到几何学的基本理念[②]。根据欧几里得几何学的基本理念，认识现象的基本特质，必须从组成现象之基本元素（如点与线）的定义开始。定义明确而精准之后，现象的其他性质就可以通过推理与证明的方式予以演绎。说来，这样的几何学思维即是霍布斯所以强调“人天生具有的

由人的神经、肌肉、感官、记忆与推理等运作引发嗜欲（欲望），并进而产生的运动形式来予以理解（Hobbes, 1998: 8）。无疑的，这使得霍布斯从基本人性观来确立人所具有的种种基本身心特质，并进而完成了政治现象的论述（参看 Macpherson, 1962: 30–31; 1968: 27–28）。这一切似乎预期了后来西方社会学者进行分析社会现象时惯用的“拆零”策略（如结构功能论者通过构作社会体系“整体”的“部分”所可能扮演的功能角色来理解社会现象）（参看 Toffler, 1984）。在此，特别值得一提的是，霍布斯也受到当时的生理学家哈维（William Harvey）有关人体构造的影响（Baumer, 1988: 137）。

① 有关霍布斯与他同时代的一些人在思想上的关系的讨论，参看罗杰斯（G. A. J. Rogers, 2007）与柏坚（Jon Parkin, 2007）。至于有关霍布斯思想之科学性的形成与争论，参看芬恩（Finn, 2006）、斯金纳（Skinner, 2004: chapter 2）、索雷尔（Tom Sorell, 1986）、施特劳斯（Leo Strauss, 1963: 30）、瑞克（Miriam Reik, 1977: 25–34）、约翰斯顿（David Johnston, 1986: 3–25）、塔克（Richard Tuck, 1989: 1–2）与夏平和谢弗（Steven Shapin and Simon Schaffer, 2006）等人的作品。在此，值得特别一提的是，根据斯金纳的意见，霍布斯所展现的是承继着文艺复兴时期的人文主义（Humanism）精神，“人本”为其整个论述的中心轴线，尽管，从他的著作中，我们可以很清楚地看到他受到当时流行之自然科学的认知模式所影响，特别是展现前已多次提到那本在 1642 年问世的《论公民》一书当中。因而，他被冠以“治国之学”（*scientia civilis*）的标记（Skinner, 2004: 3–10）。

② 鲍默（Franklin L. Baumer）即指出，从 16 世纪的哥白尼（1473—1543）历经伽利略（1564—1642）、笛卡尔（1596—1650）而至牛顿（1642—1727）的整个 17 世纪里，一连串的科学革命使得“自然”在人们的心目中有了新的面貌，而这个新的“自然”面貌，大体来说，基本上即是一种几何精神（*esprit géométrique*）的产物（Baumer, 1988: 39）。

感觉与想象能力，进而，嗜欲或欲望”等等本有的生理特征作为基本元素的认知依据，或保守地说，至少，两者之间有着一定的亲近关系[①]（参看 Tuck, 2002: 51f）。

借用奥克肖特的评论来说，霍布斯这样之“人之所以作为人在于天生具有着感觉与想象能力”的论点，确立了一个基本命题：“人类首先必得是一个个体，所以是如此，并非单纯地因为他具有自我意识，而是因为这可以从具意志的活动之中具体地展现出来”（Oakeshott, 1975: 64）。这也就是说，人的感觉与想象始终是归属于个体的，它由个体本身引出，也同时回归个体，才得以完全证成。当然，这样说并不等于否定所谓社会（互动）的因子对人的行为（或使用霍布斯的语言，即嗜欲导引的感觉与想象）的影响，因为这是属于另一个观照层次的课题。与人天生具有感觉与想象能力之生理性的自然状态的初基特质相比较，社会因子或许仅是次级属性而已。

对应于人类天生具有的感觉与想象能力，霍布斯体认到，任何动物的身体都是运动着的，亦即：人作为生物存有体，有着主愿地让他的身体向外界产生运动的趋势。对此一人之“行动”所具有的向外运动的特质，霍布斯把其源头推到人体内部具有的种种基本生理特征，并以内部运动称呼这样的体质特征。他指出，在此一向外引发的主愿运动产生之前，也就是在行走、说话、碰击或其他可见的行动得以呈现以前，在人

① 至于有关霍布斯运用几何学的概念于政治现象以及两者之间关系的讨论，参考麦克弗森（Macpherson, 1968: 17-19）与芬恩（Finn, 2006: 107-109）。

的身体内部即先有着微小的运动（诸如血液流动、脉搏跳动、呼吸、消化与排泄等）。霍布斯统称这些内部的运动为“生发力”（endeavor）[①]，而当生发力涉及经验上令人感到愉快的事物时，即是嗜欲或欲望[②]，后者可以说是一般的名称，前者则经常限于意指对饮食（即饥与渴）的欲望。相反的，当生发力是朝向避免某种事物时，则称之为嫌恶（aversion）（Hobbes, 1998: 34）。因此，嗜欲和嫌恶是动物运动时首先产生之两个对反着的生发力。

以上述人类具有的生理体质特征作为基础，人类的种种

---

① 或称为 conatus。这是霍布斯的核心概念，他在 1655 年发表的书《身躯》（*De Corpore*）之 XV. 2 中借用物理学的概念定义“生发力”为“在极小空间与瞬间时间内可以给予而生成的运动：亦即难以使用解说来确定或赋予数字的，或谓是在瞬间之一个单点上的运动”（引自 Hobbes, 1998: 478）。加斯金（J. C. A. Gaskin）认为，霍布斯此一概念乃是激发莱布尼兹（Gottfried Leibniz）与牛顿发明“微分”概念的原始观念之一。同时，这又指涉着难以知觉到的瞬间运动，犹如当代生理学所说的神经冲动（Hobbes, 1998: 478）。布兰特（Frithiof Brandt）指出，在霍布斯早期的作品《法则的元素》（*Elements of Law*）一书中，此一词汇乃指涉动物之运动的内在始力，以便用来把嗜欲与冲动比拟成为运动（motion）（Brandt, 1928: 290, 313-314）。皮特斯进一步地阐明指出，后来，霍布斯把此一概念扩大运用来指涉由感知的客体到大脑之中介过程中运动的开端。同时，当他批评笛卡尔有关视觉问题时，此一词汇则用来意指在无支撑力时一个物体往地上掉下的特质（Peters, 1956: 85）。因此，生发力乃是被微分之瞬间且是微点空间下的一种力道，这让霍布斯可以借用运动物理学的一般理论来描绘人的行为，并视为是人类所具有之最初始本能性的动力。

② 在第一部分第六章的标题中，霍布斯以激情（passions）来统称嗜欲和欲望。麦克弗森认为，从某个角度来说，欲望一词确实会比嗜欲此一概念来得适切，因为一般把嗜欲看成是属于低于人的其他动物的（Macpherson, 1968: 30）。但是，欲望一词的意涵毋宁是较为含混，使用具生理意涵的嗜欲一字或许还是比较合乎霍布斯思想的原意——强调人的生理层面，尤其，比较可以呼应霍布斯使用嫌恶一词的对反意涵。

心理质性于是得以发展，霍布斯对此分别加以刻画并总称之为熟虑过程（in deliberation）。他继而指出，在人们体现的身心状态之中，与行动本身相互附着的最后嗜欲（若是行动的删除，则是嫌恶）即是意志（will），或谓具意志性的行止（但非官能）[the act,（not the faculty,）of willing]（Hobbes, 1998: 40）。这也就是说，保守地来看待，意志得以产生的基础是嗜欲，或更直接地论断，它是嗜欲的一种高阶（也是最终）的心理展现形式。总之，意志是立基于人类具有的基本生理特征，只不过在其中加进了具社会性的心理“生发”努力的力道而已。

对霍布斯如此一般的“意志”说法，奥克肖特做了这样的诠释：“此一意志是绝对的，因为它不为任何标准、规则或理性所制约或限制，同时，更是既不计划以此等制约（按指标准、规则或理性）来决定，也非以此等制约作为目的。如此的缺乏约束，霍布斯称为自然权利（natural right）。这是一种原始且绝对的权利，因为它直接从意志的特质衍生出来，而非来自某些更高的法则或理性缘由”（Oakeshott, 1975: 60）。既然意志的发挥是一种自然权利，它需要自由作为后盾，才有实践的客观条件。准此，对霍布斯来说，所谓的自由简单说即是，对一个人完成他自己想做之事的权能没有任何外在的阻碍，因而，他可以根据自己的判断与理性来贯彻自己的意志（Hobbes, 1998: 86）。这么一来，意志作为嗜欲的高阶（也是最终）的展现形式，可以说是一种心理学的说法，充其量，只能当成一个人行动时具伦理意涵之主体能动性的基本前提，至于能否“自由”地施放，虽说是自然权利，却是有赖外在社会结构条件的配合，而这明显地已经不是个人心理的问题了。不过，如此以人是一种具生机（vital）特质的生物存有体作为基本前提，通过嗜欲（或欲望）概念的穿针引线，霍布斯最终还是引出了良善（good）与邪恶（evil）的问题，它彰显的正是源自生理结构之“人性”所内涵的基本困境。

首先，他认为，人们既不欲求，也不憎恶的，即称为轻视（contemn），也就是说，抗拒对某事物采取行动时内心呈现的只是无动于衷或顽抗，此刻，一个人的心思因有着更具效力的事物出现或对该事物缺乏经验而转移到他处。准此，霍布斯进一步指出，除了轻视的对象是无足轻重、不足挂齿的之外，人们嗜求或欲求而感到愉悦的对象都是良善的，而其嫌恶或憎恨的则都是邪恶的，美丑也因而可以类推出来。就此，霍布斯列举三种良善：（一）允诺的良善（good in the promise），是美丽、标致的（*pulchrum*）[①]；（二）效果的良善（good in effect），即就所欲求的目的而言，令人感到愉悦的（*jucundum*, delightful）；（三）手段的良善（good as the means），即具有获利的功效（*utile*, profitable）。相对的，邪恶也有三种：（一）允诺的邪恶，称之为丑陋（*turpe*）；（二）效果的邪恶，称为不愉悦（*molestum*, unpleasant）、令人困扰的（troublesome）；（三）手段的邪

① 霍布斯在文中对他所使用的两个拉丁文 pulchrum 与 turpe 加了注解。前者指的是某事物是洁美的（fair），在另外的时候，则是美丽、帅气、华丽、英勇、高贵、标致、亲切可爱的。至于后者，则意味着污浊、畸形、丑陋、卑鄙、厌恶等。总之，所有这些词汇的用法端看场合的适宜性而定夺，不过，一切都是指向良善或邪恶的样态（Hobbes, 1998: 35）。

恶，则是无功效（*inutile*）、无法获利（unprofitable）、有害的（hurtful）[①]（Hobbes, 1998: 35）。

在霍布斯的眼中，凡此种种的（生理）心理特质乃宣示着，作为一个社会的公民，人需要在和平与团结之中生活着。处在这样的状态下，人们必须对基本法则有所认识，也需得具备一种理性的预见能力，霍布斯称呼具备着这样的品质者，即有着质样（manners）。一个人具备着质样，就可以使得他的生命幸福感不会单单停顿在仅是"立即已满足"的心灵上面，因为这个世界既没有无逮的目标（*finis ultimus*, utmost aim），也无最大的良善（*summum bonum*, greatest good）。一旦一个人的欲望处于终点，他的感觉与想象就跟着停摆，没法再活下去。于是，欲望追求的对象不是停留在单一个，也非一时，而是朝向未来一直挺进。这也就是说，幸福乃建立在欲望不断地进展之中，从一个对象转到另一个对象，获得了前者，就转到后者。如此，当某些人的欲望特别强烈时，就会导引人们陷入追求财富、荣誉、统御或其他权力的竞争之中，而这连带地常常导使人们处于斗争、敌对或甚至实际的战争中间（Hobbes, 1998: 65–66）。一旦人们陷入这样不断追逐的情况之中时，倘若欲望没有适当予以控制，或更具体地说，没有一个共同的权力形式使得人们慑服的话，"人与人之间处于永远战争的状

① 麦克弗森指出，此处所列举之霍布斯的观点，为后来英国经验主义与自由主义（特别强调持具之个人主义）的哲学观，尤其是 18 至 19 世纪之交的边沁强调"快乐即善、痛苦即恶"的功效主义（Utilitarianism），奠下了思想基础（Macpherson, 1968: 24; 同时参看 Macpherson, 1962: 2）。

态”则将难以避免。

从以上对霍布斯之嗜欲说的简扼描绘，我们可以很清楚地看出，他企图把社会（特别政治）的现象与问题发生的源头归诸于人类天生所具有的基本生理特征，可以说是他把自己所认识且接受的自然哲学（特别几何学）观点衍生移植到人性的一种具体体现方式。对此，芬恩接受林奇（Lynch, 1991）的批评立场，并从知识社会学的角度进一步地诠释霍布斯之人性观的社会学意涵，相当值得参考。

芬恩认为，霍布斯所以采取物质主义的存有论立场，以人具有之感觉与想象能力的基本生理特征作为讨论社会（尤其政治）秩序的进路，乃是意图避开早已存在之宗教势力一向过度采取亚里士多德惯用的语言[①]与前面已论及笛卡尔供奉灵魂的形上学立场所带来的“污染”。因此，其以人之生理特征为出发的物质主义存有论的几何学立场，基本上有着浓厚的政治意涵，可以说是政治理念为其自然哲学观提供了可接受的现实基础，让他当时有了可以与持不同意见的“政敌”对抗的思想子弹，进而带动出足以适用于即将来临之新时代（特别指涉科学与资产阶级的兴起）的世界观（特别指涉着有关对人与政治社会的观点）的契机[②]（Finn, 2006: 121）。真正的情形是否如

① 有关对霍布斯与亚里士多德之政治思想的比较，参看波比欧（Bobbio, 1993: 5–12）。

② 在1660年代和1670年代早期，霍布斯与波义耳（Robert Boyle）对实验在自然哲学中的地位有过一段争论，夏平与谢佛对此曾经研究过（Shapin & Schaffer, 2006）。在此研究中，作者亦与芬恩一般，论证了霍布斯的自然哲学观与政治理念（也包含政治现实）之间有着复杂的关系。

此，乃是有关思想史上的考证与论辩问题。就学术本身而言，这固然是重要，但是，就评价霍布斯的思想对后世的影响与意义的立场来说，这似乎并不是那么重要，重要的毋宁是，芬恩的说法多少暗含着霍布斯这样的人性观背后所可能具有的知识社会学意义，而这确实为后来的西方社会思想奠下了基础。

诚如普拉门纳兹所说的，霍布斯谈论之自然状态下的人性观，不是人类所具有的潜能与实际体现在社会（或国家）的状态，也不是选择人异于其他动物之处来确立人的位置（Plamenatz, 1962: 9）。格特（Bernard Gert）亦指出，当霍布斯论及自然状态下的人性时，他是意识到人之行为的多样性的，因此，他论述的不是实际世界中人的现实状况，而是人类作为一种类属存有体（species being）所具有的共同特征（Gert, 2006: 166），而且是一种具潜在动能性的特征。以此为基础，霍布斯选择嗜欲与欲望（因而，激情）作为论述的心理[①]基础所呈显的，毋宁是一种具有生理学意涵的功效主义立场，视嗜欲与欲望为人行动时必然存在之一种源自人的生理天性而形塑的强制条件，乃反映人性的本质。进而，“意志”作为高阶且是最终的嗜欲形式，它提供了人们运用理性心智的基础，形塑了明智箴言（maxims of prudence）或理性指令（dictates of reason）。它不只道出了人们如何实际行为，也指

① 在此，以“心理”取代一直所强调的“生理”来形容霍布斯之嗜欲说的基本属性，乃因考察霍布斯的叙述时，我们可以发现，其论述所使用的概念语言甚多为后来西方（特别英国经验主义主导的）心理学家所采用的缘故。准此，“生理”与“心理”相当程度地有着具深厚历史意义的同义指涉。

引着人们应当如何行为[①]（Plamenatz, 1962: 9, 12–13; 17）。

行文至此，我们可以使用简扼的语言来总括地霍布斯的嗜欲说。基本上，霍布斯企图以嗜欲（与欲望）来架设自然状态下的“人性”，虽说在认知上有着可资参考与佐证的经验依据，且甚至自认为在人类的历史进程中取得证据（如美国印第安人）[②]，但是，这并不是重点，重点毋宁是在于它是一种逻辑性的假设，即“逻辑上先于一个完全（如具完整至高主权性的）公民社会建立之前的条件”（参看Becker & Barnes, 1961: 441; Macpherson, 1962: 21–22）。因而，这一观点是否有着具体经验证据可资依靠的科学意义，基本上并不是重要的议题，其所彰显的意义重要的，应当是在于此一具逻辑性的哲学人类学存有预设命题，到底为后来的社会思想开展出怎样的特殊想象空间与问题意识。底下所将提到的平等原则与自我保全原则，可以说即是霍布斯为后人所提供之具如此一般意义的重要贡献。

第四节　两项基本的自然原则

在过去西方学术界对霍布斯思想的研究当中，对于他提出的诸多概念，诸如意志、同意（consent）、契约

① 普拉门纳兹（Plamenatz, 1962: 42–43）认为，霍布斯把自然法则当成“明智箴言”有所不足，因为他并未能适当地处理道德约束（moral obligation）的问题。有关对霍布斯此一论及自然法则的诸多相关问题，特别是涉及服从上帝之意旨与否的问题，可同时参看普拉门纳兹（Plamenatz, 1963: 122–132, 特别122–127）。由于这并非本文关心的议题，在此，存而不论。

② 参看《利维坦》一书的第十三章（Hobbes, 1998: 85）。

（covenant）、允诺（promise）等到底具有着怎样的伦理意涵（或谓，其伦理基础何在），一直是争论的重要议题，并且有着不同的意见[①]。不过，就道德原则的生成作为议题而言，对霍布斯来说，有一个基本论点是可以肯定的：他乃以人追求平等与自我保全（self-preservation）的社会逻辑来推衍、并保证道德原则的生成，而不是把道德的律令奠基在超乎现实世界的一些先验预设上面（Riley, 1982: 24）。更进一步地来看，霍布斯以这样的方式来形塑道德约束（obligation）命题基本上即是，在预设人是追求自利与自我保全的前提下，肯定人有着近乎相等的能力通过理性的“明智”意识作用来形塑道德约束，亦即：依附在上述之人具备有形塑明智箴言或理性指令之能力的前提下，人把道德约束予以“明智”化，不必再像过去一般，无条件地接受“道德来自神祇或其他预设的先验道德律令”这样的命题。如此一来，所谓明智约束与道德约束的界线分隔变得模糊，再也没有严格予以区分的必要了[②]（Macpherson, 1962: 72–74, 87）。

在此，我无意就概念内涵来对明智约束与道德约束的区分进行细致的讨论，事实上，以我个人的学术素养，也没有这个能耐。不过，不管怎么样，“把道德约束予以明智化”这样的说法无疑乃意味着，在形塑道德的过程中，人本身的认

---

① 在此仅列赖利（Riley, 1982）的研究作为例证。

② 对麦克弗森此一说法，伯林（Isaiah Berlin）持不同的意见，认为“道德上的正确”（moral right）不能化约为单纯的“有益与否”（beneficial）（Berlin, 1992: 66–67）。

知如何运作才是关键，“人”本身在对社会现象进行解析上面的地位因此被提升了。对霍布斯而言，他所以强调从人的嗜欲（或欲望）本能出发来思考政治（因而，道德伦理）的问题，基本上即是在这样的认知模式底下提出来的，只是他把界定人本身的最基本结构元素还原到人类的生理性“体质”构造上面，同时，也通过此一构造来确立人人具有自然权利之核心心理基础的基本着力点。无疑的，让我再次强调一遍：这样以人具有的基本心理（甚至是生理）要素作为确立政治正当性的基础，乃把伦理道德的形塑推到以功效作为最终考量判准之理性设计的路子上去①。如此一来，“人”本身的自主性被确立了，而这可以说正是整个霍布斯思想为18世纪启蒙时期之“人”本位的理性思想立下先河的核心命题。

根据上面的论述，我们看得出来，在霍布斯的眼里，自然法则事实上即道德法则，也是神性法则，乃上帝赐予人类“理性”以规约其行动的基本法则（Hobbes, 1983: 76）。准此，当我们回到霍布斯之“人与人之间处于永远战争的状态”这个有名的命题时，到底彰显了怎样的政治（也是道德伦理）意涵？或，更具体地说，它到底开展出（或必须立基于）怎样的哲学人类学的存有预设命题？依我个人的意见，霍布斯对人的存在所设定

① 鲍默指出，17世纪的欧洲是酝酿革命，也是革命日益浮现的时代。一方面，社会愈来愈商业化，都市日益形成，人们重视工作（work），实用的态度随之日渐浮现。另一方面，在诸多革命中，最彻底的莫过于是体现在知识的生产上面，带出了具典型“现代”意涵的概念。其中最为显著的是，“把冥想主义者的目标，换成功利主义者与行动主义者的目标，以之作为求知的目标”（Baumer, 1988: 39–40）。霍布斯的思想无疑地即反映着这样的时代氛围。

的两项基本自然原则——平等原则与自我保全原则——意图阐述并展现浓厚的人文期待正在于此。在此，需要特别强调的是，关于这两项原则，整个问题的关键并不在于这样之特定的哲学人类学存有预设命题是否正确、是对或是错、或可信与否，也不在于其内涵的人文性期待是否可以接受，而是这些说法对理解当代人与社会现象“到底带来怎样之具历史意义的启发作用”。

关于第一项的平等原则，简单说，霍布斯的基本立论点是：自然使得人的嗜欲指向相同的事物，但是，在面对着种种社会资源的使用时，却常常使得人们既不会共享（enjoy in common），也不懂得分配使用（divide it），导致必须使用刀剑来决定谁是最强者（Hobbes, 1983: 46）。于是乎，人们经常处于相互伤害的情况之中。其中，特别值得注意的是，霍布斯认为，当人们处在此一状况之中时，就身心官能（特别指涉意志、欲望，乃至能力等）的表现而言，他们经常表现出十分“平等”的情形。譬如，有些人的身体较为强壮，有些人的心智则较为敏捷，这些总加起来，人与人之间的差异变得并不会那么明显，以至足以导致某个人能够要求获得其他人不能像他一样地能够要求得到的任何利益。霍布斯提出的理由是，就身体的强弱而言，即使体力最弱的人也有力量杀死体力最强的人，因为他们可以运用密谋或与其他同处危险情况的其他人联合起来对付强者。至于在心智方面，霍布斯则认为，除了运用文字或科学技术与原理等之外，人类更是分享一种能力，可以使得人们有着更加平等的机会，这个能力即是明智（prudence）。明智是一种经验，相等的时间可以使得人们在同样从事的事务中获得相等的分量，而这正是人类具有的一种天赋能力，问题只在于是否能够适当地被开发出来而已。总之，尽管人们的聪明才智与能力确实有着不同，但是，对霍布斯来说，情形却是“人类平等地分配着任何事物”，最重要的证据莫过于是“人都满足于他自己分得到的一份”，而这样表现在能力与机会上面的平等带引来的，则是在达致目的时所展现之对希望的平等（equality of hope）（Hobbes, 1998: 82–83）。

或许，霍布斯这样的设想与推论有着进一步商榷的空间，这当然是社会思想史上一项重要的课题，但是，并不是在此所以引述他之论点的关怀焦点。我们在意的毋宁是，针对“社会秩序”之图像的想象，他这样的论点到底具有着怎样的特殊历史意涵，特别是对其后的社会思想有着怎样的启发意义[①]？

---

① 细探霍布斯有关人追逐权力（特别就人们追逐权力之欲望的大小）的诸多论述，这样的平等原则在现实世界里能否成立，特别表现在竞争性极高的社会形态里（如后来的资本主义社会），是有进一步讨论的空间。相类似观点的讨论，可参看麦克弗森类似的提问与批评（Macpherson, 1962: 85, 93）。至于霍布斯对此看似矛盾，且把“应然”权利当成“实然”事实之论说的一些分析与论证，可以参看麦克弗森（Macpherson, 1962: 35–45, 74–78）。其实，处于 19 至 20 世纪间的涂尔干（Durkheim, 1964）称“社会事实”即“道德事实”的说法，似乎正呼应着霍布斯的此一论点。总之，借用麦克弗森的说法来评论，这样的命题是否有效，乃端看我们企图指涉的社会模式为何而定。同时，一旦应然的权利构成为社会里的一种实际社会力的时候，我们实有正当性来接受霍布斯如此一般的论证方式的。麦克弗森即认为，这正是早在 17 世纪的霍布斯所采取的一种激进的新立场，与当时之伽利略在自然科学中提出运动第一定律一般激进（Macpherson, 1962: 76–77）。总之，在此所以还是提出平等原则来为霍布斯的思想定位，基本上即因为把此一命题运用于后来兴起的资本主义社会（特别指涉到自由主义之政治思想传统），有着具深刻历史意义的亲近性的缘故。因此，整个论述的提引基本上无涉于霍布斯本人的说法是否前后一贯之有关文献求真与考证的问题。

根据麦克弗森的意见，在霍布斯的心目中，平等原则涉及的是来自实际观察之诸多经验事实得来的权利上的平等。简单说，当他论及能力总量的平等时，其所依据的是，人们通过种种具道德性的社会设计（特别是通过国家机器施以具法律性的规范）来确保每个人有着平等的机会。至于希望的平等涉及的则是，需要的满足乃立基于能力平等作为必要条件所衍生出来的命题（Macpherson, 1962: 74–75）。这也就是说，既然，加加减减地总括下来，人可能具有的潜能与机会是几近相等，那么，倘若一个社会懂得予以适当安排的话，人们自然可以依着个别的需要寻求“各自”的满足，而不至于有了太多相互扞格与倾轧的情形发生。这样的命题无疑地蕴涵着一项极具历史意义的思想启迪效果，即：肯确一个社会有可能提供一般人们追求个人安全与公平竞争的机会[①]。这样的命题更是意味着，一个社会若能适当地建构机会机制，人们所可能发展的潜能虽是不同，但是，总结来说，其可能发挥的效果，对个人而言，却可以是“平等”的。很明显的，这样的认知期待为后来以资产阶级为历史主体所推动之强调个人本位的自由主义，在对人性的预设上面，预先注射下一针必要的“意识形态”强心剂，并赋予了深刻的思想传承意义。

至于对第二项的自我保全原则作为自然法则，基本上，霍布斯乃接受上面提及之“人与人之间总是会有着争执与斗争”作为有关人之天性（与社会的本质）的命题来予以衍生论

① 对霍布斯而言，即是他所勾勒的国家“利维坦”了。

述。在此前提下，前面提及霍布斯认定人性中隐藏着产生争执的基本原因——竞争、猜疑与荣耀三项，到底分别具有着怎样的特殊历史意涵，成为不能不关心的课题。根据霍布斯的意见，第一种是为了求利，第二种为的是安全，而第三种为的则是声誉。求利使用的是暴力，企图使自己成为他人及其妻儿和牲畜的主人。谋求安全为的是捍卫自己，而第三种基本上则是为了芝麻豆大的琐事，如一言一笑、不同意见，或直接针对本人或反射在对其亲友、国家、职业或名称上有着具贬抑性的指陈等（Hobbes, 1998: 83–84）。

总地来说，在这三种原因当中，霍布斯看重的，毋宁是第二种的争执所内涵的社会（尤其历史）意义。在他所身处的那个时代里，这可以说是人们谋求通过某种形式的权力共同体来化解争执时所触及最重要的课题，而这正是支撑霍布斯提出一向为大家熟悉之有关国家形成的至高权（“利维坦”即为其代表）背后的基本命题。它的重点在于，臣服者［也是主体（subject）］所以把部分权利交出而屈从于至高的主权者（sovereign），乃在于寻求保护自我生命的安全。只不过，一旦臣服者自身的安全受到威胁，他则有着反抗的权利。至于臣服者意指对象为何？根据以上有关平等原则与自我保全原则的简单描述，臣服者无疑地乃指向任何一个作为具生机性之运动存有体（当然，也是社会成员）的个体人[①]。倘若摆回西方世界的历史发展进程来看、并以其后之自由主义惯用的词汇来说，

① 参看霍布斯（Hobbes, 1998: 222），同时参看麦克弗森（Macpherson, 1962: 2）。

显然的，具有这样之政治权利属性的个体臣服者，即是属于芸芸众生的人民（people），而其中所谓的资产者则逐渐成为代表着人民的历史主体[①]。

第五节　强调自我保全作为人性特质对资产社会的意涵

对霍布斯来说，既然，落实在人类的基本嗜欲以及由是衍生的种种情操，为的是支持与证成自我保全作为自然法则这样之命题的正当性，那么，自我保全的自然原则指向的，推到极端来看，无疑是人作为个体的自身，而其内涵之自然权利的首要基石，则是在于每个人竭力地保护自己的生命和其归属（或认定）之社群（如家庭）的成员。因而，利益乃人们衡量权利的根本依据，而且，人人有着按照自己愿意的方式运用自己的力量来保全自己的天性，也有此自由。这个自由即是人们有依着自身的意志并运用自己的（理性）判断，选择最适合的手段做任何事情的自由；亦即：人有使用所有手段与采取所有行动的权利。于是，“自由”此一语词，按照其确切的意义来说，就是人们有着外界障碍不存在的状态（Hobbes, 1983: 46-47; 1998: 86）。当我们问“一个行动是否自由”时，对霍布斯来说，此一问题要有意思，乃意味着必须通过嗜欲（或欲望）来促成，而且是涉及意志行止的问题，因为，诚如前面

① 当然，到了 19 世纪中叶以后，对马克思主义者而言，他们则认为，无产阶级取代了资产阶级，成为代表人民来主导文明发展的历史主体。

提过的，意志被视为是嗜欲之具终极性的高阶体现形式。因此，如何通过“理性”的制度化形式让人们有着“外界障碍不存在”的自由条件，乃是有关意志形塑的问题，而这连带地成为霍布斯（也是后来之许许多多西方社会思想家）思考的重要课题。

承接着上面已经提过的诸多相关论述作为依据，显然的，对霍布斯来说，所谓理性判断实际带出来的，是一种以相互契约为基轴的理性指令。以此为基础，霍布斯转而论及诸种以契约为本的自然法则（Hobbes, 1983: 51–76; 1998: 86–106），在《利维坦》一书中，他也由此开展第二、三与四部分有关（特别指涉基督教体系下的）国家的理论[①]。

总结霍布斯对自然法则的阐述，大约包含了十八条之多，在此仅选择最前面的三个法则作为基本核心概念来表呈。他提出的第一自然法则梗概地说即是：利用一切可能办法保卫自己，乃人所拥有的自然权利（Hobbes, 1998: 87）。但是，对生活在社会里的人类来说，一旦人人求自保，势必为相互之间带来冲突，甚至战争，因而，为了力求和平，有了第二自然法则：在他人也如此做的前提下，为了往前走，为了和平和防卫

① 在《利维坦》一书中，霍布斯运用几近一半的篇幅来讨论基督教体系的国家。一言以蔽之，在引经据典的论证中，其基本论点是，来自基督所赋予的权威，没有经过至高主权者的确认，是不充分的。于是，至高主权者是权力的最后决定者。显然的，他所以花费巨大篇幅从事这样的书写，乃与当时之基督宗教在许多人的心目中尚有着一定的崇高权威地位有关。对霍布斯来说，这正是需要予以颠覆的残存历史势力，因为唯有如此，期待以国王为中心的至高主权共同体来经营和平的想法，才有实现的可能。

其认为是必需的，一个人乃愿意放弃这种对所有事物的权利，在相对考虑其他人的情况下，甘心接受一定的自由，正如他会允许他人也相对于他自己而拥有一定的自由一般。否则的话，只要每个人都企图保有这一切的权利去做他喜欢做的事，所有的人们就会一直处于战争的状态的（Hobbes, 1998: 87）。接着，根据人们有义务将那些保留起来就会妨碍人类和平的权利转让给其他人的自然法则，产生了第三自然法则，即所定之信约必须履行（Hobbes, 1998: 95）。

前面曾经提过，对霍布斯而言，恐惧乃被视为是人类所具有之最根本的心理状态（Hobbes, 1998: 95）。就现实的角度来说，这当然与霍布斯所身处的英国社会长期处于内战的状态有关，但是，以恐惧作为衍生社会（伦理道德）律则的基本心理状态，更是有着一定的理论意涵，特别是对后来之社会与政治思想的发展来说。显然的，一旦我们接受霍布斯所假定"人与人之间可能处于永远战争的冲突状态"是人类存在的基本前提的话，特别强调人们的恐惧心理，其实是顺理成章的认知模式。连带的，在文明社会里，为了化解恐惧心理，人们通过理性的制度运作，要求成员彼此之间订定契约，更是一项可以理解，也可以接受的安排。在此情况下，一旦人们担心自己的利益或乃至身心本身可能受损而要求彼此之间信守约定，人们谈的，首要的即是有关正义（justice）与否的问题。所以，首先确立正义的概念，继而通过理性的制度化方式予以保证乃是政治活动的基本要务。就此，审视当时英国社会的实际情况，霍布斯认为，正义所涉及的基本上有两种：一种是有关交换的（commutative）；另一种则是涉及分配（distributive）的。霍布斯是这么说的：

> ……交换的正义在于立约的东西价值相等，而分配的正义则在于对条件相等的人分配相等的利益。……交换的正义是立约者的正义，也就是在买卖、雇用、借贷、交换、物物交易以及其他契约行为中履行契约。分配的正义则是公断人正义，也就是确定“什么是合乎正义”的行为。在这种事情中，一个人受到人们推为公断人的信托后，如果履行着他的信托事项，就谓之将个人的本份额分配给了每个人（Hobbes, 1998: 99–100）。

准此，霍布斯进一步指出，以往有人把法律当成为*Nòuos*，其意即为分配，而对正义所下的定义则是把每一个人自己的东西分配给每一个人（Hobbes, 1998: 164–165）。在这样之思想的支撑下，分配（连带的，生产）一概念所衍生的问题，遂成考量社会正义时的根本课题，而这些的命题相当明显地乃与资本主义兴起后之欧洲社会所带来的现象（与问题）密切契合着。我们更是可以很清楚地在所谓自由主义者与马克思主义者的身上同时看到霍布斯这些论述的影子，只不过，他们在某些地方有着不同（甚至对反）的认知态度与价值取舍而已。

为了说明霍布斯思想对后来之西方社会思想发展可能具有的意义，让我在此引述意大利思想家波比欧的论题，先把讨论的议题略微扩大一些。波比欧从政治思想发展史的角度为霍布斯的自然法则说定位。首先，他回到一直主导着西方政治思想发展之风向的亚里士多德的政治思想，认为亚里士多德的分析乃是以家庭作为人类初始的自然组合来开题，进而才讨论人类社群组合如何经由领土扩张、人口增加、安全要求与生计需要等等的自然（natural）而必要（necessary）的理由（非经由人运用自由意志而产生的权宜方式，如契约性的同意）过渡到最终极且是完美的国家［特别是当时之城邦式的公民国家（civil state）］这样的政治社会（political society）状态。易言之，家庭到国家之间是连续的，都是一种"社会"的形式，只是由家内社会（domestic society）过渡到政治社会而已（Bobbio, 1993: 1–15；同时参看Aristotle, 1988）。相对于亚里士多德把家庭作为其《政治学》一书之第一章的主题，霍布斯的《利维坦》一书则是以自然状态来开题。其所以如此，显然乃与他所处的17世纪欧洲社会（尤其英国）的历史场景有关。波比欧即指出，到了霍布斯所身处的17世纪英国社会，家庭在定义上已被视为是一种前于政治（prepolitical）的社会形式，霍布斯以"自然状态"的概念取代"家内社会"来刻画人类初始的可能状态，因而是可以理解的。在波比欧的眼中，霍布斯所以会是如此，乃因为"自然状态"具有社会演进的"进步"意涵，反映的是一项重要的历史属性，即：整个社会的基本表征乃呈现在"基本的经济关系网络发展着"（the network of elemental economic relations develops）这样的社会状态上面。这也就是说，此时，西欧社会已逐渐走出封建体制，迈向资本社会的形式发展着，社会的经济面向与政治面向渐趋分化，而且，市场经济也可预见地日渐取代了家户管理的经济制度。易言之，家户作为经济企业（特别生产）体制之基本单元的历史场景处在逐渐瓦解的状态当中（Bobbio, 1993: 14）。

总而言之，英国社会发展到17世纪时，“自然状态”已无法经由父亲与子女或主人与仆人之间那种具备着有机连带的“家庭”形式来捕捉，而必须通过具独立、自由、和平等特质且讲究分工合作之“经济人”的形式予以回溯体现[①]（Bobbio, 1993: 18–19）。这样的历史场景于是乎相当程度地可以正当化了霍布斯所采撷的论述理路：由“人具有几近相同（平等）的身心状态（能力）”的自然禀性转进至“人人具有平等权利”的自然法则，并以之与具不等意涵的自傲（pride）法则相对反。如此，霍布斯可以在“实然”与“应然”两个层面同时完成了“人人乃生而相等”（*That every man be accounted by nature equal to another*）之哲学人类的基本存有预设命题[②]。

或许，诚如波比欧提示的，霍布斯所开展之强调原子化个体的自然法则论，后来为黑格尔的国家有机整体论所挑战，甚至与前面提到之亚里士多德的论述传统产生某种

---

① 波比欧即指出，到了洛克（1632—1704）所身处的17世纪末叶，这样的历史特质更明显地呈现出来。于是乎，这样的论述基调自然是更加具体地呈现在论述之中（Bobbio, 1993: 18–20）。

② 即霍布斯在《论公民》第三章中提到之第八条的自然法则，或《利维坦》第十五章中提到之第九条的自然法则（参看 Hobbes, 1983: 68; 1998: 102）。

程度的"合流"[①]（Bobbio, 1993: 23–25）。但是，以个体占有（individual possession）作为基本特性的自由主义传统，现实上还是主导整个欧洲文明发展的主调。易言之，在17世纪时，欧洲人已有了"个体人"的意识，在知性与物质的双重层面上，追求着以个人为主的成就，并且，看重个人自我有着决定自己之命运的机会（参看Oakeshott, 1975: 83）。正是在这样之历史背景的支撑下，我们似乎更有理由严肃地看待麦克弗森对霍布斯的诠释。

麦克弗森认为，霍布斯所刻画与分析的现象适用于资产者（bourgeois men）身上。因而，他建构的社会图像基本上是资产社会的模式，分析的则是资产者的权力展现与寻求和平的方式，尽管，我们不敢确定，霍布斯对于自己的论述所具如此一般的历史性意涵，是否已有了体认[②]（Macpherson, 1968: 12;

---

① 最具代表性的论述典范，即是黑格尔企图以市民社会来嫁接家庭与国家，形成三个相互衔接的层面，并让亚里士多德以家庭作为初始社会体的传统观点再度复活，尽管其辩证法所提供的思维使得家庭与市民社会的理论地位不同于亚里士多德的原意（Hegel, 1991）。

② 根据麦克弗森的说法，霍布斯是厌恶资产阶级的德性的，认为他们虚伪、诈欺、善谎、做作等，但却以"市场人"（或谓资产者为本的市场社会）作为构思社会结构的基本架构（Macpherson, 1968: 51–60）。霍布斯所以如此，一个可能的理由是，在内战当中资产者扮演一定的角色，分析他们的社会特质，将可为象征着和平之新政治秩序的共同体形式，提供更为有效的实质基础，而这正是霍布斯一再强调公平与公正之分配正义的关键所在。不过，伯林与加斯金对麦克弗森这样的论点保持质疑。伯林认为，麦克弗森采取了马克思主义者的立场，把霍布斯看成是资产者的代言人，这样的热忱（zeal）似乎推演得太过度了，尽管他同意麦克弗森的看法，肯定市场社会对霍布斯心目中之社会权力的意涵有所影响。同时，依照伯林的意见，与其推崇霍布斯作为资产者的代言人，倒不如说格劳秀斯（Hugo Grotius）是更为恰当的（Berlin, 1992:

同时参看Schmitt, 2008: 156)。根据麦克弗森的意见，在霍布斯所处的时代里，占有性市场社会已逐渐成型，这不但导使劳动自由化现象更形明确，也使得资产阶级更有力量对抗统治者（特别是涉及税收）。于是，"新兴"的资产阶级明智地挟持着依附市场逻辑的道德观来对抗支持传统价值的人们（特别是教会与贵族阶层），并且有着相当的实力（尤其以金钱）支持军

56-57, 61, 62）。他继而指出，任何不像麦克弗森这样有着先入为主之看法的人阅读了霍布斯的这本书，应当不会认为麦克弗森的说法是合理的（Berlin, 1992: 67）。加斯金则认为，在17世纪的英国，我们实在难以相信已有着资产市场社会的经济形态（特别是马克思所确认的那种）明显地呈现着。不过，他却承认霍布斯这样的概念铺陈可能较容易浮现在某种社会条件（譬如罗马的元老院或现代跨国公司）（Gaskin, 1998: xxx-xxxi）。易言之，霍布斯所刻画的场景与概念的运用与某些历史情境确实有着一定的亲近性。塔克即认为，霍布斯所处理的基本上是一个有别于典型之绝对王权的另类国家形式（Tuck, 2004）。麦克弗森更以具发展演进意义的三种不同社会模式来比对霍布斯的一个基本命题（即存在于所有之不同社会阶层的每个个体，都意图追逐着更多的权力，以保护其所希望拥有的东西）。他指出，霍布斯的论述比较适用在他所谓之占有性市场社会（possessive market society）这样的现代市场社会形态，而不适用于存在于其前的地位社会（status society）与简单市场社会（simple market society）（Macpherson, 1962: 46-70）。其实，麦克弗森自己相当清楚地指出，尽管有着相当充分的事证来支持"17世纪的英国社会已相当接近持具市场社会"这样的命题，但是，我们还是不能从上述的社会模式推论出，霍布斯本人已经有着明确而清晰之市场社会的概念（Macpherson, 1962: 61）。富瓦诺（Luc Foisneau）在讨论霍布斯于《利维坦》一书中的正义理论时也明白地指出，"《利维坦》的独特性在于成功地把正义的意义予以转型，使之适用于永远被'市场'主导着的世界"（Foisneau, 2004: 122）。总之，不管怎么说，麦克弗森这样的论证毕竟具有着一定的社会学意义，尽管，情形或许是如伯林认为的，这夸张（甚至是扭曲）了霍布斯提出此一论述时的时代底蕴。波比欧亦认为，霍布斯有生之年所处的英国社会顶多只具备了"占有性市场社会"的雏形而已，因此，若说其论点反映这种社会形态的特质，似乎有点牵强。但是，无疑的，霍布斯的论点是预期了"占有性市场社会"的来临，与之有着一定的磨合作用（Bobbio, 1993: 10-12）。就此而言，霍布斯是一位思想上的先知。

队的组成，以对抗（不仁的）统治者，而这正是当时英国社会所以有了内战的基本因素（Macpherson, 1962: 67, 86）。

在此，麦克弗森有一个意见特别值得一提。他认为，霍布斯所以强调“安全”与他看重几何学作为一种科学性的认知模式有关，因为几何学强调的是定性而定型的原理，而这正是“安全”内涵的基本意义。进而，他指出，这种几何学的特质与当时之资产者（甚至，应当包含作为“臣属”于至高王权的广大人民大众“主体”）的处境，在意涵上有着一定的亲近关系[①]（Macpherson, 1968: 18）。麦克弗森甚至提出更为激进的意见而宣称，霍布斯以嗜欲（欲望）的概念作为基架来为社会图像搭构的心灵模式（the mental model of society），只能与资产市场社会相呼应，因为只有这样的社会才可能有机会让人们彼此（以和平的方式）相互竞争地经营着权力，并企图把别人的权力转移成为自己的，也因此编织了人的安全网络（Macpherson, 1968: 38–39）。其实，霍布斯自己即宣称，这样才能要求具有至高权力者对社会里各种等级的人平等地施法管理，并依赖每个人因受到保护而对国家所负欠的债务（而不是根据财富本身的平等）平等地予以课税。尤有进之的，税收的平等与其说是取决于消费者的财富均等，不如说是取决于人们对货品的消费程度（Hobbes, 1998: 228, 229）。

显而易见的，霍布斯所表现之凡此种种（特别是有关税收）的论点，基本上反映着资本主义的基本正义精神，乃以尊

① 发生在1680年代之辉格党革命（Whig revolution），尤其，在1689年完成的资产阶级革命可以说是一个极具启示性的例证。

重与保护一般百姓的个人权益（特别是财产）作为出发点[①]。借用麦克弗森的说法、并套用霍布斯的概念，正是资产者的自利“生发力”作为历史动力，撑出了强调至高权（不管指涉的是国王或议会）的国家形式（Macpherson, 1968: 63）。或者，换个较为保守的角度来说，“市场人”特别容易学习到霍布斯的学说（Macpherson, 1962: 105）。准此立论，在思想上，霍布斯对资本主义社会的“政治”构作，是远远超乎与他处于同个时代之人们（特别资产阶级以及与他对话的“知识人”）所能认识到的，同时，也甚至超乎他自己所可能体认的。或者，借用施米特的说法来表示，情形则是：尽管，在霍布斯活着的时代里，出现在19世纪的法律实证主义尚未成形，但是，霍布斯的国家学说“成为资产阶级法治-宪制国家的精神先驱，这类国家于19世纪在欧洲大陆赢得了统治地位”（Schmitt, 2008: 106）。

第六节　“嗜欲说”对现代性之启与阖的历史意义（代结语）

就人作为具实践能力的行动主体的立场而言，自从中古世纪奥古斯丁以后之基督教的实践信条，即强调人具有的意志与选择的禀性（尤其是其所内涵的道德面向）（Riley, 1982: 8）。17世纪以后出现的现代契约论重视出自于人们之自由意

① 有关霍布斯确立私有财产具正当性的经济思想，参看霍布斯（Hobbes, 1998: chapter 24）。

志的“同意”，可以说即是此一有关统治者与人民之古典契约论衍生的一种变形论述[①]。只是，根据赖利的看法，从17世纪至19世纪初期，包含霍布斯、洛克、卢梭、康德与黑格尔等重要政治思想家当中，至少有四个人对“同意”作为形塑权威与义务（obligation）之来源的解说是相当暧昧的，主要的原因乃在于“意志”此一概念同时具有着伦理与心理意义，以至于使得概念的指涉意涵极不清楚（Riley, 1982: 9–10, 15）。譬如，如前面引述的，霍布斯即使用具经验意涵之生理心理学的词汇来界定意志，把它当成是一个人诉诸行动之前“经过熟虑后的最终嗜欲”（the last appetite in deliberation），这明显地是缺乏来自主愿行动所明确内涵的伦理意涵（Riley, 1982: 37）。然而，不管怎么说，正是对“意志”赋予这样之经验性的心理学意涵，霍布斯把社会思想的论述从传统具浓厚哲学先验预设的论证形式中带出，也跨越了伦理道德的应然性要求，让具有经验性之人的实际体质特征成为形构社会（或行为）理论的概念基础，开启了有关社会的“科学”论述。当然，在此我们并不在意到底霍布斯建构的理论是否合理，或有否任何缺失的问题，我们正视的毋宁是，他提出的概念在后来的西方社会思想发展中到底扮演着怎样的角色？具有怎样的特殊历史地位？

强调意志与选择作为人的基本禀性，摆在以少数尊贵分子（如贵族）为主体的社会形式与以多数平凡人民（或更狭义

① 奥克肖特即指出，在西方长远以来主张“理性－自然”的传统支撑下，霍布斯的哲学体系有两个主调：意志与人工物（Oakeshott, 1975: 60）。

地说，资产阶级）为本的社会形式，有着不同的指涉意涵。就西方的历史发展进程来看，从古代以至18世纪法国大革命[①]产生之前，基本上是以少数贵族为主体的社会形式（不管是封建或绝对王权）来作为构作与理解“社会”的基架。尤其在基督教教义的笼罩下，人们强调以诸如勇气、名誉、自我牺牲等具道德性的气魄（*thymos*）来成就正义感，重视的是“要求别人承认自己的优越”（如承认自己所属的旗帜、家族与宗主乃至宗教信仰等）的优越愿望（*megalo thymia*），并形塑了承认欲望[②]。然而，当以多数平凡人民（或更狭义地说，资产阶级）为本的社会形式浮现，且渐渐成为形塑社会结构的基调时，情形则改变了。

前面提及霍布斯认定人性中隐藏着产生争执的基本原因——竞争、猜疑与荣耀等三项时，除了正面肯定第二种原因所为的安全具有特殊的时代意义之外，他特别以语带轻蔑的口吻对第三种原因（即荣耀或声誉）表示着意见，认为人们基于第三种原因而引起争执，基本上都是为了芝麻豆大的琐事而战（Hobbes, 1998: 83-84）。换言之，人们为了象征符号而战，至少，以此为战争正名，尽管背后可能隐藏有利益考量的成份。

在描绘自然状态时，霍布斯认定涉及战争的原因出于为

---

① 至少，就社会体制的形式而言，情形是如此的，尽管，诚如文中一再提示的，在17世纪的西欧世界里，代表多数人民的资产者已经浮现，并展现一定的社会力。因此，此处这样的说法可以说是一种持意保守的说法。

② 底下的讨论，主要参考福山（Frank Fukuyama, 1993），特别是第十三至十七章，因此，若无特别需要，就不再引注，读者可以自行参阅该书。

了人之基本生存的自我保全意识（或欲望）者，具有着特殊的时代意义，而这正是他论述的重点，也是在前面我们对他的理论反复讨论的焦点。然而，回顾他所处的时代与国度，霍布斯看到的却是不同的场景：人们为了“琐事”（如勋章、旗帜、教义等），也就是为了特定认知模式而战的次数却是更多[①]。因此，最先和最快把人驱进所有人对所有人之战的激情，并不是单纯对占有物质的贪婪欲望，当然，更不是为了满足人们最低程度的生存要件，而是意图遂行少数野心者基于骄傲和虚荣心理的优越愿望而产生的承认欲望，这才是自然状态中一切暴力惨境的根源。

显然的，当霍布斯以嗜欲说为个体人自我保全的存在要求作为在论述理路上具正当性的桩角，并进而以此确立契约同意作为营造“利维坦”国家共同体的现实基础的时候，他有着一个相当值得注意的人文性意图，即：呼吁人们放弃在声名之战中冒着生命危险要求别人承认自己优越的努力，转而以人类处于自然状态时所具有的最低共同情感（即自我保全）的名义来约束野心者，而这种情感是不仅是人与人，也是人与“较低等”动物相通的共同因素（Fukuyama, 1993: 196-199）。这乃意味着，社会理路的焦点远离了基于少数人（如贵族）之优越愿望而生的承认欲望，转而，在同时强调欲望与理性的前提下，以多数人为本之对等愿望（*iso thymia*）所撑出之基于人作为生物有机体的自我保全本能而激发之最低程度的生存欲

① 如贵族（或君王）为了家族荣誉或教廷以荣耀上帝为名发动战争。

望作为营造社会结构、也是理解社会的认知理路基础。无疑的，霍布斯思想所内涵如此一般地翻转基本社会理路，单就西方社会思想发展史的角度来说，具有着划时代之多层面的历史意义。

首先要阐述的是，霍布斯的嗜欲说所彰显的，是一种具本质意涵之体质论的基本认知立场，而这样的认知模式基本上与其后（尤其，19世纪以降）之社会思想的基调相当亲近，在论述上提供了一种具有着历史连贯意义的支持。到了19世纪的中叶，显微镜的发明为生物科学带来诸多重大发现，诸如所有的有机体的细胞有着相同的组构元素；原形质被看成是生命的物质基础，乃所有生机活动的所在。继而，诸如达尔文、拉马克（Jean Baptiste Lamarck）与华莱士（Alfred Wallace）等人提出生物演进的说法，更是刺激了社会学者采取有机体比拟的立论方式来进行有关社会结构的讨论。这一切无形之中使得霍布斯的嗜欲说所内涵的“体质”论述立场，得到了一定的回响作用，而这在孔德与斯宾塞的论述中极明显地看到[①]（参看Becker & Barnes, 1961: 679–684）。总之，这样的知识发展所带来的，不只是人们以有机体的图像来与“社会”比拟，而且，具体地回到人之基本本能性的身心体质来寻找理解与解释人之社会行为的基础。譬如，自从达尔文的《物种起源》

---

① 根据尼斯贝特（Robert Nisbet）的意见，斯宾塞的社会演进说与达尔文的生物演进说，有着本质上的差异，不能轻易地推定前者的演进说是来自后者（Nisbet, 1969）。由于这并非在此我们关心的议题，所以，存而不论，而仅引贝克与巴恩斯的说法，笼统地作为一种可资思考的历史性提示。

（*The Origin of Species*）一书在1859年出版之后，西方人即相信人天生具侵略倾向，冲突乃人类处境的一部分。于是乎，人想要生存就必须经历最野蛮的斗争，遂成为西方人的信念，尽管，当时实际历史的进程所呈现之人与人斗争现象，已经明显地由血淋淋的刚性军事战争转为细腻地勾心斗角的柔性商业竞争了。无疑的，在这样的知识发展过程中，霍布斯的“自我保全”概念更加呈现出重要的历史意义。

回顾前面的论述，我们可以发现，霍布斯以人之嗜欲本能为基础的心理享乐主义的动机立场来开展自我保全的自然法则，对后来的社会思想的发展，有着一个重要的理论性意涵。这个意涵简单地说即是，回归到人所具之动物性的自然特质的临界点（即自我保全作为一种本能体现）来界定人文性（文化）的现象（与问题），而这也正是人类如何由赤裸裸的血腥斗争演进为具妥协性的温和竞争（或甚至是相互合作）的问题；亦即：人类如何由动物性“过渡”到人文性的问题[①]。在此，人文性的问题指涉的是，体现在诸如以基本人权与财产权为本之契约同意论的论述，或启蒙运动以后西方人重视以“文化”[②]来成就人之主体性的种种努力上面。换言之，霍布斯的自我保全说触及了后来西方社会思想中有关人类如何从自然状态“跳跃”到具有文化样态的转折问题（如洛克、休谟，

① 这也正可以用来说明何以皮特斯会认为霍布斯的动机理论可以看成是由其物理学（可以说包含了生理心理学）过渡到政治学（也可以说包含道德）的一种分水岭（Peters, 1956: 150）。

② 有关的讨论，参看叶启政（2006：202—209）。

尤其是20世纪的列维-斯特劳斯），也就是埃利亚斯（Norbert Elias）所说的文明化进程。

总之，在此让我特别再强调一次。如此强调人作为生物有机体的体质特征并以之作为人之存在价值的基础，正是自启蒙时期以来之西方社会思想家们思考人与社会现象时的基本轴线。因而，人如何由动物性“跳跃”（或谓“过渡”）到人文性，遂成为核心的课题，至少直至20世纪70年代鲍德里亚提出象征交换说为止，情形是如此的。就霍布斯对嗜欲说的论述铺陈而言，当然，他并没有明确地对这样之“跳跃”转折所立基的人的体质基础有着交代。然而，这却以另外的姿态或明或暗地体现在后来之社会思想家的论述里，马克思和弗洛伊德只不过是其中两位有着明显而具体之影响作用的社会思想家而已[①]。情形何以可能是如此，我个人认为，启蒙时期以后，西方人明确地以“人”为本的思想与认知模式作为理解社会现象与人的行为自身的依据，可以说是最重要的历史促因，而人所具有的身心体质特征正是用来确立人之所为“人”的最基本“自然”素质。

就概念的实质历史内涵而言，强调以欲望与理性来支撑最低程度的自我保全与对等愿望原则，基本上是一种人本且又是人道的人文考量。然而，就认识论的立场来说，当我们以人作为生物有机体所具之身心潜能与最低程度的基本生理需求等

① 简单地说，对马克思来说，此一体质基础是人作为类属存有所具有的基本生理需求（即吃、喝、穿、住等）。对弗洛伊德而言，这即是原欲（libido）的本能、潜意识等。

的普遍特质作为基础来确立论述政治（社会）现象的认知模式的时候，事实上，我们面临一个有关立场的基本课题，即：以某个概念层面来解释另一个概念层面的可行性和正当性。在此，我不准备就哲学的层次来讨论此一有关认识论的问题，而仅就如此的认知模式所可能衍生的实际历史意涵提出简单的说明。首先，这意涵着一个根本的课题，那是：强调“人作为生物有机体的身心潜能与最低程度的基本生理需求”的基本社会学意义是什么？依我个人的见解，其意义有三：（一）此一人们所具有的基本生理性特征是普遍的，乃是人之为“人”所应有之不可剥夺、也不容化约的底线条件；（二）确立了具代表绝大多数人（尤其，被统治者）之“人民”作为社会主体的历史意涵；（三）就“人民”（尤其资产者）作为代表绝大多数之人类存有体的历史形式，由他们所共同期待的对等愿望直接衍生（或谓扣联）的关键社会现象，基本上即是经济社会[①]。

由于在前面一路发展下来的论述已相当明显地对于（一）与（二）有了回应，所以，底下的讨论主要的是针对（三）而来。不过，首先，我还是必须以最简扼的语言对（一）与（二）做一点交代。我的总结性阐述是：既然这样的考量必然是需要以多数人为对象，那么，“新兴”资产阶级作为反映具多数意涵的“人民”而成为被指涉的历史主体，自然是极为顺理成章的。这正是所以在前文中通过麦克弗森与波比欧的论

① 这无疑地启示我们，何以马克思主义者会特别重视经济“下层结构”对了解本主义社会具有着决定性之意义的关键所在。

述，对霍布斯的思想与资产社会之间的关系所可能具有之历史亲近性进行讨论的基本理由。诚如前文中一再提示的，我个人不愿（事实上，也无能力）论断霍布斯本人已充分意识到资产阶级的历史主导地位，而主张其论述乃直接以占有性市场社会为论述场域。但是，毫无疑问的，不管从正面（即资本主义）或反面（马克思主义）的立场来看，霍布斯强调欲望与理性、自我保全与对等愿望等等的概念，可以说都是刻画与理解后来以资产者为主体之持具市场社会的基本认知模式。

其次，我将针对（三）与由此而衍生的问题提出一些进一步的阐述。在上面所提到之认知架构的导引下，过去的西方历史告诉我们，霍布斯之有关人性的命题催化了所谓政治经济学成为人们特别关心的知识客体，并有着以“去政治化”的方式让展现对等愿望的“经济”抬头的意思。或者，保守地说，无论是就社会实作或理论建构的面向来看，让“经济”成为导引“政治”的社会力（与主导概念）是基本的操作原则。霍布斯企图通过具契约同意的权利概念来形塑“利维坦”国家，其实即有着通过“经济化”政治事务来实践人民的对等愿望的潜在意义。无疑的，这连带地改变了政治理念的基本价值，人们不只扬弃了以气魄为传统来维护和经营的优越愿望与承认斗争，改而强调以理性来经营多数人之欲望的自我保存问题，更重要的是，若说气魄并没有完全丧失，那么，它的历史内涵也是明显地被改变了。

根据福山的意见，在柏拉图的《理想国》（*The Republic*）一书中，苏格拉底把有气魄的人比喻为有着大勇与怒气，内心充满着承认欲望，乃是一只不惜为保卫自己的地盘与外敌作战的“高贵之犬”，而这与乐于冒生命危险的气势、也与自己生气愤慨的情感有关（间接引自Fukuyama, 1993: 208）。福山更采取了黑格尔的立场，并再次援引柏拉图在《理想国》中的说法，认为气魄构成了人天生的正义感，同时也是无私、理想主义、道德性、自我牺牲、勇气与名誉等高贵情操的心理基础。因此，气魄可以把人从私利与私欲的生活中拉出而形塑了公共之善，情形正如苏格拉底认为的，它是所有政治共同体得以存在之不可或缺的美[①]（Fukuyama, 1993: 218, 235）。

论述至此，让我们看看今天人类文明所经历的“现代化”场景吧！诚如福山指出的，当代人们所说的“现代化”其实可以解释为，人类灵魂中“欲望”部分在理性的导引下逐渐战胜灵魂中的“气魄”部分的一种演进过程。表现这样之态度的历史进程最为典型的，莫过于体现在美国的宪法中宣扬追求幸福（其实即是获得财产）之权利的主张（Fukuyama, 1993: 238）。正是在这样的历史背景之下，我们甚至可以更进一步地说，霍布斯强调自我保全欲望的说法，已经使得古典希腊特别重视以气魄作为不可或缺的美德以及因之而形塑的优越愿望，不再受到尊重，甚至成为被攻击的目标，以至于丧失殆尽（Fukuyama, 1993: 237）。此时，取而代之的是：一、如上

① 福山进一步地指出，19世纪的尼采（Nietzsche）即是重视此一源自古希腊文明之情操的思想家，他著名的权能意志（will to power）概念，基本上即是致力于阐明这么一个基本命题：相对于欲望与理性，气魄是具有着优越性，我们可以借此来治疗近代自由主义对人之傲慢与过分抬高自我主张之能力所造成的伤害（Fukuyama, 1993: 242-243）。

面指陈的，灵魂中的欲望部分驱使人们把生活本身彻底地予以经济化（如大学教育为的是提供一个好的就业机会）；二、以具强烈渗透力的对等愿望期待让自己能够与别人对等地获得承认。尽管在追求对等愿望当中，我们还是可以嗅闻到气魄的古典气息，但是，今天我们所要求的，已不是诸如勇气、名誉、自我牺牲等具道德性的要求，而是要求具有自尊、自负、肯定、独立自主或自我实现等蕴涵着“期许”之词汇所意图表达的价值观或生命态度（记住，这并不是伦理道德性的要求）[①]。

在此，让我再次通过福山对自由主义的诠释（尤其是对1989年以来苏联、波兰与东欧共产集团解体后的整个世界局势）所提出的说法，进一步地为霍布斯思想确立历史地位。福山认为，自由主义信念的理路已经推动到使得“人获得绝对自我意识”的逻辑终点，因而，“历史终结于自由主义”（Fukuyama, 1993: 79）。情形若是如此的话，前面所讨论之霍布斯的嗜欲说既是“启动”了自由主义为典范的“现代化”，如今，倘若历史真的要“阖闭”（即福山所说的“终结”）在自由主义的“现代化”之中，以便让自由主义成为永恒的信条，我们是否也得先把历史也一同地“阖闭”在霍布斯的这个

① 只不过，到了今天这样一个以消费为导向的后现代场景里，这种出于自利，且以权利（义务）相互让渡的契约观来奏收人与人之间互相制约之效的思想，实需要重新予以评估的。倘若我们改以爱、慈悲、施舍或关怀的立场出发，无疑的，则将开启另一种具启发性的思维模式。此时，人们重视的，毋宁是强调灵性超越的渡化分享观，而这恰恰是当今正在酝酿的一种新政治哲学（参看叶启政，2008）。

命题上面呢？然而，情形看来似乎没有那么简单，因为，假若霍布斯的思想（尤其，嗜欲说）可以看成是启蒙时期以后之西方社会思想的重要转折点，显然的，这正是鲍德里亚严厉批判马克思的价值说与弗洛伊德的需求说、并予以完全否定的基本思想源头（Baudrillard, 1975, 1981）。准此，不只历史是否会终结于自由主义，霍布斯的嗜欲说是否尚有用来解释当代文明场景的正当性，着实是值得细思的。

再者，福山引述科耶夫（Alexandre Kojève）对黑格尔的诠释，以为黑格尔给了我们一个了解历史过程的不同机制，认为重建社会必须建基在所谓的承认斗争（struggle for recognition）的机制上面。如此，依附在对等愿望下的气魄才得以恢复一点古典气息，而这正是身处这个时代的人类迫切需要的基本情操（Fukuyama, 1993: 181, 244-245）。显然的，假若福山对人类文明的前途所提出之这样的期许是可以接受的话，霍布斯思想对气魄的营造所带来之翻转性的毁灭，岂不是莫大的罪过，而这可能予以恢复或重造吗？若是，条件为何？

就概念的含义而言，优越愿望与承认斗争指涉的，本质上是一种有关象征交换的社会过程，人们互动的重点在于象征符号的互惠交换。诚如前面提示过的，自从启蒙时期以来，西方人即以人之身心体质所衍生的基本要求，作为确立人们之社会“互惠”交换的基础，而其中最具有重要意义的历史条件莫过于是建立在（特别是基本生理性的）需求与（具应付基本需求之使用性的）价值上面。就思想史的角度来说，马克思和弗洛伊德的理论正是分别碰触到这两个面向。因此，在今天这样一个象征交换现象日益突显的时代里，假如情形是如鲍德里亚所说的，象征符号的意指是易变、飘荡而中空，那么，无疑的，如此缺乏明确指涉对象的象征交换，是不再需要借助实质化之需求与价值的概念来加持的，于是，需求与价值概念的历史意义可以被悬搁起来了。显然的，在这样的历史场景里，人们还是和过去的人一样，不断地进行着象征交换，但是，他们是不再需要古典的优越愿望与承认欲望来为日常的象征交换行为撑腰。再者，事实上，连从事福山所强调之承认斗争的气魄经营也都会有困难的。

那么，在这样的历史场景里，人们进行着怎样的象征交换呢？这当然是一个值得探索的问题，在此，我不准备回答，而只提出另一个具前置意义的问题，以来接续上述对福山命题（即历史是否会终结于自由主义）所衍生出来之另一命题（即历史也跟着终结于霍布斯的嗜欲说）的质疑。此一问题的要旨是：当历史走到这样的地步，难道，我们只有宣告霍布斯的嗜欲说也跟着终结在他的理论所内涵的自由主义信念之中吗？最后，随着立基于欲望概念之需求与价值的严肃社会意涵的消失，自由主义也将跟着消失了吗？再说，面对着后现代场景，霍布斯的嗜欲说既是“启动”现代性的思想要素，自然也就是“阖闭”现代性的重要要素，因此，摆在整个历史过程当中来看，马克思和弗洛伊德原只不过是两位（有意或无意地）为霍布斯思想留下一点痕迹的点缀“过客”而已。这么一来，从17世纪以来即影响西方社会思想甚巨的霍布斯，尤其，他的嗜欲说，如今是不是将被“斩首”？易言之，历史是否“终于”终结了霍布斯的思想，而不是如马克思和弗洛伊德的理论（以及其后的许多社会思想，如批判理论、乃至结构主义）所意涵的，“终于”终结于霍布斯的思想之中？这样的说法可以接受吗？这些都有待我们回答。（原文刊登于《社会理论论丛》，第6辑，第67-115页，2012。北京：中国大百科全书出版社）

本章参考文献

叶启政

2006 《进出“结构-行动”的困境——与当代西方社会学理论论述对话》。（修订二版）台北：三民书局。

2008 《迈向修养社会学》。台北：三民书局。

Alford, C. Fred

1991 *The Self in Social Theory: A Psychoanalytic Account of Its Construction in Plato, Hobbes, Locke, Rawls and Rousseau.* New Heaven, Conn.: Yale University Press.

Aristotle

1988 *The Politics.* Edited by Stephen Everson. Cambridge: Cambridge University Press.

Baudrillard, Jean

1975 *The Mirror of Production.* Translated by Mark Poster. St. Louis, Mo.: Telos Press.

1981 *For a Critique of the Political Economy of the Sign.* Translated by Charles Levin. St. Louis, Mo.: Telos Press.

1990a *Seduction.* Translated by Brian Singer. New York: St. Martin's Press.

1990b *Fatal Strategies.* Translated by Phillip Beitchman & W. G. J. Niesluchowski, edited by Jim Fleming. New York: Semiotext (e).

Baumer, Franklin L.

1988 《西方近代思想史》(*Modern European Thought: Continuity and Change in Ideas, 1600–1950*)。(李日章译)台北:联经。

Becker, Howard & Harry E. Barnes

1961 *Social Thought From Lore To Science.* (Three volumes) (with the assistance of Émile Benoît-Smullyan and others) (3rd Edition). Washington D. C: Harren Press.

Berlin, Isaiah

1992 "Hobbes, Locke and Professor Macpherson," in Presteon King (ed.) *Thomas Hobbes: Critical Assessments.* London: Routledge, 55–76.

Berns, Laurence

1981 "Thomas Hobbes," in Strauss, Leo & Josephy Cropsey (eds.) *History of Political Philosophy.* (2nd edition) Chicago, Ill.: The University of Chicago Press, 370–394.

Bobbio, Norberto

1993 *Thomas Hobbes and the Natural Law Tradition.* Translated by Daniela Gobetti. Chicago: University of Chicago Press.

Brandt, Frithiof

1928 *Thomas Hobbes' Mechanical Conception of Nature.* London: Librairie Hachette.

Durkheim, Émile

1964 *The Division of Labor in Society.* New York: Free Press.

1995 *The Elementary Forms of the Religious Life.* New York: Free Press.

Finn, Stephen J.

2006 *Thomas Hobbes and the Politics of Natural Philosophy.* London: Continuum.

Foisneau, Luc

2004 "*Leviathan's* Theory of Justice," in Tom Sorell & Luc Foisneau (eds.) *Leviathan After 350 Years.* Oxford: Oxford University Press, 105–123.

Fukuyama, Frank

1993 《历史的终结与最后一人》(*The End of History and the Last Man*)。(李永炽译)台北：时报出版公司。

Gaskin, J. C. A.

1998 "Introduction," in Thomas Hobbes *Leviathan.* Edited with an introduction and notes by J. C. A. Gaskin. Oxford, England: Oxford University Press, xi–xliii.

Germino, Dante

1972 *Machiavelli to Marx: Modern Western Political Thought.* Chicago, Ill.: The University of Chicago Press.

Gert, Bernard

2006 "Hobbes's psychology," in Tom Sorell (ed.) *The Cambridge Companion to Hobbes.* Cambridge: Cambridge University Press, 157–174.

Hearnshaw, L. S.

1964 *A Short History of British Psychology, 1840–1940.* London: Methuen.

Hegel, Georg W. F.

1991 *Elements of the Philosophy of Right.* (ed. by Allen W. Wood) Cambridge: Cambridge University Press.

Hirschman, Albert O.

1977 *The Passions and the Interests: Political Arguments for Capitalism Before Its Triumph.* Princeton, New Jersey: Princeton University Press.

Hobbes, Thomas

1983 *De Cive: Philosophical Rudiments Concerning Government and Society.* (English Version) Edited by Howard Warrender. Oxford: Oxford University Press.

1998 *Leviathan.* edited with an introduction and notes by J. C. A. Gaskin. Oxford, England: Oxford University Press.

Hoekstra, Kinch

2007 “Hobbes on the natural condition of mankind,” in Patricia Springborg (ed.) *The Cambridge Companion to Hobbes's Leviathan.* Cambridge: Cambridge University Press, 109–127.

Johnston, David.

1986 *The Rhetoric of Leviathan: Thomas Hobbes and the Politics of Cultural Transformation. Princeton*, N. J.: Princeton University Press.

Kavka, Gregory

1986 *Hobbesian Political and Moral Theory.* Princeton, N. J.: Princeton University Press.

Lynch, W. T.

1991 “Politics in Hobbes's mechanics: the social as enabling,” *Studies in the History of the Philosophy of Science* 22(2): 295–320.

Lyotard, Jean-Francois

1984 *The Postmodern Condition: A Report on Knowledge.* Translated by Geoff Bennington and Brian Massumi. Minneapolis, Minn.: University of Minnesota Press.

Machiavelli, Niccolo

1950 *The Prince and the Discourses.* New York: Random House.

Macpherson, Crawford B.

1962 *The Political Theory of Possessive Individualism.* Oxford, England: Oxford University Press.

1968 “Introduction,” in Thomas Hobbes *Leviathan*. Edited with an introduction by Crawford B. Macpherson. London: Penguin, 9–63.

Martinich, A.P.

2005 *Hobbes.* London: Routledge.

Newey, Glen

2008 *Hobbes and Leviathan.* New York: Routledge.

Nisbet, Robert

1969 *Social Change and History: Aspects of the Western Theory of Development.* New York: Oxford University Press.

Oakeshott, Michael

1975　*Hobbes on Civil Association.* Indianapolis, Indiana: Liberty Fund.

Parkin, Jon

2007　“The reception of Hobbes’s Leviathan,” in Patricia Springborg (ed.) *The Cambridge Companion to Hobbes’s Leviathan.* Cambridge: Cambridge University Press, 441–459.

Parsons, Talcott

1937　*The Structure of Social Action, Volume I.* New York: McGraw-Hill Book Co..

Pasquino, Paolo

2001　“Hobbes, religion, and rational choice: Hobbes’s two Leviathans and the fool,” *Pacific Philosophical Quarterly* 82: 406–19.

Peters, Richard

1956　*Hobbes.* London: Pelican Books.

Plamenatz, John

1962　“Introduction,” in Thomas Hobbes *Leviathan.* Edited with an introduction by John Plamenatz. London: The Fontana Library, 3–55.

1963　*Man and Society. Volume One.* Essex, England: Longman.

Reik, M.

1977　*The Golden Lands of Thomas Hobbes.* Detroit, Mi.: Wayne State University Press.

Riley, Patrick

1982　*Will and Political Legitimacy: A Critical Exposition of Social Contract Theory in Hobbes, Locke, Rousseau, Kant and Hegel.* Cambridge, Mass.: Harvard University Press.

Rogers, G. A. J.

2007　“Hobbes and his contemporaries,” in Patricia Springborg (ed.) *The Cambridge Companion to Hobbes’s Leviathan.* Cambridge: Cambridge University Press, 413–440 .

Schmitt, Carl

2008　《霍布斯国家学说中的利维坦》(*Der Leviathan in der*

Staatslehre des Thomas Hobbes)。(应星、朱雁冰译)上海：华东师范大学出版社。

Schneider, Louis

1967 *The Scottish Moralists on Human Nature and Society.* Chicago, Ill.: The University of Chicago Press.

Shapin, Steven & Simon Schaffer

2006 《利维坦与空气泵浦：霍布斯、波以耳与实验生活》(*Leviathan and the Air-Pump: Hobbes, Boyle and the Experimental Life*)。(蔡佩君译)台北：行人。

Skinner, Quentin

2004 *Visions of Politics, Volume 3: Hobbes and Civil Science.* Cambridge: Cambridge University Press.

Sorell, T.

1986 *Hobbes.* London: Routledge and Kegan Paul.

Strauss, Leo

1963 *The Political Philosophy of Hobbes: Its Basis and Its Genesis.* Translated by Elsa M. Sinclair. Chicago: University of Chicago Press.

Toffler, lvin

1984 "Foreword: science and change," in Prigogine, Ilya and Isabelle Stengers *Order out of Chaos: Man's New Dialogue with Nature.* New York: Bantam Book, xi–xxvii.

Tuck, Richard

1989 *Hobbes.* Oxford: Oxford University Press.

2002 *Hobbes: A Very Short Introduction.* Oxford: Oxford University Press.

2004 "The utopianism of Leviathan," in Tom Sorell & Luc Foisneau (eds.) *Leviathan After 350 Years.* Oxford: Oxford University Press, 125–138.

Watkins, J. W. N.

1955 "Philosophy and politics in Hobbes," *Philosophical Quarterly* 5(19): 125–146.

Zarka, Yves C.

2006 “First philosophy and the foundation of knowledge,” in Tom Sorell (ed.) *The Cambridge Companion to Hobbes.* Cambridge: Cambridge University Press, 62–85.

第二章　解读弗洛伊德的原欲说

第一节　议题的提问焦点

除了是精神分析学的始祖之外，在20世纪以来的西方社会思想界当中，弗洛伊德更可以说是具有着难以动摇、也无以否定的绝对重要地位。对这样一位重量级之理论家的思想，论者已多如牛毛，实在没有任何理由需要让我重述，再说，我确实也并无此功力。然而，在此，我所以还是选择弗洛伊德作为主角来讨论，理由其实很单纯，主要是为了回应鲍德里亚因面对着后现代社会里象征符号飘荡而缺乏固定意指的历史场景，而斩钉截铁地宣告了"'需求'（need）或'欲望'（desire）概念用来作为理解和解释当代人之行为的'本质'基础已经失效"这样的论断（Baudrillard, 1975, 1981）。在我的认知里，需求与欲望恰恰是整个弗洛伊德之原欲说（theory of libido）的核心基轴，尤其，立基于下面针对弗洛伊德之影响的简扼描绘，我个人认为，做这样的选择着实是有必要的，关键只是在于采取怎样的进路来逼进，才可能让人们感觉得到有着较为贴切且又具启发性的省思契机。

回顾20世纪以来之西方社会思想的发展，弗洛伊德的学说影响了法兰克福学派，最为典型的如赖希（Wilhelm Reich），特别是成就了马尔库塞（Hebert Marcuse, 1955）企图通过原欲理性（libidinal rationality）的概念结合着马克思主义的思想，以来完成人类文明的解放。更特别的是，回溯至20世纪30年代的法国，布勒东（André Breton）即深受弗洛伊德之潜意识说的影响，一样的，糅合了马克思主义的基本信念，带出了超现实主义（Surrealism）的潮流。自此，凡此种种思想风气披靡所及，弗洛伊德与马克思的理论巧妙地被结合在一起，成为显学，引动日后诸如拉康（Lacan）、德勒兹与瓜达里（Deleuze & Guattari）、利奥塔（Lyotard）、克里斯蒂娃（Julia Kristeva）、伊利格瑞（Luce Irigaray）以及齐泽克（Slavoj Žižek）等人的论述出现[①]。

针对着上述来自德法思想家企图转化弗洛伊德的论述并与马克思的理论进行融会衍生的努力，倘若特别选择利科（Paul Ricoeur）从现象诠释学的角度来解读弗洛伊德的进路作为楔子来为本文的旨意开题，似乎有着一定的历史性意涵，可

① 由于，在当代西方社会思想里头，这几乎已是基本知识，且又非本文讨论的课题，所以，不拟多加讨论，况且，有关的讨论甚多，作者更是没有资格加入的。可供参考的文献，随手而及的，诸如杰伊（Martin Jay, 1984, 1993）、帕克（Ian Parker, 1997）、埃利奥特（Anthony Elliott, 1992, 2002）与克拉克（Simon Clarke, 2003）等人的著作。有关作者个人对弗洛伊德影响布勒东之超现实主义与其以降之欧洲人文社会思想的简扼描述，参看叶启政（2008: 第8章）。

以提供我们更多深刻而可贵的启发与想象空间。

呼应着马尔库塞（Marcuse, 1955）、瑞夫（Philip Rieff, 1979）与佛鲁格尔（J. C. Flugel, 1945）等人的说法，利科曾经提出一个论断：弗洛伊德的精神分析所从事的其实是一种文化解释（Ricoeur, 1970: xii）。从知识论的立场，利科更指出，弗洛伊德的理论既非完全实证的心理科学，也非单纯的现象学论述，而是一种具反思（reflection）性质之独特且不可化约的实践形式。尤其，审诸精神病患与分析医师之间的治疗关系，甚至精神病患本身对病症的意识化过程，它们与弗洛伊德的理论本身一样，更是一种充满“探险”意味的反思过程（Ricoeur, 1970: 418, 439）。因此，它不同于传统的现象学与诠释学，有着自己的特殊性格。或许，正是因为弗洛伊德与马克思同样地充满着通过“当事人”（精神病患或无产阶级）与“智者”（精神分析师、知识分子或革命先锋引导者）的相互诠释而进行在世实践的意涵（或主张），才使得上述之法兰克福学派与理念相当程度地依附左派思想的法国思想家与艺文从业者得以把两人拉在一起，并尝试予以融会，成为推动对人本身与社会进行改造的理论基础。

对利科来说，弗洛伊德的精神分析更是一种有关象征解释的专业。利科于是从诠释学的立场来解读弗洛伊德的象征与需求本能之间的关系，认为象征的多元与多变并没有完全否定对需求本能所预设的初基性，两者只是分属于不同的概念层次而已[1]。易言之，以需求本能为基本哲学人类学的存有预设前提，是允许明势（manifest）与潜势（latent）之双重象征意义存在于经验世界的说法的。没错，整个弗洛伊德的精神分析工作就是进行诠释，而且是带着怀疑（suspicion）且经常是充满“错误意识”的诠释。尤有进之的，弗洛伊德对人的行为（特别是梦境）与文明所从事的论述工作以及对精神病患的治疗，特别是指向“神圣体”（以父亲作为源起的代理人）如图腾、社会、摩西乃至上帝而至宗教整体本身的解释，都可以看成是一种对意义进行着解读的“科学”工作（Ricoeur, 1970: 32–34）。因此，我们若要合理而贴切地思考着人类的行为与社会自身，借用利科的术语来说，通过语言的意义诠释可以说是朝向反思的通道（the passage to reflection），姑且不管利科怎样定义“反思”、认为有了怎样的危机并做了怎样的期待（Ricoeur, 1970: 37–56）。

准此基础，利科更进一步地指出，弗洛伊德的理论基本上是对着人作为主体的一种反思功夫，而且是对主体（特别是其潜意识）进行追根溯源的考古学反思，因此是一种主体考古学（Ricoeur, 1970: 419–458）。当他从现象学与诠释学的角度架出主体时，具体来说，利科检讨的是弗洛伊德的“潜意识”与“意识化”概念，连带的是一些相关的核心概念，如本能、原欲、本我、自我、超我、自恋主义等。因此，在利科的

---

① 我个人认为，从“原欲”之生理本质角度的切入策略来理解弗洛伊德，基本上并没有与利科之欲望的语义学（the semantics of desire）的探讨策略完全抵触，两者的最主要差别乃在于选择切入问题的起点。

心目中，整个精神分析努力以致的，无非即是对潜意识进行具主题性的考古工作，以谋求使之有着意识化的契机，尽管其可能内涵的目的论并未明确地以某种特定主题的姿态被呈显出来（Ricoeur, 1970: 461）。换个角度来说，弗洛伊德思考的显然“不是高度理性的未来而是黑暗的过去”，他“痴迷于古老、原始、诡异、因而难以理解的事物”（Edmundson, 2012: 36）。因此，对弗洛伊德来说，不论就个体自身或整体文明进程而言，人们所面对的，基本上是诸多深藏在心理底层之被压抑、凌乱无序的潜在心理情绪，而唯有使之“意识化”，才有化解的可能。

当然，摆在西方启蒙运动以来的主体意识哲学传统来加以审视，对人类而言，反思功夫是必要的，至少是被期待着，肯定是具有着一定的意义的。这也就是说，利科企图以语言为基模对弗洛伊德的理论进行诠释学的解读，至少从西方社会思想发展史的角度来看，确实是有着深具文化意涵的正当性。倘若特别配合着他所身处之当时法国思想界的主导思想潮流（特别意指来自德语系的符号学、现象学与诠释学传统）来予以审视，他对弗洛伊德的诠释，毋庸置疑的，更是深具有着意义。在此，我不拟进一步地与利科对话，而把自己陷入利科经营起来之细腻而严肃的哲学论辩当中，况且，我自认无此能耐。

我要特别强调的是，诚如利科已经认识到的，弗洛伊德的理论呈现的，有着实在论（realistic）与自然主义

（naturalistic）的面向[①]（Ricoeur, 1970: 419）。在接受弗洛伊德的论述同时是一种具主体考古学的取向的前提下，我们更是有着坚实的理由必须正视这样之面向所可能彰显的意涵。就我个人的意见，立基于对当代社会所体现之象征交换场景的深刻体认，鲍德里亚所以会认为需求与欲望的概念必须被架空，甚至被宣告“死亡”，弗洛伊德以实在论与自然主义的立场架出“原欲说”作为基本认知模式，并因此开展了具本质性之心灵机置（psychical apparatus）的方析策略，是不能不特别予以观照的。有鉴于此，我个人觉得有必要以霍布斯的嗜欲（appetite）本质论的立场作为重要的历史背景，重新来探讨弗洛伊德之论述的基本社会学内涵、孕生的时代背景以及其所可能衍生的社会意义，因为唯有从如此的角度来考察需求与欲望的概念，我们才可能有着更稳固的历史基础以获取更恰适且具启发性的体会。

总之，当我们意图通过以欲望（需求）作为生命本质的命题把弗洛伊德与霍布斯关联在一起时，我们所关心的，窄化

① 利科并非以单纯的态度承认弗洛伊德这样的认识观，至少，他企图以现象诠释学的角度重新确立弗洛伊德的实在论立场，特别是对人之立即意识（与潜意识）的意义解释（如解梦）。至于自然主义的部分，利科则认为是以“物”（或谓力与机制）来架出的面向，可以说是基础稳固的（well grounded）（Ricoeur, 1970: 432–434）。再说，尽管利科以具有反思诠释能量的“意识”来披露被本能驾驭之“潜意识”的语言意涵，但是，他还是承认潜意识所意涵的图像是绝对非主愿的图像（figure of the absolute involuntary），因而，一个人的自由是一种“只是人类的自由”（a “mere human freedom”）而已。易言之，它是一种被驱动、具体化、随制（contingent）的自由（Ricoeur, 1970: 458）。只是，利科为了维持一贯的诠释学立场，不愿轻易地让自己陷入具本质性的实在论的窠臼罢了！

地说，其实是弗洛伊德与霍布斯思想之间的可能亲近性与此一亲近性在西方思想史所展衍的历史－文化意义，但是，广阔地说，则是由心理机制开展出来之本能本质观所可能具有的社会学意义。

第二节　弗洛伊德之论述的思想背景

艾伦伯格（Henri F. Ellenberger）指出，达尔文从演进的观点来考察动物界中有关诸如攻击性与爱欲本能现象的研究取径深深地影响着弗洛伊德。譬如，弗洛伊德即把达尔文在演进论中所说的逆反（reversion）运用于心理现象上面，称之为退归（regression）。更罔论在《图腾与禁忌》（*Totem and Taboo*）一书中处处可见到达尔文通过生物学理论来考察道德（即社会）起源的影子（Ellenberger, 2004: 217）。此外，通过其授业老师布吕克（Ernst Wilhelm von Brücke），弗洛伊德更是明显地受到19世纪中叶赫姆霍兹（Helmholtz）学派以牛顿物理学原理为基础而建立起来之物理生理学（physical physiology）的影响。简单说，此派的生理学接受了物理学的元素论，认为一个复杂的现象可以（也必须）化约为组成的元素来理解。譬如，一个物体的运动即是可计算的基本分子依循着惯性定律所产生之一种涉及能量保存的运动改变情形。相较之下，对弗洛伊德而言，他所从事的科学工作，即是把心灵的规则转换为运动的规则来理解（Gay, 2002a: 80）。他借用了诸如惯性与能量保存等概念来形塑其有关人之心理活动状态的概念，诸如前面提到的心灵机置或所谓的能量灌聚（energy cathexis）[①]即是。使用扬克洛维奇（Daniel Yankelovich）与巴雷特（William Barrett）的用语，弗洛伊德的论述架构基本上是分享着深受笛卡尔的认识论与牛顿物理学影响之科学物质主义（scientific materialism）的基本信念（参看Yankelovich & Barrett, 1970: 第12章）。准此，倘若我们可以说弗洛伊德的本能论是一种以人作为生物有机体为前提的心理学学说，那么，其学说的基本思想来源毋宁是来自物理学，而非生物学本身。然而，不管其思想来源是来自19世纪以来的物理学或生物学，弗洛伊德的理论具有着以“自然”为根本之本质论的色彩，应当是可以接受的一种论断吧！

除却其所接受训练与孕育的思想背景本身之外，我们更是不能忽视弗洛伊德所生长之时代的欧洲社会背景。波兰尼

① 这原本是19世纪末有关蒸汽机之动力学使用的一个概念，乃用来形容蒸汽机的动能状态，弗洛伊德借用来形容一个人之精神能量的集中凝聚样态。但是，根据艾伦伯格的说法，弗洛伊德此一概念乃源自布伦塔诺（Franz Brentano）的意向性的存在（intentional existence）说法（Ellenberger, 2004: 218）。弗洛伊德即根据布伦塔诺的意思发展其早期的“自我”概念，认为意识始终是意指或指向某些东西，人的自我即是企图掌握意义，并完成具意向性的行动。因此，企图掌握一些东西，成为人们关心的课题，弗洛伊德于是使用“灌聚”一概念来刻画意向性之行动的能量动力来源。《弗洛伊德之完整心理学作品标准版本》编者斯特拉齐（James Strachey）即指出，灌聚的希腊文原意是“我占有的”，当弗洛伊德把它转成德文的*Besetzung*一词后，遂成为精神分析学最重要的概念之一。简单说，它可以使用充电来比拟，乃意指通过某一管道所累积或集中的心理能量。因此，当我们说某人对某客体有着原欲灌聚［或简单地说，一个客体灌聚（object-cathexis）］时，我们乃意指，这个原欲能量朝向或灌入外在世界中之某物的观念（*Vorstellung*）（如爱或恨）当中（Freud, 1920: 48, 注1）。

（Karl Polanyi, 1944）曾宣称19世纪的欧洲面临的是大转型的时代，而由19世纪迈进20世纪之交，西方文明所呈现的样态，更可以说是这样一个转型格局的总体展现。特别是两次大战与之间（且延续至之后）极权主义的恐怖统治等的发生，更是使得西方人对启蒙时期以来所肯定的“理性”有了怀疑，继而对“人性”的本质予以关心，而这正是弗洛伊德生长的时代背景。埃里克森（Erik Erikson）即评论道，弗洛伊德是生在绝对理性接近尾声的时代（引自Yankelovich & Barrett, 1970: 18）。无怪乎，艾伦伯格会论断，弗洛伊德的思想中有着叔本华与尼采之浪漫主义的影子，而且认为尼采甚至影响了弗洛伊德的行文风格[①]（Ellenberger, 2004: 219）。

围绕在习惯于采取两元互斥对立而对彰之思维模式的文化氛围当中，一旦人们对以“理性”作为确立人之典范的特质有所质疑之后，转向人性中的“非理性”（或谓感性）面向靠拢，无疑地会是一项相当顺理成章的作为。因此，除了受到前述医学训练之特殊学术背景的影响之外，弗洛伊德所以特别强调原欲本能，如此一般的时代氛围似乎是起了相当的作用。单就此一对原欲本能的强调而言，我们发现，弗洛伊德之思想的

---

① 萨弗兰斯基亦指出，弗洛伊德早已知道尼采为他做了许多的准备工作，只是，为了让心理分析得到科学（甚至自然科学）的封号，他一直有意地避开尼采的著作，尽管尼采的预感与洞见常常以着相当惊人的程度与精神分析的结论相符合着（Safranski, 2007: 380-381）。埃德蒙森（Mark Edmundson）则更进一步说道，“……弗洛伊德曾经说过，自己并没有读过多少尼采的书，虽然他的书自己基本上都有，因为他害怕在书中读到太多尼采对于精神分析的预见”（Edmundson, 2007: 155）。

整体框架与17世纪英国的霍布斯之间，汩汩地透出一定的亲近关系。当然，两人相隔了两百六七十年，若要确立他们之间在思想承继上有着一定的关系，那绝非一项简单的论证工程，需得耗费一番功夫来探究的。显然的，这不是一时做得到的，况且，更是超乎我个人的能力。因此，在此，我无法对他们两人均把"欲望"当成人存在的本质性特质并以之作为基础来考察人本身或社会与文明的问题这样的观照立场，从事经验实证的串联评比。我所能做的毋宁只是阐述着，两人在思想基点上所呈现这样的亲近性，到底可能启发了怎样的社会学意义。尤其，针对着鲍德里亚对欲望与需求所提出的死亡宣告，我们更有理由从社会思想史的角度来反省霍布斯与弗洛伊德的理论亲近性所可能彰显的时代意义，如此而已。

第三节　自然原则支配下以原欲本能为基础的心灵结构——从霍布斯到弗洛伊德

布鲁姆（Allan Bloom）在其著《美国精神的封闭》（*The Closing of the American Mind*）一书中曾经这么说过：

> 弗洛伊德不知情地跟随了霍布斯的思路，他（指霍布斯）说每个人应该照料他的感觉——感觉（feels），而非思想（thinks）；他自身，非他人。自我多的是感情而非论理，相对于他人，这是首先必须被定义的。"做你自己"。令人惊讶的，霍布斯竟然是第一个替波西米亚宣传

> 的人，也是宣扬诚恳与真诚的人。……“感觉！”霍布斯这么说着（Bloom, 1987: 174）。

瑞夫更具体地指出，弗洛伊德与霍布斯两人所关心的，不是“人本质是善良的，但社会使之腐败”的命题，而是“人是无秩序的，社会限制了他”这样的现实状况（Rieff, 1979: 221）。往前来推论，他们两人均可以说是视人的本质是孤独的，有着非社会性的“自然”本能的一面。追求自利、以自我为中心以及具有攻击性，是其中最为明显的特征。就此命题而言，当然，与霍布斯相比较，弗洛伊德的论述是有着更细致而丰富的内容的①。然而，不管怎么说，弗洛伊德是分享着霍布斯的基本思维模式，他的理论可以说是建立在以“自然人”（*homo natura*）的立场来确立对“人”的理解上面，而以人具有的本能（instinct）作为能量动源则是整个理论的立基点②。弗洛伊德即曾自称，精神分析乃是针对着人类与外在环境接触时的立即感受（immediate feeling）从事源起发生学的

---

① 譬如，处理正负情愫交融（ambivalence）现象时，弗洛伊德显然是比霍布斯细致多了，尽管其论述自身容或尚多有不及之处。另外，诚如瑞夫指出的，霍布斯视“社会契约”为构作社会的原始正当基础，而非历史源起。对弗洛伊德而言，社会契约毋宁是，在人们弑父后因对父亲有着“正负情愫交融”现象而引申的一种“推翻父权政府后的反革命反应”，可以说是人类非理性地渴望权威复原的一种表现，对反着被压抑之儿子的反叛冲动，更是对父亲之意志的再肯定。因此，“社会契约”的形成并非反映多数人的胜利，而是他们首次且具典范性的失败（Rieff, 1979: 222–223）。

② 在1927年间一次与宾斯万格（Ludwig Binswanger）对谈时，弗洛伊德即表示：“人类常认为自己是一种具灵性的存有体，但是，它却提醒着我去向他展示，他亦是具有着本能性的”（引自 Yankelovich & Barrett, 1970: 88）。

解释（genetic explanation）（Freud, 1961: 12）。

首先我要强调的是，弗洛伊德视人所具有的本能是一种来自于有机体内部之生理机能产生作用的刺激，以别于来自人体之外的刺激（如光线），其最为典型的即是追求满足（satisfaction）的种种需求了（Freud, 1915a: 118）。当然，就过去学术界对弗洛伊德之理论的理解，其中最为显眼的莫过于是“性”（sex）引起的原欲问题。若此一本能的内涵作为参考的基轴，弗洛伊德即把本能区分为爱欲或性欲本能（*Eros* or sexual instinct）与死亡本能（*Thanatos* or death instinct）[①]。基本上，前者是一种“自我保全”的本能，而后者则是使得人由有机体回归无机体（或谓由具生机性转化成为无生机性）的状

① 在 1900 年的《梦的解析》中，我们发现，“本能”一概念还是很少见到。到了 1905 年的《性欲特质理论的三篇论文》（*Three Essays on the Theory of Sexuality*）则见到了性本能（sexual instinct）一词，但是，没有明确的定义，只是使用原欲（libido）一词作为性本能的表现（Freud, 1905: 125）。直到 1907 年的《强迫行动和宗教实作》（*Obsessive actions and religious practices*）一文，本能冲动（instinctual impulses）才成为最普通的词汇（Freud, 1907）。同时，在 1920 年的《跨越快乐原则》（*Beyond the pleasure principle*）一文中，弗洛伊德宣称，本能是心理研究中最重要，但却是最暧昧的元素（Freud, 1920: 34; 1923b: 113-116; 1926: 112, 113）。总之，不同时期的弗洛伊德对同一个概念或现象常有不同的解释与见解。譬如，在 1915 年发表的《本能与其变化》（*Instincts and their vicissitudes*）中，他把本能区分成为自我保全（或自我）本能和性欲本能来对彰，但是，到了此处所引用的 1923 年发表的《自我与本我》（*The ego and the id*），他则把性欲本能视为一种自我保全（或自我）本能，以与死亡本能相对应（Freud, 1915a: 124）。总结来说，综合弗洛伊德不同阶段的本能说，大体上有三类“两分对彰”的说法：性（原欲）本能／自我本能［sexual（or libido） instincts/ego-instincts］、客体原欲／自我原欲（object-libido/ego-libido）以及活生本能／死亡本能（life instincts/death instincts）。

态（Freud, 1920: 39）。然而，此二者却可能同时交错并存着，即产生了如爱恨交织的正负情愫交融现象（Freud, 1923a: 40–43）。

总之，不管人们追求满足的欲望需求是什么，我们可以很清楚地看到，弗洛伊德分享着边沁（Bentham）主张趋乐避苦的功效主义（Utilitarianism）的思想，碰触的是需求的经济理法（economy），而非其所可能彰显的文化意义。然而，弗洛伊德却不是一个持乐观理想态度的享乐功效主义者，在他的思想里，牢牢实实地有着现实考量的一面。在考量到现实面向的情形下，尤其是指向爱与恨交加的正负情愫交融感情，弗洛伊德以三组极对（polarities）的概念作为分析的基础：主体（自我）/ 客体（外在世界）、快乐 / 痛苦、积极 / 消极。简单地说，主体（自我）/ 客体（外在世界）涉及的是实在（real）；快乐 / 痛苦具有着经济理法的意义；积极 / 消极指涉的则是属于生物性（biological）层面的反应模式（Freud, 1923a: 134, 139）。

准此，基本上，弗洛伊德可以说是分享着霍布斯的基本命题。他认为，在现实环境里，代表主体的自我有着要求霍布斯一向所特别强调的自我保全本能，因此，有着现实法则左右着，让人们不可能一味放开地追求着快乐，而必须忍受痛苦以保存能量，并且，把对欲望满足的追求适当地予以延宕，尽管此一现实法则只是以极小部分的方式取代了快乐法则[①]（Freud,

① 弗洛伊德认为，痛苦时，人之能量的灌聚性提高，而快乐时，灌聚的能量则较低（Freud, 1923a: 23）。所以，趋乐避苦有着保存能量的作用。

1920: 9–10, 27）。显然的，这样的现实法则基本上乃在人的理性可及的范围里运作着，它经常是使得人们不只是在本能的驱动下朝向改变（或发展），而且，更是朝着“保存”的相反方向走着。当然，一旦行之过当，人们则极可能产生了退归的心理现象（Freud, 1920: 37–38）。

论述至此，我们可以总结地说，不管现实法则与快乐法则之间做怎样的妥协或有着怎样的冲突，就概念的内涵而言，现实法则代表的，可以说是来自“社会”本身的种种实质压力，人们需得以某种“理性”的方式来对付，而快乐法则反映的则是具感性的“灌聚”能量，基本上乃来自人之本能所孕发的欲望趋力，并因此在形成为需求的情况下寻求最可能的适大满足。于是，相当程度的，现实法则是属于社会，而快乐法则则是属于个体的[①]。

显然的，不管以积极或消极的方式，当人们必须同时面对着现实与理想时，体现在具有智慧的人类身上的，经常是以一种具层级性的分化（differentiation）形式来处理。对此，弗洛伊德采取具本质意涵之“准”实体观的立场[②]，以本我（id）、自我（ego）与超我（superego）作为组构人之精神（psyche）

① 利科即认为，就各自的理论而言，现实法则对弗洛伊德之论述的地位，就有如“相同的永恒轮回”（eternal recurrence of the same）在尼采的论述，或“必要”（necessity）之与马克思的理论一样地重要（Ricoeur, 1970: 35）。

② 所以称之为“准”实体观，乃因，作为心灵机置，不管本我、自我或超我都无法实际地在人的身体内找到确切的地方来对应，顶多，仅能假设是以黑盒子的方式存在于人之心灵中的某个地方，或甚至只是以具分析性之“实在”的姿态暧昧地假设着它是存在着的。

［或谓心灵（mind）］的三个具“分析性之实在”（analytically real）[①]意涵的基本结构元素，并且把本我当成是最原初且充满混沌激荡状态的基素（Freud, 1933: 73; Ricoeur, 1970: 444）。易言之，就能量源生的立场来说，自我乃外在世界通过“知觉–意识”（perception-conscious）[②]过程对本我直接影响而产生修饰的部分。因此，就某个意思而言，自我涉及的是本我所展现之表层–分化（surface-differentiation）的一种延伸，可以说是由人所具之“动物性”（即由本我来体现）引生的一种“人观”。“尤有进之的，自我有着把来自外在世界的影响带进以支撑本我与其种种趋势（tendencies）的任务，并竭力以现实原则取代在本我中居绝对优势的快乐原则。在自我中，知觉即扮演着在本我中移归给本能的部分。自我乃代表着我们宣称的理性与神智健全，以相对于本我包含的激情”（Freud, 1923a: 25）。至于所谓的超我［或谓理想自我（ego-ideal）］，弗洛伊德则视其为自我的一种与意识最少关联的分化部分。由它出发来回顾自我时，可以说是一种具人文性（也是社会性）的“人观”。准此，假若自我基本上是本我对外在实在世界的表征的话，相反的，超我则是本我对内在世界的表征（Freud,

① 帕森斯（Parsons, 1937）即运用此一概念作为解说（并正当化）他对人之社会行动从事理解的基本认识论。

② 在弗洛伊德的认知里，当一个人接受到外界的刺激时，他会通过天生具有的知觉体系把与残存记忆（memory-residues）接邻的前意识（preconscious）转换成为意识，而这正是自我产生作用的最大特色。但是，自我本身却也是潜意识的（Freud, 1923a: 23）。总之，自我受到知觉影响，正如本能对本我的作用一样（Freud, 1923a: 40）。

1923a: 28, 36)。然而，归根到底地来看，自我的驱动能量是来自本我的，因为本我是一种先天禀赋的能量来源，也是动机的基础，且以体现在性欲与攻击性上面最为明显。

从上面的陈述，我们可以看出来，在弗洛伊德的心目中，具动物本能性的本我是人之一切行为所以产生之背后的源生基础，对决定人的行为有着特殊的优位性，尽管通过超我来形塑的自我可以反过头来“压抑”本我，而此一具社会-文化性的压抑正是整个问题的关键。显然的，这是一种从动物性出发的现实人本观，乃假定着任何人都有着源自于动物所具之生理结构性的极限，是任何人为努力无法超越的。因此，我们无法期待人可以无限地克制自我，而是需要仰赖一个“合理”的社会制度来保障这样的极限不会越域，以至于崩溃。

第四节　文化象征的体现
——“无意识”与其“意识化”过程

弗洛伊德在1900年[①]出版《梦的解析》(*The Interpretation of Dream*)可以说是确立了精神分析研究“潜意识”现象对人类行为之重要性的里程碑。他即以强调的口吻说道：“《梦的解析》是通往心理活动中潜意识之知识的康庄大道”(Freud, 1900: 608)。继而，在1901年出版的《日常生活的精神病理学》(*The Psychopathology of Everyday Life*)，弗洛伊德则企图

① 出版商印成的出版年份是1900年，但是，实际上，是在1899年11月4日开始发行的。

通过日常生活中非明显意识的部分，如梦境、口误、笔误与生活中的小错误等潜意识行为来理解人之行为的深层结构（参看Freud, 1960）。瑞夫即肯定地下了一个结论：潜意识在弗洛伊德的理论中是一个神祇词汇（god-term），乃是他所使用之概念的终极（即第一因），因为它既是经验无法触及，但却又是构成经验最为基础的成分[①]（Rieff, 1979: 34）。

于是乎，诚如在第一节中引用利科的意见时所指出的，弗洛伊德的精神分析所从事的，是以供奉着本能需求为前提基础来对象征进行解释，而潜意识则是人类原始本能（特指原欲本我）所体现之一种无法推翻，也难以否定的心理状态。它或许是落实于人类身体内的某个部分，但却是无法予以定位，甚至根本就不需要加以定位的。重要的毋宁是，它对人类的行为产生着绝对优势的解释力，而这基本上可以依靠人的种种具体外显行为表征以回溯的方式来予以证成。弗洛伊德自己即这么说过："潜意识是真正的心灵实在；当成外在世界实在，在其最深层的本性当中，对我们有着许多的未知，它由意识材料所呈现的总是不完全，情形有如经由我们的感官沟通所呈现的外在世界一般"（Freud, 1900: 613）。或者，借用利科的说法，潜意识即是且仅是本我，而此一实在不是绝对实在，乃相对于

---

① 瑞夫认为，此一"神祇词汇"乃与当时德国观念论的创造性断裂与随之而来的压抑等等的概念有着亲近关系，是提供浪漫主义第一因与最后依靠之太初浑沌观念的另类版本（Rieff, 1979: 34）。基本上，这可以说是怀着某种特定信念以"如是"（*ad hoc*, to this）的方式来证成自己的存在的一种说法。诚如民间所常说的"信则灵，不信则不灵"，这个概念可以说是"信则有，不信则没有"。

赋予它意义的操作机制而被定义与被理解着（Ricoeur, 1970: 436, 438）。

就精神分析的立场来说，使得“病患”的潜意识浮现出来——即意识化，可以说是整个治疗过程中不可或缺的最核心部分。琼斯（Ernest Jones）即曾指出，就弗洛伊德的观点，只有被压抑的，才会予以象征化，也唯有被压抑的，才需要予以象征化，而这可以说正是精神分析之象征理论的基石（间接引自Ricoeur, 1970: 503, 504*注），尽管利科认为精神分析学无法证明被压抑的冲动才是足以称之为象征化的唯一来源（Ricoeur, 1970: 50*注）。无疑的，这样的意识化过程基本上是一种社会过程，首先涉及的即是利科所强调的象征诠释问题。但是，就文化发展史的角度来看，弗洛伊德所予处理之这样的心理课题，基本上，则是触及了霍布斯所关心的一个问题：由动物性过渡到人文性（参看Gay, 2002b: 324）。易言之，它涉及的是，一个人如何由具动物性之本能所支配的潜势状态，转化过渡到具有人文性之文化象征意义的明势状态。

弗洛伊德表现出这样的企图，最为明显的莫过于中晚期的作品。底下，仅通过一篇文章与五本书籍的内容作为材料来加以讨论。这篇文章是1908年发表的《“文明的”性道德与当代精神疾病》（‘Civilized’ sexual morality and modern nervous illusion）：五本书则分别是1913年出版的《图腾与禁忌》、1922年的《群体心理学与自我的分析》（*Group psychology and the Analysis of the Ego*）、1927年的《一个幻觉的未来》（*The Future of An Illusion*）、1930年的《文明及其不满》（*Civilization and Its Discontents*）与1939年的《摩西与一神教》（*Moses and Monotheism*）。

首先，在《“文明的”性道德与当代精神疾病》一文中，弗洛伊德谈的基本上是他所处那个时代的欧洲社会场景。他认为，文明社会所采取的一夫一妻的婚姻制度，是对人们之性行为予以禁限的最主要因素，且对女性的限制远比对男性的为多，这是因为男与女在自然的性特征上有所不同的缘故。通常，对男性的性行为禁限比较不那么严格，以至有着双重的道德标准，既无法贯彻对真理、诚实与人文性的真爱，又必须掩遮事实、欺骗他人或自我欺骗[①]。回到前面的讨论，这就是充满着原欲本能的本我与代表社会的超我相互斗争和冲突的一种体现，无疑的，超我对本我的压抑，导使受到挫折的原欲本能潜藏而滞留在潜意识之中不得发泄，精神疾病即在其中产生（Freud, 1908: 182, 186）。如他一向所主张的，特别是在文明社会里，人们追求性欲的满足并不是为了生育下一代而是享受交媾时的愉悦，弗洛伊德于是把这种被文明压抑的性欲当成是现代人所面对的首要问题。整个问题的关键显然地是在于，拥有原欲本能的本我，如何在意图贯彻权威意象之超我的不断压抑下，在心理上取得到一个适当的平衡点。对弗洛伊德而言，这就牵涉形塑本我与超我的文明所可能依存的哲学人类学起源问题，而这必须回到更具初基性的社会形态与人生发展阶段来予以审视，才得以可能有所成就。《图腾与禁忌》一书所要告诉

① 这可以说是底下将提到之所谓维多利亚精神（Victorianism）的基本特征，将在下文中再予以讨论。

我们的，正是如此的一段故事。

就弗洛伊德的学术生涯来说，《图腾与禁忌》是深具战斗动机且带着戏剧性的一本著作[①]。在这本书中，弗洛伊德宣示着，初民与精神官能症患者的思考方式基本上是相当一致[②]（Freud, 1950: 26）。在初民社会里看到的图腾与正负情愫交融的两难情结，其实乃与在精神官能症患者身上看到的强迫思维和行为以及压抑现象相一致，而这更可以从儿童身上看得到的知性自恋主义（intellectual narcissism）与思想万能（the omnipotence of thoughts）的信念来予以比拟[③]（Freud, 1950: 89-90）。

弗洛伊德相信，在初民部落社会里，面对着近乎全能、垄断女人且权力无边的“父亲”，所有的兄弟有着集体的俄狄浦斯道德情结（Oedipal moral complex）。在挫折与恨怒的双重情绪激荡下，他们有着杀死并餍食父亲的潜在欲望。但是，由于有着正负情愫交融的基本情结与随之而来的罪行感，这些

---

① 原著出版于1913年。此一评论性的说法乃引自盖伊（Peter Gay, 2002b: 304-322）。盖伊认为，书中所包含的第四章（战斗意味最浓的一篇）是写于与荣格决裂之后，弗洛伊德出版此书可以说是用来对付荣格的背叛，犹如是父亲对儿子的一种反击（Gay, 2002b: 306）。

② 弗洛伊德已经注意到这样的比拟恐有疑义。譬如，精神官能症者是压抑其行为，因而思想完全取代行动，而初民则是不压抑的，思想直接表诸于行为上面，行动取代了思想（Freud, 1950: 161）。

③ 这意思是说，儿童的思想是随着自己一时的想法而开放、飞扬着，譬如，认为圣诞老人存在着，会送礼物给他，或相信精灵在身边等。弗洛伊德认为，初民的心灵即是如此，譬如，他们拒绝承认死亡是事实，有着泛灵论（animism）的心态。在成人的文明世界里，这种现象则只存在于艺术的领域（Freud, 1950: 90）。

兄弟们对弑父有着良心苛责的压力。就在这样的心理状态之下，结果是，图腾被“设计”出来，作为化解郁积的集体心理感受，解除社会里潜在的危机。

简扼地来说，在弗洛伊德的认知里，图腾乃与“一群兄弟杀死原始父亲的罪行感代代相传”[①]的想象事件有关。兄弟们来自本我之本能动力的潜意识憎恨，导引着他们把已过世的父亲当成图腾动物看待，认为是不能轻易杀死的。于是乎，图腾即是父亲代理人（father-surrogate）的首要形式，而神祇则是后来才形塑出来的父亲代理人（Freud, 1950: 141, 144–145, 148）。就在如此的情况下，正负情愫交融的心理情结，进而驱使着人们针对性欲的表现发明了种种制度来予以限制。或者，更具体地说，不杀图腾动物与不和同属一个图腾的女性有性关系，乃是为了避免重蹈如俄狄浦斯所犯杀父并与亲母结婚的罪行（Freud, 1950: 132）。因此，在普遍面对父亲（或类似的人物）之角色的权威压力的情形下，禁忌是图腾形成的根源，更是化解对父亲所具之正负情愫交融心理情结的制度性作为，而这具体地体现在采取外婚制来避免近亲乱伦的作为上面。至于所谓图腾节庆，则是企图通过此一特殊场合来满足“胜过父亲”的补偿心理使然的（Freud, 1950: 145）。总的来说，通过这样的情境所形成的禁忌既是神圣，也是不洁，有着正负情愫交融的特征，转而成为良知（conscience）的基本来源，而这恰恰即意味着文明乃起源于罪行感的产生（Freud,

① 在《梦的解析》中，弗洛伊德只描绘人们弑父的愿望，但是在《图腾与禁忌》中说的却是实际的弑父行径。

1950: 66–67）。

必须特别强调，此处所将讨论的重点，并不是在于弗洛伊德的论证是否合理（如视图腾归根到底就是一种禁忌）的问题，也不是如盖伊所说的，把初民社会的图腾与禁忌现象拿来与患有精神官能症之儿童的动物恐惧症一起谈，只不过是一种充满丰富想象力且根据不可靠的假说（按：指达尔文与亚当·斯密的假说）而已（Gay, 2002b: 310–312）。我关心的毋宁是，他的立论基础在社会思想史上所彰显的特殊意义到底是什么的问题。其中，最为关键的或许是如盖伊所指出的，弗洛伊德的要旨乃于企图“揭示原始的思考方式乃是对所有的思考方式（包括‘正常’的思考方式）以至于对历史，都可以有所阐明”（Gay, 2002b: 311）。这样的见解可以从底下所将引述之弗洛伊德其他的著作中获得到进一步的阐明。

在《一个幻觉的未来》一书中，弗洛伊德秉承着上述的一贯立场来论证宗教现象。他认为，人类对宗教所以有着需求，概如前述的，乃来自于幼儿时期的经验，其重点在于：神祇的地位就有如父亲在儿女心目中的地位一般。于是乎，整个情形即像一个幼儿面对双亲（尤其是父亲）时的无助状态一般，他既害怕双亲（特别是父亲），但又信任他们，更是从他们那儿获得到保护。这样的正负情愫交融的矛盾状态，转至成人的世界，即化成为人对大自然所怀有之既危险又充满希望的梦般的生命感受上面，而这样的感受导致的结果是人有了极端无助的感觉（Freud, 1961: 21, 28）。特别是当人是无知或心智衰弱时，人类经营共同生活所必然需要的本能性自制，只能靠纯粹的感性力量来完成，这遂促成了人们采取了宗教这样的形式充当自我防卫机制，甚至普遍地显现出具强迫精神官能症状的人文性，情形即恰如面对着父亲的“威胁”而让幼儿因俄狄浦斯作祟，引出强迫精神官能症一般[①](Freud, 1961: 55)。因而，假若强迫精神官能症是私人的宗教，宗教本身即是一种集体的强迫精神官能症的表现。易言之，宗教的实作现象与强迫精神官能症之间似乎有着一定的“异形同构”关系（同时参看 Freud, 2004)，而其共同的基础即是具源起意义的本能遭受到压抑所带来的恐惧与欲望交错的挫折。因而，譬如，基督圣餐（Christian Eucharist）基本上即重复着图腾餐；基督的死亡则是重复着先知摩西的死亡；摩西的死亡又是重复着原始的弑父场景（同时参看 Freud, 2004)。

特别有趣的是，在弗洛伊德的心目中，不只宗教的实作现象与强迫精神官能症的体现之间有着一定的“异形同构”关系，这样的关系更是可以推演至一般的群体现象。首先，我要特别提示的是，弗洛伊德对于群体现象的讨论，可以说是针对着与他同时代之社会心理学家，特别是法国勒庞（Gustave Le Bon）与英国麦克道格尔（William McDougall）的论述，以

---

① 弗洛伊德自己提到，在《图腾与禁忌》一书中，他只是针对图腾主义的起源提出解释，并没有论及宗教的起源问题。只不过，两者之间有着一定的亲近关系，亦即：图腾动物变成神祇的神圣动物，且最早也是最基本的道德限制（即禁止谋杀与近亲禁忌）即源自图腾。此一神祇的神圣动物后来为人形形象所替代，而这在《图腾与禁忌》一书中是从没有提到过的（Freud, 1961: 28-29）。于是，弗洛伊德把古希腊时代即有之“人类以自己的形象造神”的观念予以修改，衍生为“人类以自己之父亲的形象来造神”这样的说法（Gay, 2002c: 305）。

性爱为本之原欲体质说的立场来予以反应。他认为，因为人几乎都是生活在人群之中，所以，个体心理学与群体心理学之间有着交集地带。准此，他分享着勒庞［Le Bon, 1969（1920）］与麦克道格尔［McDougall, 2005（1920）］有关群体心智（group mind）这样的社会本能（social instinct）的说法，进而促发了他关心集体心理学的问题，特别是来自麦克道格尔有关群众之情绪亢奋与强化（而智性降低）现象的论点[①]（Freud, 1922: 27；同时参看Rieff, 1979: 230）。他更是引用勒庞的说法，主张人们享有（以平均值的概念来理解）共同的潜意识基础，因此，可以形成群众（crowd）现象（Freud, 1922: 9）。更重要的是，当人们的共同潜意识产生作祟的时候，情形也与做梦或被催眠时一般，人们丧失了现实感，有的是受希望力量主导的感性能量灌聚。此时，此一共同的潜意识状态作为心理实在，基本上是充满着未完成希望的奇思（fantasy）与幻觉（illusion），情形乃与前述的宗教现象一般，其所呈现的，有如精神官能症者身上常看到的症状一般（Freud, 1922: 20）。

弗洛伊德支持勒庞与麦克道格尔所强调的暗示（suggestion）和传染（contagion）的概念，认为这是高等有机体具生物性之多分子特质的一种衍续现象，但是，不同于勒庞与麦克道格尔［以及塔尔德（Gabriel Tarde）］之重视模仿（imitation），弗洛伊德维持他一贯的主张，以原欲本能（特指与性爱情欲有关的能量）作为基础来解释群体的形成，并进

① 对弗洛伊德来说，在初民社会中，这种现象却是看得到的“常态”（Freud, 1922: 33）。

而以具高度组织性质的社群（如教会与军队）作为讨论的对象（Freud, 1922: 33-34）。对此，他秉持着一贯的立场，特别强调领导者与被领导着之间以“客体”呈现的情绪性灌聚关系。基本上，社群中的被领导者具有着“兄弟”关系，而领导者（譬如基督或总司令）则扮演着制造正负情愫交融情结的父亲角色，乃以父亲的权威角色来营造理想自我（ego ideal）。于是，领导者如何通过暗示的作用，得以让自己成为成员形塑自我的认同（identification）标杆，可以说是最为关键的问题。尤其，当这样的情结落实在人类作为动物存有体共有的群聚本能（herd instinct）上面时，自从人类经营原始群聚开始，即有了罪行与责任意识[①]（Freud, 1922: 83-84）。如此一来，在人的实际自我与理想自我之间呈现出不同分化等级的现象。一旦涉及以客体（如图腾物）取代理想自我之现象的时候，自我与客体的关系转而成为问题的核心（Freud, 1922: 125）。这一切因而意味着，在人类文明进程之中，“客体化”的潜意识现象如何形塑与运转，成为我们必须予以关心的重要议题了。

尽管，或许诚如盖伊所指陈的，弗洛伊德在《文明及其

① 弗洛伊德此一观点乃源自特罗特（Wilfred Trotter），但是，不同于特罗特认为在“群聚”之中人们均等，没有（也不一定需要）领袖，弗洛伊德则主张，人类所创造的群聚乃由一个领袖来领导着（Freud, 1922: 89）。同时，他认为，除了群聚本能之外，尚有自我保全、滋育与性本能，而前者经常是与后三者对反着。说来，这正是使得人所以有了罪行与责任意识的重要分水岭（Freud, 1922: 84）。尼采亦使用此一概念，但是，他意图指涉的是对舆论、时尚等公众意见盲从的一般世俗人，因此，其用意是不同于弗洛伊德的（参看 Nietzsche, 1968）。

不满》一书中所提出的观点，与他过去的论说对比[①]，并没有任何的创新，甚至是他自己认为最没有把握的一本书（Gay, 2002c: 324），但是，我个人认为，这份作品却可以用来验证弗洛伊德从原欲的人性立场对文化现象进行分析的基本观点。倘若需要与霍布斯的思想进行排比的话，这更是最适当的着力点。

弗洛伊德明确地告诉着我们，当人们开始对敌人投以绰号而非使用长矛（也就是人类放弃使用绝对暴力）的时候，文明即来临了，它的重要指标即是受到规约之人际关系的形成，更具体地说，即是共同体的权能取代个体的权能，让所谓正义得以产生。这一切乃意味着，文明起于人丧失了自由，必须学习忍受。进而，倘若文化的创造可以看成是人们所具之冲突动力的大幅度反射，且人类的欲望是依循着快乐原则的话，那么，显然的，人接受了文明后必须学习的忍受，首要的即是文明对本能欲望（特别是有关性爱的情欲与攻击性）进行的约束与压制，将为人们带来诸多的挫折，让人们在心理上产生不满，并在潜意识中不断恶化，以至于最后必须寻求爆发的出路[②]（Freud, 1961: 42, 48–51, 59）。只不过，通过文明秩序的

---

① 其实，在1930年《文明及其不满》出版之前，弗洛伊德已在《"文明的"性道德与现代精神疾病》一文与《一个幻觉的未来》一书（尤其前者）中，对《文明及其不满》中的论点提出了简短的大意陈述了。根据盖伊的说法，弗洛伊德在《一个幻觉的未来》一书中对宗教的批判，可谓是《文明及其不满》中对文明之批判的序曲，"似乎有意强调文化的精神分析乃是从宗教的精神分析承绪而来"的意图（Gay, 2002c: 325）。

② 准此，弗洛伊德指出，人类文明体现在科技的成就与征服自然的努力，并不是使人感到快乐的先决条件（Freud, 1961: 35）。

建立，人类却可以牺牲部分的快乐以换取部分的安全（Freud, 1961: 62）。在这儿，我们可以看到，霍布斯所看重人的自我保全本能欲望被弗洛伊德用上了。在为了自我保全之驱力的推动下，人类开始放弃暴力相向，学习以“契约”方式来相互对待，文明秩序也才得以建立起来[①]。总地来说，弗洛伊德这样的说法有着两层的意思：一方面，人的原欲本能与社会规范处于永恒“战争”的状态，永无休止；另一方面，文化乃是个人面对着这样之永恒斗争状态的巨幅集体反映。显然的，相较于霍布斯侧重人际互动（特别政治）的面向，弗洛伊德论述的重点则被安顿在于人面对着这种“永恒战争”状态时的个人心理面向。

谈论至此，我们需要进一步提到的是有关文明与爱欲权能（power of Eros）现象的关系。对此，弗洛伊德始终维持其一贯以“原欲”来解释一切现象的基本立场，一样的，以它来为爱欲权能的显现背书，以与死亡本能的能量有所区分。在这样之基本命题的导引下，文明乃被视为是一种经营爱欲的过程，以使得单一个体可以与不同层级的社群（组织）（如家庭、社区、种族、国家等）相结合，尽管人与人之间始终有着相互攻击与仇恨等的死亡本能伴随着。在这样的状况下，问题的重点首先转移到超我与自我之间的斗争问题。此时，超我以

① 在《图腾与禁忌》一书中，弗洛伊德指出，在初民社会里，当兄弟们弑父之后，“契约”的形式因应而生。显然的，与霍布斯强调人出于自愿放弃部分自然权利以与他人“订约”来确保个人的安全的说法相互比较，弗洛伊德这样的说法有着更多的想象力，较少霍布斯的说法中所显现的“政治理性”成分。

良知（conscience）（譬如罪行感）的形式压抑来自潜藏于自我之中的攻击性本能[①]。与过去一贯的主张一样，弗洛伊德的诠释没有改变，对此，简单说，他以为，这样之超我以良知的形式来压抑人的本能冲动的情形，自从一个人出生问世以来即发生了，而对人影响最大的乃来自婴幼时期，其指向的是代表权威的父亲，因而，人的罪行感基本上来自俄狄浦斯情结（Freud, 1961: 68–80）。

以此为基础，弗洛伊德宣称，人类文明发展的最重要问题，也是文明推进所必须付出的代价，乃在于使得人们的罪行感不断提升，以至于丧失了快乐的机会（Freud, 1961: 81）。对于这样来自于婴幼期的焦虑而引起罪行感的良知意识，弗洛伊德对基督教文明提出了一个他在《一个幻觉的未来》书中所没有注意到的看法。他认为，在基督教的教义里，人们通过耶稣基督的自我牺牲来让自己从此一罪行感［即被宣称为罪（sin）］中获得赎罪，其实乃意味着，一个人承担了每个人都有的罪行，而我们可以从中推论出什么是促使此一初始罪行形成（也是文明之开始）的第一时机（Freud, 1961: 83）。显而易见的，一如他在《图腾与禁忌》一书中一再强调的，这个第一时机指向的很自然地即是，从婴幼时期开始，子女（特别是儿子）对代表权威的父亲就有着正负情愫交融的感受，于是，有了弑父的念头，以至于引来了焦虑与恐惧心理。这呼应着前面提到的说法，即人的罪行感（当然包含宗教上的罪感）基本

① 根据弗洛伊德自己的意思，更确切的说法应当是，人先有焦虑，焦虑再引生出良知（Freud, 1961: 75）。

上乃来自俄狄浦斯情结。如此一来，文明进程所呈现的，莫过于就是一种在人类原欲本能（特别指向攻击性与性欲）一路被压抑的一般情况下社会超我的良知意识形成与产生作用的社会过程。在其间，面对着权威（尤指父亲的角色）的不断威胁，人们的潜意识始终存有着弑父的念头，这样的潜在罪行感于焉成为文明社会中的人们必须学习面对的课题，也是问题的根本症结。

接着，依我个人的见解，弗洛伊德晚年流亡英国时才出版的《摩西与一神教》，对其一生的思想，尤其对西方文明的自我期许，有着相当深沉的文化意涵，特别针对整个西方的基督教文明而言，尤其如是，值得特别予以注意。表面看来，弗洛伊德通过这本著作，企图传递给我们一个显然是极端“亵渎”犹太教与（特别是）基督教之神圣地位的讯息[①]。简单地

---

① 盖伊认为，《摩西与一神教》一书的臆测性比《图腾与禁忌》尤有过之，内容比《禁制、症状与焦虑》还要驳杂，对宗教的冒犯比《一个幻觉的未来》还要强烈。同时，在弗洛伊德抵英后撰写该书的第三部分《摩西、他的人民和一神教》的这段时间里，对他表示焦虑的恳求、鄙夷的否定与愤怒的指责纷至沓来，但是，他都不为所动（同时参看 Edmundson, 2012: 190–191）。当然，书出版后，引来甚多负面的批评，这些批评不但来自犹太人，也来自基督徒，甚至引来著名神学家马丁·布伯（Martin Buber）的挞伐（Gay, 2002c: 428–429, 470, 489–490）。弗洛伊德在 1934 年夏天即进行《摩西与一神教》的写作工作，但相当保密，只告诉艾丁格（Max Eitingon）与茨威格（Arnold Zweig）。他的女儿安娜（Anna Freud）在是年年底告诉莎乐美（Lou A. Salomé），父亲正埋首撰写一部“特别的作品”，却不肯透露内容。当弗洛伊德得悉女儿泄了密，即主动告诉莎乐美，自己正在与一个问题角力，这个问题是“是什么创造了犹太人的性格”（引自 Gay, 2002c: 430）。其实，弗洛伊德自己在书中即自我告白地指出，他一直不敢发表已写好的论文，因为不愿意得罪当时奥地利的天主教会，以免为自己带来困扰。再说，身为犹太人，弗洛伊德企图指出摩

说，这个讯息是：基督宗教文化可以被当成是代表西方文明的神圣历史典范，但是，经由摩西创立一神教的故事，我们看到的却始终是同样的一个场景——弑父的罪行感与俄狄浦斯情结的纠葛。换句话说，基督宗教作为一种文化体现形式，最后还是奠基于人类共有的基本原欲本能上面，其体现与精神官能症者并无二致。因此，即使是在西方文明中一向被奉为最为神圣的基督文化，还是与初民社会的“野蛮”文明以及精神官能症者一样，分享着相当远始的共同哲学人类学源起状态，没有例外[①]。

首先，弗洛伊德论证先知摩西原是埃及贵族，然而，他

西是埃及贵族，而非犹太人，就已经是“大逆不道”了，足以得罪犹太人。因此，到了 1938 年 6 月，他被德国纳粹驱逐到英国之后，才让他自认的障碍因素消失，得以积极寻求出版（Freud, 2004: 117–122, 186; Gay, 2002c: 492）。该书之德文版于 1939 年 2 月在荷兰阿姆斯特丹发行，到了 6 月就已销售 1800 册（Edmundson, 2012: 195）。至于英文版，最后并不是在英国，而是在美国由克诺普夫（Knopf）出版公司出版。有关此一段出版前后所发生的折腾经历，参看盖伊（2002c: 476–478）。

① 埃德蒙森引经据典地指出，虽然面对着许多人的劝阻压力，乃至恶意怒骂，弗洛伊德在晚年所以仍然坚持出版此一极具争议且亵渎基督教的作品，并非单纯地如弗洛伊德自己所宣称的，是基于坚守科学的立场，而有着另外来自弗洛伊德自身之自我的深沉动力。这本书的出版，让弗洛伊德“充满着期待，就像冲突能让他注入能量一样”，也“将他带回到了心理斗争的早期，并由此而产生了别的效果”。他自己就这么说：“以这种方式谢幕，值了”（Edmundson, 2012: 190, 195）。假若我们拿弗洛伊德这本著作与尼采严厉批判基督教的作品（如《论道德的谱系》、《超越善恶的彼岸》、《敌基督者》等）相对照，或许，我们可以说，弗洛伊德的“原欲说”通过这本著作，以负面的“病征”表征方式，进一步地为尼采的“敌基督”论述（特别是有关酒神狄奥尼索斯精神作为文明所以源起的心理基础）背了书（参看 Nietzsche, 1994, 2002, 2005）。

却创立了犹太一神教，选择犹太人当成上帝的“选民”，并带他们出走埃及。可以理解的，无论对犹太人或后来的基督徒来说，这样的说法绝对是危言耸听，但是，这却正是弗洛伊德得以把基督宗教与精神官能症拉在一起而成为“同构异形”体最富想象力的精彩理由，整个故事也才由此开始。

与过去的论述主调一样，弗洛伊德采取了文化创伤的概念来诠释犹太人（与犹太教）的“精神官能症”特征。在此，让我引述弗洛伊德的一段话供做引动论述的起点：

> 我们所熟知的犹太历史具有二重性：两个民族融合成为一个民族，这个民族又分裂为两个王国，在《圣经》的文字资料中有两个神的名字（按：即摩西神阿顿与耶和华神）。现在我们要在这种二重性上加入两项新的二重性：建立了两种宗教——第一种（按：即摩西神）被第二种（按：即耶和华神）所压抑，但以后又浮现出来，并占了上风、取得了胜利；还有两位宗教创立者，他们的名字相同，都被称摩西，但两者的人格却必须相互区别开来。后来的这些二重性都是第一种二重性的必然结果；事实上，该民族的一部分经历了创伤性的经验，而另一部分则幸免于难（Freud, 2004: 105）。

弗洛伊德论证着，跟着摩西出走的那些“犹太”人的子孙后代仍自认是埃及人，并拥有埃及人的性格，但是，他们也有着足够的动机来压抑对他们的领袖（也是立法者）所遭遇之命运的记忆（摩西被杀的事件）。至于犹太人的另一部分则尝试美化、荣耀这个新神祇，否认它的外来性。易言之，这两部分人均否认他们早期拥有过自己的宗教，并否认这种宗教内容的本质（Freud, 2004: 137）。不例外的，根据弗洛伊德一贯的论述模式，他指陈着，时间一久，这样潜藏在潜意识底层的历史创伤记忆，特别是摩西这位杰出父亲般的人物被杀的历史创伤记忆，成为其后犹如儿子般之犹太人的罪行。在此，特别值得强调的是，摩西创立的是崇拜单一神祇的宗教，在相当程度上，摩西自己即是神祇本身的化身，情形就犹如后来之耶稣即是上帝的化身一般。尤其，经过了耶稣被害的历史，使得摩西被杀的事件受到重视，而能够与耶稣被害的史迹一起，成为重大的集体创伤经验（Freud, 2004: 183）。对弗洛伊德来说，正是诸如此类带着压抑性质之集体记忆的累积，使得犹太一神教与创伤性的精神官能症（尤其是妄想症）可以类比（Freud, 2004: 136, 217–218）。

更加重要的是，摩西的戒律中有一条是禁止制作上帝的肖像。弗洛伊德认为，这即意味着强制人们崇拜一尊看不见的神祇，乃代表着把“感官知觉让位给某种抽象理念，而且退居次位。这是精神对感觉的胜利，或者更确切地说，是一种伴随着其心理学上的必然结果的对本能欲望的克制”（Freud, 2004: 136）。弗洛伊德认为，如此一般地在宗教信仰上予以精神象征化，乃使得犹太人保有一份宝贵的集体财产——重视精神生活（如文学），而且要求节制性欲，以发挥高度的道德意识（Freud, 2004: 202, 206, 228）。于是，弗洛伊德认定，原罪和以牺牲作为赎罪的表现，成为后来保罗（Paul）建立新（基督）宗教的基础，它的目的是与上帝父亲重新取得协调，以补赎因反对它而犯下的罪行。如此，相对摩西的犹太一神教，保罗的基督教乃是以自身来赎罪的儿子自己成了父亲身旁的一个神，但是，实际上却又取代了父亲。于是，起源于一种父亲宗教的基督教变成为一种儿子宗教，但是，它却始终没有逃脱不得不废黜父亲的命运[①]（Freud, 2004: 231）。

针对晚年的弗洛伊德不顾许多人的反对与辱骂还执意出版《摩西与一神教》一书，埃德蒙森提出了评论，相当有启发性，值得在此一提。他说："《摩西与一神教》描述出了一个文化系谱，从最初的异教信仰到以摩西为例的犹太信仰再到精神分析学这种世俗的信仰。在这个系谱中，弗洛伊德成了第二个摩西，带领一小群追随者走入荒野，虽然困顿不堪，但是却深信西方世界终究会接受精神分析的要义，正如当初该世界逐

① 很巧合的，尼采也选择了一个异教徒（波斯之拜火教教主）查拉图斯特拉（Zarathustra）当启示世人得以成就"超克人"（overman）的"先知"（参看 Nietzsche, 2009）。对尼采而言，这样特意抬出异教教主的安排，很明显地是冲着基督教而来，批判的意思本就相当明确。埃德蒙森即指出，弗洛伊德撰写此书的本意即意图严厉地批判基督宗教，尤其是被人格化的一神崇拜。他所以选择摩西，乃因为他的肉体"象征着人类精神的升华"，而这恰可符合弗洛伊德的两项期待要件：其一、对抽象化之上帝存在的肯定（使用涂尔干的说法，即是"社会"的化身）；其二、作为一个异教徒，摩西带领着犹太人，并且供奉着无形的上帝，注定要承担着"本我"屈从于"自我"与"超我"的交互煎熬之中，有着正负情愫交融的心理感受，而这个感受乃是使得人之身心灵得以融合的必要折磨，也如此才得让摩西有成为先知（或英雄）的条件（Edmundson, 2010: 221–223）。从这儿，我们看到尼采与弗洛伊德的思想有着某种程度的巧妙磨合，只不过，在此，我们很难断定弗洛伊德是否受到尼采的影响。

渐接受一个看不见的上帝一样”（Edmundson, 2012: 226）。在这儿，弗洛伊德似乎带着一种期待的心情有着重新开显父亲之权威角色的时代意涵的意图。最为显著的莫过于是，在异教徒摩西身上，弗洛伊德发现了一些经常看不到之不同的大家长特质——一种精神上得到升华的英雄特质。埃德蒙森有一段描述或许值得在此引述。他是这么说着的：

> ……与其他领袖不同的是，摩西是一个精神上得到升华的英雄：这个心灵分裂的人不是因为自己的任性和欲望才获得权威，而是通过把自己的本能冲动投入其他方面，并教会其他人也这么做。他拒绝承认异教徒的神灵，并颁布了禁律。弗洛伊德在其早期研究这位预言家的文章中指出，当犹太人反叛时，摩西控制住自己对他们的愤怒。与原型的领袖不同的是，弗洛伊德笔下的摩西要忍受内心的冲突与焦虑，而他这样做也是为了文明的利益。摩西给弗洛伊德带来的启示——同时也是给我们带来的启示是：一个人或许不必做一名传统意义上的家长就可以成为权威，施加一种影响（Edmundson, 2012: 227）。

这一段话有着一项重要的意涵，它意图告诉我们，崭新的权威（英雄）不再像过去一样，只会对人们任性肆意地施暴要求屈从，而是在追求更高理想或事物时懂得克制自己的欲念。“他知道如何忍受由冲突的欲望或没有得到满足的欲望所造成的焦虑，并把这种焦虑看作人生的一种必要前提，而不是为了消除这种焦虑而采取一种个人或文化上的解决办法”（Edmundson, 2012: 227）。这么一来，弗洛伊德既是废除家长制，但却同时也建构了另一种家长制。在他的心目中，崭新的（家长）权威必须懂得如何重新调配自己的本能冲动，通过（艺术或学术的）修养来经营其权威地位。就精神分析的角度来说，分析者事实上即扮演着家长权威的角色，他必须懂得运用爱心来对待病患，就像摩西一般①（参看Edmundson, 2012: 201）。

第五节　资产阶级的兴起与原欲压抑的历史亲近关系

首先，我要特别声明，在此所进行的阐述，只是企图厘清弗洛伊德的论述本身在整个西方社会思想的发展历史进程中可能彰显的社会学意涵，因此，弗洛伊德对初民社会本身、图腾与禁忌、摩西本人、犹太教与基督教等的描绘“是否合乎历史事实抑或人类学的发现”，并从事前面提到之利科所说的主体考古学工作，自然就不是关心的课题，也没有予以臧否的必要了。

---

① 弗洛伊德这样对权威的解构，似乎是有意或无意地针对着让他承受着无比折磨与迫害的纳粹法西斯主义，也为何以西方世界已迈进自由的境界后还会出现集权的威权主义，提供一些思想上的线索，当然，更是预告了法兰克福学派所关心之有关权威人格的课题。

针对着从《“文明的”性道德与当代精神疾病》经《图腾与禁忌》《群体心理学与自我的分析》《一个幻觉的未来》与《文明及其不满》而至《摩西与一神教》等一系列的著作，我们或许可以这么提个结论地说：弗洛伊德所谈论的，其实即是霍布斯所讨论之人类由“野蛮”部落社会演变到具高度制度化之国家“利维坦”机器的历史场景，只是，他把霍布斯形构社会秩序之至高性所赋予的绝对伦理性予以翻转，改以一种立基于人之动物性的本能体质特质的说法，把集体心灵等同于个体心灵来加以考量。弗洛伊德的基本观点即是：“我更为清楚地认识到人类历史事件、人类天性的互动、文化发展，以及关于太初经验（primeval experience）的参与（宗教可以是最佳代表）等，都只是自我、本我与超我之间动态冲突的反映。……”（引自 Gay, 2002c: 329）。于是乎，当弗洛伊德以“本我与超我架出自我”的基架来讨论文明（与宗教）的推进，其实乃内涵着人作为一种有机生存体，始终留有一点自主的选择空间，而这正是悲剧会发生的要件，因为，假若一切完全只由本我或超我来决定，自我将没有自由选择与否的问题，有的只是机械性的复制，以至于最终的崩裂，如此而已。转个角度来看，倘若人们对文化所塑造的理想模式感到满足的话，那么，基本上其所呈现的则是一种由自我延展的自恋现象而已（参看 Freud, 1961: 16; 1922: 2）。然而，人类文明的推进却一直是处于种种正负情愫交融的（矛盾）状态之中，诸如爱恨交加、亦友亦敌、既敬又畏等。对弗洛伊德而言，这无疑地促使了本我、超我与自我三者产生了复杂的交互关系，引来了对具自恋本质的存在状态以及因之所产生的罪行感的压抑。准此立场，文化作为一种集体现象，基本上可以说是体现在个人内心之种种本能性冲动相互冲突的个体现象的巨幅反映。

行文至此，我不能不特别提醒，纵然我们接受文化作为一种集体表征确实是反映着个人内心种种本能性冲动相互冲突的个体现象，但是，就知识社会学的立场来看，我们势必还是会牵涉历史条件的问题的。这也就是说，弗洛伊德所论述的以及其所持有的基本论点，其实，正如他一向所强调的，只是反映着当时欧洲人（至少具资产的知识阶层）可能共有的集体潜意识。就他所选择来讨论的文明进程与宗教形塑现象而言，情形尤其是明显，也更加重要。说来，这是在此所以不惜使用那么多的篇幅来讨论他对文明进程与宗教形塑现象的理由，因此，更是不能不再借用一些篇幅来阐述弗洛伊德所处时代之欧洲资产阶级的处境。

首先，我打算引用罗洛・梅（Rollo May）的说法。他剖析弗洛伊德之精神分析的基本思想内涵，得到一个看起相当吊诡的结论，即弗洛伊德的理论乃融合了性解放主义（sexual libertarianism）与清教主义（Puritanism）的成分（May, 1969: 48）。事实上，弗洛伊德本人即是一个自制意志甚强、人格坚韧、且工作狂的人（May, 1969: 48-52; Rieff, 1979; Gay, 2002a, b, c）。埃德蒙森甚至指出，“弗洛伊德喜欢传统的成功模式，喜欢金钱，喜欢出名，喜欢获得一世英名，喜欢维持一个完美无瑕的资产阶级家庭”（Edmundson, 2012: 13）。尤其，他情感丰富，常因爱而妒火焚烧，更是好胜心强，“……追逐各种奖项和荣誉，尽管有时声称自己对它们不感兴趣，但是一旦授予他奖项和荣誉他总是欣然接受”，而且，“……遇到对手时总是能把工作做得最为出色”。因此，反叛动力和追求逻辑和名望的动力，是推动弗洛伊德成功的两股力量（Edmundson, 2012: 13, 16, 22）。瑞夫在评论弗洛伊德的清教徒人格时更是指出，在世俗的犹太知识分子之中，有着类似善斗的清教徒精神，并不是不寻常，而这表示着一些偏好的性格类型，坚守着独立与经过大脑判定的正确性（按：即知识分子的正直），而非特定的信仰或教条（Rieff, 1979: 259）。担任1936—1937年之美国精神医学会会长的坎贝尔（C. Macfie Campbell）医生在讨论精神分析的哲学样相时也曾这么说过：“精神分析是穿着百慕大短裤的加尔文主义（Psychoanalysis is Calvinism in Bermuda shorts）”，而蒂利希（Paul Tillich）也提到，弗洛伊德一向强调以升华（sublimation）来转化被压抑的性欲，可以说即是其理论中最具清教主义色彩的一种信仰（引自May, 1969: 49, 50）。

假若我们接受韦伯（Weber, 1958）所提出之“新教伦理与资本主义精神之间有着具历史-文化意涵的亲和性”这样的论点的话，那么，到了19世纪末的欧洲，重理性的自我控制且讲求具工具意涵之功效的清教主义被教条化了，形成为深具道德意识且主张对真理与完整人格绝对奉献的维多利亚精神

（Victorianism）[①]。但是，在此一精神的推动下，人们（特别资产阶级）却同时强调个人自主，独立与解放的思想流行（尤其性解放的思想）。就实际的社会发展状况而言，1870至1914年之间的欧洲可以说是物质主义鼎盛的时代[②]。在这段时间之西欧世界的本土里，没有战争，技术与工业发展迅速，中产阶级快速繁荣，识字率提升，民主化与自由的幅度加大，社会里充满着启蒙时期的理念，处处看到了所谓的“进步”。英国经济学家凯恩斯即把第一世界大战以前的欧洲描绘成为一个舒服得让人昏昏沉沉的时代。他说，当时大部分的人“都必须辛勤工作，过着低标准的舒适生活。不过，从各方面来看，人们都通情达理地满足于自己的命运。然而，任何有中上才智的人，想要逃离这种命运，想要晋升为中产阶级或更高的阶级，也并非不可能。对这些高一等的阶级而言，生活是惬意的，因为他们可以以最低的花费和最少的麻烦，获得其他时代最有钱财的富人和最有权势的君主所无法获得的便利、舒适与生活设施”

---

① 英国之维多利亚女王加冕于1837年，逝世于1901年，因而，1840—1900年这段时间一向即被称呼为维多利亚时期。简单地说，维多利亚精神指的是19世纪中后期，特别指涉英国与英语系社会里之人们所持有的基本态度与体现的文化样态（特别是艺术）。同时，它也特别指向当时人所强调的清教伦理与社会秩序观。对此，一方面，人们刻意经营外在表现性的自制与自我尊严，但是，另一方面，却又接受享乐主义，沉溺于即时享乐之中，特别男性。就社会的实况而言，维多利亚精神则涵盖着工业社会的兴起、新兴都会中产阶级的诞生、铁路与电报网的快速成长、贸易的扩展、与金本位之金融制度的建立等等有关商业与制造业之经济领域的发展。于是，维多利亚精神经常是拿来与因贸易、工业化和都市化带来的社会变迁现象等同看待。与此同时，它又指涉接受着肯定享乐作为意识形态之分层社会与政治秩序的安排。

② 这段时间同时也是欧美帝国主义发展鼎盛的时期。

（引自 Gay, 2002b: 336）。盖伊即认为，或许凯恩斯这番话高估了当时穷人所可能享受的物质生活和社会流动性，但是，至少对为数不少的中产阶级而言，这段描述却是相当精确的（Gay, 2002b: 336）。

处在这样之转型时期的西方人（特别资产阶级）经历的是，同时要求自制与自由（特指性欲），也逼促着人必须在个体与集体（或谓社会、文明）意识之间寻求适当的妥准点。同时，都会资产阶级所营造的工业文明，的确也为人们的心灵机制带来过多负载，引来更多特有的紧张与矛盾，而且日趋严重（Gay, 2002a: 124; 2002b: 339）。于是，个人（尤其中产的知识阶层）经验着种种挫折，甚至精神心智出现了问题。看到了这样的历史场景，弗洛伊德即深感其中涉及有关心理卫生之种种潜藏着"危险"的精神障碍问题（特别是精神官能症），而把其病源归咎于布尔乔亚社会之文化因子加诸于人们身上的种种紧张压力，并推至人的本能需求被压抑的基本问题（特别是性欲）上面（Freud, 1908: 185–186）。在这样的社会状况之下，寻找精神分析这样的新治疗方法因应而生，似乎也就相当可以理解了。

面对着这样的历史场景，无怪乎，罗洛·梅会称呼维多利亚精神对意志权能（will power）的强调是一种自我欺骗且是无益的。反倒是弗洛伊德发现了被原欲本能驱动的潜意识，似乎比较可以合理地把维多利亚精神对此一意志权能之拙劣效果的盲点点了出来（May, 1969: 182）。正是基于如此种种的理据，我们似乎有理由说，弗洛伊德的理论是反映着（也可以说是呼应着）强调个体自由与自主之工商资本主义社会中资产阶级（特别是所谓的中产阶级）的社会处境，而这正是我们理解与诠释弗洛伊德的历史地位之不可或缺的重要基准点。

第六节　动物性与人文性的交接界面——回应霍布斯的基本问题

承接着上面有关维多利亚精神的讨论，我们可以得到一个结论，那就是：从19世纪以来，欧洲人对“个体”的宣扬是大过于对“共同体”的肯确。人作为一个独立而自由的个体，追求自主自立遂成为确立一个人生存之意义的重要课题，表现在资产阶级身上的尤其明显[①]。显然的，弗洛伊德所论述的即是以资本主义结合着自由主义信念（特别是“人可以理性地予以教育”的信念作为基本成分）的社会状况作为考察的对象。只是，他从在既定社会秩序下一个人被压抑“击败”现象（即患了精神疾病）的角度来审视，而父亲所代表之权威角色的衰弱化，则成为理解与解释的根本因素。

毋庸置疑的，一旦“人的原欲本能有着必然决定的优位性”与“原欲本能本质上是具潜意识的释放性质”被认为是不可否认的无上律令时，原欲本能的存在与满足则成为界定人之所以存在的基本要件，而且是一股难以阻遏的力量。准此，文化的社会本质被认定是具有着压抑性，乃意味着问题

① 当然，对基本生存条件一直还是受到威胁或处于被压迫的无产阶级，问题的核心自然就有所不同了，而这正是马克思从经济面向来考察的焦点。

的关键在于文化压抑的合理程度，或反过来说，乃在于一个人之原欲本能之忍受承担能力的极限上面，而绝非是对原欲（或谓欲望）的本初性予以绝然否定，或乃至只是存有着些许的怀疑。再者，假如允许我们说当今的文化是朝向着“解放”的方向发展，而且现实上社会的结构形态也提供了更多有利的解放机会的话，那么，当虚幻飘荡的象征交换成为社会的基本结构特征时，如何在文化的“压抑”本质与“解放”的现实性中找到平衡点，自然成为重要的课题。说来，这正是当前西方文明所面对的基本场景，但是，显然的，这是弗洛伊德在他那个时代未能充分体认到的。有鉴于此，底下，姑且先让我们仅就弗洛伊德对他所处之时代的反应来予以讨论。

弗洛伊德持有着这样的认知立场，无疑地乃在于肯定人与其他动物所共同享有的“动物性”，是理解，也是证成人之存在意义的首要前提。不过，再怎么说，人类是不同于其他动物的，其中最重要且明显的特色即在于，人类有着由“动物性”提升到“人文性”的机会，而且，也命定必须是如此的。因此，对弗洛伊德而言，整个人类文明发展的基本课题即在于：（一）如何在“人文性”是不可否认的存在条件之下，确立“动物性”的地位，以及（二）“动物性”与“人文性”相互保证的交接界面何在。显然的，弗洛伊德走出了只是单纯地论述着精神官能症的精神医生角色，把后半辈子投入有关人类文明与宗教现象的源起状态的探讨，可以说即是企图回应这样的提问，而这正是确立弗洛伊德之整体理论的历史意涵的根本重点所在[①]。

以上述的论点作为基础，弗洛伊德重视人类早期的经验——快乐原则的源起与初级过程的特质，特别是自发性（spontaneity）的发展，以及关心初民社会的图腾与禁忌、初级社群的形成和宗教经验等，其实即是追问以“动物性”为基础来追求和确立“人文性”的文明展现过程，尤其是以源自动物本质性的体质特征（讲白了，即是原欲本能）作为推动人类行为之源起状态的演进过程。在进一步追问此一课题之前，让我先对弗洛伊德以几乎后半辈子的生涯致力于从事以个体的心理成长来与整个文明发展（特别包含宗教）[②]进行相对比拟的论述功夫有所说明。

我个人认为，当弗洛伊德以整个文明的发展与个体的心理成长来相对比的时候，他所从事的并不只是单纯地具隐喻性质的比拟功夫，而有着更深层之哲学人类学上的实质意义[③]。他自己在《文明及其不满》一书的结尾对个体发展与文明进程的相似性即提出了说明。他明白地肯定着，个体的发展与文明进程是相互关联着，而且，一般而言，它们同时披露着有机生命体的秘密，分享着人类生命最具通则性的特性

① 从这个角度来看，诚如瑞夫所指出的，弗洛伊德使得心理学一向与自然科学的紧密联系断裂掉，而体现出社会学科的素质（参看 Rieff, 1979: 18）。

② 底下，当我提到“整体文明”时，乃包含宗教现象在内。

③ 弗洛伊德即认为，人类种属的历史与发生在个体生命中的事件有着相似性。这意味着，人类作为整体来看，也与个体一般，历经着具性欲与攻击之双种特质的冲突。虽然这留下了痕迹，但是，却为人们遗忘或挡开了（Freud, 2004: 126）。

（Freud, 1961: 86）。在此，我不准备对弗洛伊德这样之认识论的本身有所讨论，而只对这样之认知模式的社会学意涵略加阐明。

弗洛伊德这样的比拟说基本上乃是认定，文明的发展与个体的心理成长二者是一种“同构异形”体，有着相同的存在本质，而此一本质乃深植于人类古老、原始且诡异的集体潜意识之中，它既是文明的源起状态，也是个体存在与发展的文化体质性基础（参看Edmundson, 2012: 36–37）。更具体地说，此一共同存在本质更是源自人类之生理体质上的共同源起基础，即：上文中一直提到的原欲本能。譬如，假若我们接受初民比文明人更受原欲本能支配而“言行显得一致”的话，那么，在这样的对比照应下，个体的心理发展显然也是如此，亦即：在婴幼期的人类更受“原欲本能”的支配，而“言行显得一致”。反之，推及文明社会与成年人，一般情形则是：较不受“原欲本能”支配而“言行显得比较不一致”了。

就在这样之认知模式的导引下，弗洛伊德确立了原欲本能的概念，在实质上对理解个体人的行为本身与其文明发展，乃同时具有着不可否认的优位性。对个体而言，精神官能症所以发生，乃因这样的原欲本能被社会规范与其权威代理人（父亲是其原型）压抑受阻使然的。推及于整个社会、宗教形式或乃至整个文明的发展，情形亦复如是，精神官能症的特征于焉是任何社会必然内涵的本质。固然，我们或许可以如为个体人判定其精神状态一般，立刻断定社会、宗教或文明是“生病”了，但是，毕竟，针对个体，他有着“社会”同时作为压力来源与顺从参照体，正常或偏差与否，有着规范性的参准点，然而，对一个社会、文明乃至宗教，这个参准点却是不存在，或至少不明确。再说，对一个社会、文明乃至宗教从事这样的“病症”断定，可能也是没有意义的，因为，既然精神官能症的特征是任何社会、宗教或文明形式的结构“常规”表征，所谓“正常／异常”的二元分殊自然是不存在的。当然，这样的说法并不等于意味着，在未来的时代里，精神官能症的特征还是一直与个体的成长和文明的演进如影随形地“共存共荣”着。社会结构性的改变，是有可能导致这样的特征改变，至少削弱，只是，这样的改变并没有发生在弗洛伊德那个时代。然而，依弗洛伊德的看法，情形正是相反着，他那个时代的西方世界毋宁乃处于个人与社会整体的精神官能症特征更形加剧的历史处境当中。

回顾前面已经提到之诸多有关弗洛伊德的论述，我们发现，弗洛伊德的原欲、本能与潜意识等概念把启蒙时期以来西方人对“理性”的期待与信仰迷思几乎完全摧毁掉，尽管他还是认为人们无法脱离文明（与社会）而生存，而且，任何社会都必然有一套制约人们的基本规范，因而，他尚一直强调，通过道德伦理的文化形式经营着自我控制的理性，是现代人必须具备的基本素养。然而，很明显的，当弗洛伊德把决定人类行为的最根本源头归诸于具生理性质的体质因素（尤其视“性”的原欲本能因素最为根本）时，他强调的是原欲本能所衍展的情绪感受，而非单纯的认知知觉，自然更不是理性的成分。如此对人之本性的预设，除了反映其所接受过之精神医学的自然科学背景之外，乃分享着叔本华与尼采的哲学思维养分，只不过予以心理学化而已[①]。于是乎，原欲本能成为“动物性”与“人文性”得以有所交接之具生物基础性的“体质”界面。

显而易见的，这样之强调具情绪性的原欲本能以及具生理性质的体质论，使得弗洛伊德无论是在处理个人的精神问题或整体文明与宗教现象上面，显得必须无时无刻地关心着原欲本能与社会规范之间的冲突特征以及如何获致“理性”磨合以圆满个体人和集体文明（社会）之和谐关系的问题。对此，大体来说，弗洛伊德并没有给我们令人满意的答案。他对理论建构所付出的努力，特别是后半辈子所呈现的，无疑地是在于证成原欲本能被压抑而潜意识化所可能具有的文化人类学意涵，而这也正是人类如何由“动物性”过渡到“人文性”，以及两者之间相互保证的交接介面何在的问题。对此，或许，瑞夫在其著《弗洛伊德：道德者的心灵》（*Freud: The Mind of the Moralist*）一书的第二版序言里所说的一段话，可以用来作为注脚。他是这么说的：精神分析是专为精神官能症，而且是极端有智慧之精神官能症而孕生的专业，为的是学习成功地压抑他们的宗教冲动，亦即对生命的价值与意义有所疑问的人，或谓，教导人们如何在神圣力量已被耗用的世界里生活着（Rieff, 1979: xix, xxiii）。对弗洛伊德而言，无疑的，如何运用

---

① 其实，尼采的论述已经是相当具有着心理学的色彩，有关尼采与弗洛伊德之论说的比较，参看阿苏（Paul-Laurent Assoun, 2000）与埃德蒙森（Edmundson, 2012: 155）。

原欲本能的体质说，并且以精神官能症作为原型，同时在个体人与文明的发展现象中以同样的机制发酵着，于是乎成为不能不予以注意的课题。

回顾前面对弗洛伊德不同时期之论述的简单评介，我们可以简单地做出这样的结论：由初民社会之具历史性的源起回过头来证成个体发展的体质性源起，其关键在于“记忆”现象的存在，尤其是对被压抑的原初场景（primal scene）而使之潜藏于潜意识的记忆予以奇思化（fantasy）的现象，可以说是最为关键（参看Freud, 1900: 第7章）。就弗洛伊德的理论来说，这正是个人（或通过人群）创造象征意义的开始，也正是“人文性”与“动物性”正式交接，且让前者开始接管后者的起点。借用列维-斯特劳斯（Lévi-Strauss, 1989）的说法来比拟，即是自然（nature）与文化（culture）交接的地方，也是在人的文明发展过程中文化向自然宣告：“你可以停住，以后的事你不用管了”的边界。

单就文明发展的历史现象来看，诚如前文中提到弗洛伊德在不同时期的论述中一再重复论证的，任何社会必然是有着一套特定的道德规范来导引，权威的存在是必然的。人类的文明展示的，其实即是一连串来自权威压抑的自制表现，首先是受制于父亲的权威，并形成了以兄弟关系为主调的“同胞”感，而有着“契约”的说法出现[①]。弗洛伊德观察到，这种来自社会权威体的压抑，形塑了由超我主导所架出的人格，然

① 参看第100页注①的说明。

而，原欲本能却不断地逼迫，人遂有了罪行感。准此，社会权威体（之压抑）的存在，可以说是促使"动物性"与"人文性"得以有所交接之具条件制约性（conditioning）的社会机制介面。显然的，弗洛伊德这样的论述实即意味着，特别是通过生理学与人类学（民族学）的"科学"基础，可以为如此一般的人类初始存在状态赋予正当性，人类的罪行也由此可以获得到一个解脱的出口。

把这样的源起场景的说法运用在18世纪以后的西欧社会，我们可以说，整个启蒙运动所强调之以自由平等为主轴的个人主义信念乃意涵着，人们通过明显意识化的论说作为基础，摆明地以具"攻击性"[①]的具体行动（如法国大革命）正式反抗（具父亲形象之）权威，以争取具有着自我解放意涵的自由、自主与平等。这不只成为普遍的社会需求，也因而成为个人心理问题的关键所在，特别是体现在资产阶级身上。这也就是说，弗洛伊德把问题的症结回归到原欲本能的命题，而以资产阶级为主角的原欲本能解放又是特别地体现在"性"上面[②]，是相当可以理解的，而这也顺理成章地成为前面提到之

---

① 摆回弗洛伊德的理论架构来看，至少对文明社会来说，人所具的攻击性本能是社会权威所急迫予以压抑的。但是，吊诡的是，人类却经常以此方式（如法国大革命与苏联或中国的共产革命）来寻求被压抑之自我的解放。

② 难怪瑞夫会认为弗洛伊德从未处理"社会心理"现象，他关心的一直是个体与其本能的问题，并宣称弗洛伊德的精神指导是企图把人的"自我"（I）从共同的"我们"（We）中解放出来（参看 Rieff, 1979: 252, 330）。

“动物性”与“人文性”交接的体质界面的特定历史表征[①]。同时，这更是为当时已经明显浮现之强调现世功利享乐的占有性个人主义信念带来的问题与具有的时代性，奠下了论述的基石。无疑的，这样把整个历史－文化（因而，政治－道德）的问题浓缩地回归到人的心理（尤其本能欲望）层次来观照，是弗洛伊德的论述最具特色，也是最具影响力的贡献。套用瑞夫（Rieff, 1979）的用语，弗洛伊德的理论成就了“心理人”作为理解与形塑当代人和社会的基本概念。

基本上，潜藏于潜意识之记忆中被压抑的原初场景，经常是被人们（有意或无意地）遗忘着，只不过，潜意识是一种源于具生理意涵的能量“暗流”，于是，经常被用来当成解释人之行为表现的一种具假设性的解释项。前面提到的所谓“予以奇思化”，即只是用来纾解因原欲本能被压抑带来之潜在心理焦虑与不安的一种象征化作用。在这样之认知模式的接引下，当一个人处于“动物性”被“人文化”的当刻之际，被视为具动因性质的社会机制介面的社会权威体，即足以激发潜意识（尤指潜藏于潜意识之记忆中被压抑的原初场景），使之

① 当然，弗洛伊德若还在世的话，未必会同意这样的说法，因为，对他而言，“性”（另一个是攻击性）是人类最根本的欲望，乃任何社会与任何时代的共同普遍问题。但是，我则认为，固然“性”是人类普遍具有的欲望，它并不至于一成不变地呈现出相同程度与质地的问题。因此，“性”会不会特别地成为明显的问题、问题的严重程度与意义以及其表征形式，乃随着不同时代与社会形态而有所不同。正如前面提到过的，弗洛伊德把此一现象当成基本核心问题之所以显得特别有着意义与启发作用，基本上乃与他所处的时代彰显的维多利亚精神以及都会工业之资本主义的社会形态兴起有着一定的亲近性使然的。

成为同时兼具效果与动因性质的基本心理机制介面。

针对着人类具有的潜意识状态，弗洛伊德曾警告我们，隐藏在对某人的温柔的爱背后，经常总是有着一股潜意识的敌意，而这正是人类的情绪具有着正负情愫交融的原型（Freud, 1950: 60）。假若，情形诚如弗洛伊德自己指出的，潜意识是界定初民的存在原始状态的话，那么，在这样之潜意识未被（也没有被要求）予以意识化的情况下，正负情愫交融的潜意识现象，基本上并不足以引起人们的焦虑与不安，或较为保守地来说，至少，焦虑与不安的强度与幅度并没有大到足以构成为明显的严重问题。然而，对日常生活已被高度意识化（尤其理性化）的现代人而言，情形则不然了（Freud, 1915b: 195）。

针对着现代人的处境而言，假若情形如弗洛伊德所宣称的，做梦成为让潜意识的能量得以释放的最主要机制，且被人们视为用以理解人之行为必须追溯的心理源头的话，那么，这即是人们对自身之心理状态进行“考古”的重要对象（Ricoeur, 1970），整个精神分析其实就是从事着这样的“考古”工作，其中，重要的课题乃是把非时序性的潜意识挖出来转换成为具时序性的意识状态，并且把潜意识归因于本我，且取代之以成为核心概念（Freud, 1915b: 186-187）。于是，化解正负情愫交融的心理情结（最为典型即是俄狄浦斯情结）成为屈从于“理性”迷思之精神分析的重要课题。对一般人（特别思想家）而言，理性迷思甚至更是促使人们认定正负情愫交融的状态是必须予以消除的。当然，情形或许如利科指出的，“文化对个体最主要的自制要求，不是针对如是欲望而是攻击性的自制”（Ricoeur, 1970: 307）。或者，情形更是诚如弗洛伊德自己说的，不懂得“善待”攻击性，因而，不懂得“理性”地妥善处理爱与恨的正负情愫交融情结，让“思想万能”的现象浮现，才正是文明展现精神官能症之症候的关键所在（Freud, 1950: 90）。

是的，或许，利科过分高估了攻击性，因而低估了欲望本身所内涵之正负情愫交融情结的重要性，也轻忽了欲望受挫可能产生的后果，但是，这不重要，因为这不是在此所欲探究的重点。重要的毋宁是，由利科这句话所引申出来的意涵到底是什么？简单地说，在不让“思想万能”现象有着无限上纲的情形发生的前提下，正负情愫交融情结可以予以理性地化解吗？需要吗？

第七节　正负情愫交融情结的理性化，需要吗？（代结语）

就实际的历史发展进程来说，根据第五节的分析，弗洛伊德的论述可以说是针对着启蒙理性的一种具有现实生活意义的反省。先单局限在精神官能症的课题来说，假若浪漫主义视理性是一种妨碍自发性发展的恶行的话，弗洛伊德则是把“理性”的适当运用当成是具有着治疗意义的基本德行（Rieff, 1979: 93–94）。所谓治疗其实即是把存在潜意识中因正负情愫交融情结引起的焦虑转化地提升到意识层面来，再通过“理性”的治疗程序予以解消或弱化（Freud, 1916-17: 250; 1933; 同时参看Rieff, 1979: 94）。倘若以此处所使用的语言来说，它涉及的即是，以适当的“文化理性”洞见来处理潜意识焦虑的意识化问题。

当然，对精神医学来讲，以怎样的“文化理性”洞见来意识化潜意识焦虑才适当，确实是一项重要的课题。撇开治疗的“德行”意涵不谈，至少就治疗的效用立场来看，情形总是被认为如此的[①]。但是，这并不是我在此可以回应，也期待回应的问题。我关心的毋宁是，弗洛伊德对此一通过“文化理性”架出的意识化到底有着怎样的期待，其立论的基础在哪里？

显然的，当弗洛伊德持着以本我之原欲本能为基础的体质论来回应“社会”与“文明”所开展的超我权威时，诚如利科指出的，本我、自我与超我的三分结构模式把“意志”的概念变得无关紧要了。人若非是屈从于本能，就是顺服于权威，总是让自我徘徊于本我与超我之间（Ricoeur, 1970）。在这样的情况下，“理性”的可能要求与“意志”脱了钩，如此，理论上，将导致漠视了人企图超越本我与超我的两极选择而达致

① 瑞夫曾评论道，这样的予以“理性”意识化所彰显的，是启蒙时期以来西方人对理性所怀之乐观主义的张力表现，但是，此一张力表现已显得软弱无力了。其所以如此，乃因为洞见是相当个人的，且甚具情绪性，面对着现实世界，来自治疗师（继而施及病人本身）的“理性”洞视，经常是无助于病人改变自己的。譬如，即使一个成功的商人知道自己的官能症是来自肛门期受阻所带来的强迫行为，但是，一旦他认为这个官能症是促使他成功的因素，他则宁愿让官能症继续存在着（Rieff, 1979: 94-95）。

更具主体能动性的自我努力功夫，而且，对正负情愫交融情结引起之焦虑的自我处理（包含解消）能力，更是一并被稀释掉。瑞夫即指出，尽管弗洛伊德相当尊重道德“理性”的社会意义，但是，对他，理性的目的，若非引入或支撑超我的控制以获致一定的效率，即是拆解了僵化与表面化的道德控制。特别值得注意的是，弗洛伊德所治疗的病人一成不变地都是属于后者，而且是维多利亚后期的资产阶级[①]（Rieff, 1979: 70; 同时参考Freud, 1908: 182-183）。

摆在一个强调个人自由而自主地解放的时代氛围下，弗洛伊德以“拆解僵化与表面化的道德控制”作为谋求化解正负情愫交融情结引起的焦虑，或许有着一定的道理，甚至可以说是必要之道。但是，以原欲本能之体质论作为不可否认，也不能化约的论述基础，却可以说是弗洛伊德整个理论所纠结的“盲点”。事实上，从上面一连串的阐述，我们可以很明显地看出，在弗洛伊德的心目中，本能的说法与其说是涉及意义的诠释性理解，倒不如说是意味着一种有关具时空性之“力”展现模式的机制归因，其所呈现的性质较多的，是一种具物理学意涵的理念化表征[②]，而且有着本源的预设。于是，呼应着前面已提及的论点，当弗洛伊德意图把潜意识予以意识化时，对潜意识的本源进行考古功夫遂成为必要的功课。无怪乎，弗洛

① 更具体地来说，于是时的欧洲社会里，女的大多被要求悲惨地禁欲，但是，男的则经常被允许不健康地放荡着自己。

② 尽管，瑞夫认为，弗洛伊德使用赫姆霍兹的物理学名辞，基本上乃是基于隐喻与例证的成分居多（如使用“能量”一词），彰显的是充当具有着泛灵图像之伦理意涵的修辞学道具（Rieff, 1979: 21-22）。

伊德会特别重视人的婴幼期，尤其是“性”本能的满足，并以之作为形塑人格的源起依据。

借用符号学的用语来解读，弗洛伊德如此以“过去”（特指潜藏于潜意识之记忆中被压抑的正负情愫交融）作为能指意符（signifier），基本上并不能保证意指（signified）是肯定而确立的，这是何以整个意识化过程所开展的目的论无法有着明确主题的基本关键所在。正是这样强调具本源意涵的“过去”，在实际决定与理解人的行为上被供奉为具有着至高性的基本命题，使得弗洛伊德对“意识化的结果会是为何”这样之问题的反应能力显得相当的弱化，只能以由代表“社会”施压权威而形成的暧昧超我作为基模而衍生的认同或升华等概念，当成“意图相对明确”的意指来生成、形塑问题和作为化解的保证等（参看Ricoeur, 1970: 472–493）。

就拿认同的现象为例吧！其中一个最为典型的莫过于是有名的俄狄浦斯情结所带来的认同问题，特别是指向男孩以母亲为性对象，但却因而与代表权威且是学习与认同对象的父亲有了紧张冲突的局面所带来的认同问题（参看Freud, 1922: 第7章）。本质上，这样的认同问题是源起于过去，而且，其根源来自具生理本质意涵的原欲本能，但是，其化解途径指向的却是未来进行中且是内涵着文化象征意义的部分（特别是通过升华作用）。如此，就行为的当事人而言，尽管这样的情况或许有着基本的指向，但是，怎么说始终就是缺乏明确的目的论作为终极依据，以至于难以完全被确立与肯认着。无怪乎，诚如上面提示过的，对于这样的意义指认过程，利科会强调反思，而且是一种具探险性质的反思。

无疑的，利科是以现象诠释学的角度来解读弗洛伊德之说可能带来具有启发意义的关键所在，也是利科所以认为无法单凭精神分析的经济理法来认识（与解读）弗洛伊德，而必须佐以现象诠释学来解读象征，才可能对弗洛伊德之论述的意涵获致更贴切、更深刻的认识的缘故吧（Ricoeur, 1970: 472–493）！然而，归根究底地来说，问题的关键重点还是在于，当我们把论述焦点安置在由“动物性”过渡到“人文性”的边界时，我们事实上可以有两个考察的出发点：一个是沿着“动物性”出发；另一个则是从“人文性”来回照。显然的，由于种种历史因缘的推动，弗洛伊德采取了从“动物性”出发的角度，特别重视两者之间相互交接与让渡的心理（生理）运作机制，于是，原欲本能才被当成认识的“具实”源起点。然而，利科所看重的则是具“人文性”的象征面向，而对弗洛伊德所予以肯定之“动物性”面向的绝对初基优位性，他至少是保持沉默的。准此，值得争论的重点于是乎在于，面对着今天这样的后现代场景，到底采取弗洛伊德或利科的角度来审视，才可能更加显得贴切而具有启发性呢？

就“人文性”面向而言，或许，由于弗洛伊德只看了它体现在“现在”当刻（甚至回溯到“过去”）的种种“过失”，以至于无法对其“未来”给予我们任何具体的希望，所以，在他的论作中，我们看不到任何相对明确的“人文”指望。显然的，诚如利科指控的，弗洛伊德对象征的内涵缺乏现象诠释学的观照态度，应当是重要的原因吧！但是，即使单就“动物性”的面向来看，到头来，弗洛伊德也只给了我们内在于人自我贴实的原欲本能——一种类似希腊命运女神阿南刻（Ananke）的“必然需要”（necessity），有的只是无以回转的命运而已，我们也一样地没有希望。对此，埃利奥特说的值得予以引述。他指出，今天，我们是处于所谓“后弗洛伊德”精神分析的时代，理论的焦点应当摆在人与人之间的情绪关系，而不是个人自我的内在世界（Elliott, 2002: 25）。这样的说法可以说是“对”，也是“不对”，因为，就精神分析作为一门学问的立场来说，这样的理论观照面向的改变确实是一般的趋势，但是，就弗洛伊德之论述背后的基本架构而言，情形并不是如此，因为，固然弗洛伊德是以原欲本能（尤其以性为焦点的原欲）作为理论的基架来探讨人的心理问题，但是，他谈论的基本上一直还是在于情绪性的“人际关系”上面，尤其，晚期更是以宗教与文化现象作为论述重点①。因此，问题的重点并不是在此，而是另有根源。至少，上面提及利科指点弗洛伊德对象征内涵缺乏现象诠释学的观照态度，以及其对正负情愫交融予以“理性化”的基本论点，可以说才是重要的关键。

循着科学精神所衍生的“理性”，基本上是讲究逻辑一

---

① 不过，埃利奥特指出的有一点却是可以接受的，那是：在弗洛伊德的那一个时代里，西方人的问题在于欲望（尤指性欲）被压抑与激情被否定，而当今人们的重要问题却是在于人际关系间的情绪感受贫乏与自我的疏离（Elliott, 2002: 26）。或者，借用罗洛·梅的说法，当今西方人（特别中产阶级）的问题不是性爱被压抑，而是性爱过于泛滥，以至于缺乏稳固的意志作为基础。因此，整个心理问题的症结在于性爱背后的意志，也正是存在意义的问题（May, 1969）。

致、经验实证和意义适当等要件，这一切其实即意味着“压抑”是（科学）理性的基本特征，因为，除了理性本身所彰显的（科学）神圣性之外，以任何概念（或实体）所开展的神圣性，都会有着面临被挑战的困境[①]。于是，理性的压抑特质本身乃反映着一个两难的困局，说来，这才是弗洛伊德所提出之问题的核心，也是他所提出之化解途径本身的困境。瑞夫即相当有洞见地看出，弗洛伊德企图把“神圣秩序”找回来，但是，他最后还是被打败了（Rieff, 1979: 396）。打败的是什么？诚如鲍德里亚一再指陈的，那是：当人们浸润在欢愉的符号之中时，符号之意指所显示短暂、易变、飘荡而中空的特征，不但早已使得原本具有永恒而稳固的“神圣秩序”不再，而且，更是把弗洛伊德所架出之以欲望（更遑论原欲本能）作为理解人类与文明发展的神圣初始地位拆除掉了。

情形显得更加特别值得注意的是，在高举个人主义的旗帜下，当人们对社会制度的期待无法再有更上层楼的提升，尤其，对共同体的向往日益低落之际[②]，在人自身的上面寻找一个具有实体意义的终极概念归依——原欲本能——来充当解释上的依据，无疑地犹如寻找到一尊神祇作为谋求自我赎救的最后解释项一般。弗洛伊德的论述把对人的理解推到瑞夫（Rieff, 1979）所说之“心理人”为根基的文化形式，一切还原到人的心理本质来理解和寻求化解之道。对精神疾病患者

---

① 有关作者对此一观点的详细论述，参阅叶启政（2008）。

② 可参看鲍曼（Zygmunt Bauman, 2001）与马费索利（Michel Maffesoli, 1996）。

而言，“治疗”不应当是把他变成完全屈服或退缩于“社会”（与“文化”）之压力的应声虫，而是一个在社会的压力下尚能孕生游刃有余之自主自由契机以及足以实现自我操控之完整灌聚能力的个体。因此，假如人有所谓正常与否的话，那么，它不是统计学的概念，而是顺着某种伦理性的理念开展出来的自我克服能力表现[①]（Rieff, 1979：355）。这样之对主体能动性的确认与肯证，才是一个人寻求“健康”的保证，也才是一个文明朝向“理性”方向发展的基本要件。假若，诚如上面一再论证的，正负情愫交融是任何文明的必然心理产物的话，那么，我们所能做，也是必须做的，不单单只是以“理性”的方式（不管它会是什么）来消除其中所可能彰显的矛盾、暧昧或两难困境等令人既感沮丧又无奈的情况，使之得以趋于逻辑一致，以便消除或减弱随之而来的焦虑。倘若“理性”是必要的话，它毋宁是指向于，让人们对内涵于正负情愫交融中之（集体）象征神圣性的二元互斥对立彰显的基本感知模式有所改变。当然，弗洛伊德把正负情愫交融情结予以“负面化”之所以具有一定的时代意涵，乃因为这样的论述取向和18世纪以来之西方人的心理与社会的发展趋势有着一定的亲近性，特别是因为不少人们对他的论点产生了颇具启发性的共感共应的缘故。

然而，假若一个社会已经走入权威体对人们无法产生明

① 或许尼采（Nietzsche, 1968）所强调之通过权能意志（will to power）来形塑的超克人（overman）可以说即是一种典范。详细讨论，参看下面之章节中有关尼采思想的评介。

显的威胁或恫吓作用的阶段，人们对“父亲”权威体自然就缺乏引发任何有明显意义的情愫（不管正面或负面）的条件了，他不会“被谋杀”，即使被谋杀了，也是不留任何记忆的“完全”谋杀，不会有任何心理困境存在着。偏偏，今天人类面对的，正是这么一个“父亲已被谋杀”（或谓“被排除”、“被遗忘”），且任何替代父亲之权威消逝的时代，人与人的社会距离不但拉得愈开，而且，彼此的情愫感应力降低，地位之上下间距的意义更是日益减弱。人的存在意义，若有的话，不是仰靠互动过程所确保之具外在性的象征意义（如社会认同）来定义，而是往内缩来谋求自我建构和拆解，且圈起一层透明的保护膜把自己牢牢地护住。甚至，存在的意义已完全被架空，有的只是随着外在充满炫惑火花的“无厘头”讯息不断起舞，象征成为符号，符号再转成为仅仅是符号而已，带来的经常是一种快闪易逝的情绪性激动，而且，一逝即过，不留任何痕迹。

炫惑而快速的符号流动，不只使得惊恐（panic）成为常态，而且，为“虚空”创造了一种正面价值。因此，情形已经不是弗洛伊德强调的，压抑挫折为原欲本能之“有”作为原始状态带来了恐惧、焦虑、失望，乃至绝望。毋宁的，“虚空”带来的是经常不会，也不必有交集的各自机会与期待。在此状况下，立基于原欲本能的欲望需求只是“虚空”之符号的转运站，因为，“虚空”本身没有能量承载人们的本能欲望所激发之动机的重量，但是，却有着足够的力道把它蒸发掉，或以四两拨千斤的方式把它拔掉。在这样的情况下，假若人们有主体的话，这也只是属于个别个体的个体化“小”主体，彼此之间基本上可以毫无相关，或顶多只是偶尔邂逅一下，或是经常不经意地擦身过而已。人们已经没有，也不再需要过去西方哲学家所期待那种具共识共感精神的厚重“大”主体。这么一来，物自身是“有”，也是“空”（“虚”），因为它不再以满足原欲为本的“使用价值”作为终极而至高的共感共识依据，更是脱离了厚重“大”主体的掌握而自在着。既然个体化的“小”主体刻画不出“物”的欲望本质，于是，“物”之“虚空”的纯粹本质让它弥漫在这个世界里，它以阴柔而飘荡的气体形式统治着世界，也藐视着世界。此时，人们若有焦虑的话，它不是来自权威体所带来的潜意识压抑，而是物的“空性”不断地以诱惑的方式在潜意识里翻动着“奇思”所迸放出来之如浮烟般的新奇期待，以及因一再流动与变易而带来的冷漠、迷茫、失智与失意。显然的，这已经不是弗洛伊德的理论所能处理的心理“问题”了。

本章参考文献

叶启政

2008 《附录：“特殊例外”作为思考架构的社会学解析》见《迈向修养社会学》。台北：三民书局，329-377。

Assoun, Paul-Laurent

2000 *Freud and Nietzsche.* Translated by Richard L. Collier Jr. London: Continuum.

Baudrillard, Jean

1975 *The Mirror of Production*. Translated by Mark Poster. St. Louis, Mo.: Telos Press.

1981 *For a Critique of the Political Economy of the Sign*. Translated by Charles Levin. St. Louis, Mo.: Telos Press.

1990a *Seduction*. Translated by Brian Singer. New York: St. Martin's Press.

1990b *Fatal Strategies*. Translated by Phillip Beitchman & W. G. J. Niesluchowski, edited by Jim Fleming. New York: Semiotext（e）.

Bauman, Zygmunt

2001 *Community: Seeking Safety in an Insecure World*. Cambridge: Polity Press.

Bloom, Allen

1987 *The Closing of the American Mind*. New York: Simon and Schuter.

Clarke, Simon

2003 *Social Theory, Psychoanalysis and Racism*. New York: Palgrave Macmillan.

Edmundson, Mark

2012 《弗洛伊德的最后岁月：他晚年的思绪》（*The Death of Sigmund Freud: The Legacy of His Last Days*）。（王莉娜、杨万斌译）上海：华东师范大学出版社。

Ellenberger, Henri F.

2004 《发现无意识：动力精神医学的历史与演进》（第三册）（*The Discovery of the Unconscious: The History and Evolution of Dynamic Psychiatry, Volume Three*）。（廖定烈、杨逸鸿译）台北：远流出版公司。

Elliott, Anthony

1992 *Social Theory and Psychoanalysis in Transition: Self and Society from Freud to Kristeva*. Oxford: Blackwell.

2002 *Psychoanalytic Theory: An Introduction*.（2nd Ed.）Durham, N. C.: Duke University Press.

Flugel, J. C.

1945 *Man, Morals and Society.* London: Duckworth.

Freud, Sigmund

1900 *The Interpretation of Dreams.* as *The Standard Edition of the Complete Psychological Works of Sigmund Freud, Volume 4 & 5.* Edited by James Strachey in collaboration with Anna Freud. London: The Hogarth Press and the Institute of Psycho-analysis.

1905 "Three essays on the theory of sexuality," *The Standard Edition of the Complete Psychological Works of Sigmund Freud, Volume 7.* Edited by James Strachey in collaboration with Anna Freud. London: The Hogarth Press and the Institute of Psycho-analysis, 130–245.

1907 "Obsessive actions and religious practices," *The Standard Edition of the Complete Psychological Works of Sigmund Freud, Volume 9.* Edited by James Strachey in collaboration with Anna Freud. London: The Hogarth Press and the Institute of Psycho-analysis, 117–127.

1908 "'Civilized' sexual morality and modern nervous illness," *The Standard Edition of the Complete Psychological Works of Sigmund Freud, Volume 9.* Edited by James Strachey in collaboration with Anna Freud. London: The Hogarth Press and the Institute of Psycho-analysis, 181–204.

1915a "Instincts and their vicissitude," *The Standard Edition of the Complete Psychological Works of Sigmund Freud, Volume 14.* Edited by James Strachey in collaboration with Anna Freud. London: The Hogarth Press and the Institute of Psycho-analysis, 117–140.

1915b "The unconscious," *The Standard Edition of the Complete Psychological Works of Sigmund Freud, Volume 14.* Edited by James Strachey in collaboration with Anna Freud. London: The Hogarth Press and the Institute of Psycho-analysis, 166–215.

1916–1917 *Introductory Lectures on Psychoanalysis.* as *The Standard Edition of the Complete Psychological Works of Sigmund*

Freud, Volume 15 & 16. Edited by James Strachey in collaboration with Anna Freud. London: The Hogarth Press and the Institute of Psycho-analysis.

1920 "Beyond the pleasure principle," *The Standard Edition of the Complete Psychological Works of Sigmund Freud, Volume 18.* Edited by James Strachey in collaboration with Anna Freud. London: The Hogarth Press and the Institute of Psycho-analysis, 7–61.

1922 *Group psychology and the Analysis of the Ego.* (translated by James Strachey) New York: Boni and Liveright Publishers.

1923a "The ego and the id," *The Standard Edition of the Complete Psychological Works of Sigmund Freud, Volume 19.* Edited by James Strachey in collaboration with Anna Freud. London: The Hogarth Press and the Institute of Psycho-analysis, 12–66.

1923b "Remarks on the theory and practice pf dream-interpretation," *The Standard Edition of the Complete Psychological Works of Sigmund Freud, Volume 7.* Edited by James Strachey in collaboration with Anna Freud. London: The Hogarth Press and the Institute of Psycho-analysis, 109–121.

1926 "Inhibitions, symptoms and anxiety," *The Standard Edition of the Complete Psychological Works of Sigmund Freud, Volume 20.* Edited by James Strachey in collaboration with Anna Freud. London: The Hogarth Press and the Institute of Psycho-analysis, 130–245.

1933 *New Introductory Lectures on Psycho-analysis.* as *The Standard Edition of the Complete Psychological Works of Sigmund Freud, Volume 7.* Edited by James Strachey in collaboration with Anna Freud. London: The Hogarth Press and the Institute of Psycho-analysis, 5–182.

1950 *Totem and Taboo: Some Points of Agreement between the Mental Lives of Savages and Neurotics.* Translated by James Strachey. London: Routledge and Kegan Paul.

1960 *The Psychopathology of Everyday Life.* Translated. by Alan

Tyson. New York: W. W. Norton & Co..

1961 *The Future of an Illusion.* Translated by James Strachey. New York: W. W. Norton & Co..

1962 *Civilization and Its Discontents.* Translated by James Strachey. New York: W. W. Norton & Co..

2004 《摩西与一神教》(*Moses and Monotheism*)。(张敦福译)台北:脸谱。

Gay, Peter

2002a 《弗洛伊德传(1):1856—1905》(*Freud: A Life for Our Time, I*)。(梁永安等译)台北:立绪。

2002b 《弗洛伊德传(2):1902—1915》(*Freud: A Life for Our Time, II*)。(梁永安等译)台北:立绪。

2002c 《弗洛伊德传(3):1915—1939》(*Freud: A Life for Our Time, III*)。(梁永安等译)台北:立绪。

Jay, Martin

1984 *Marxism and Totality: The Adventures of a Concept from Lukács to Habermas.* Cambridge: Polity Press.

1993 *Downcast Eyes: The Denigration of Vision in Twentieth-Century French Thought.* Berkeley, Ca.: University of California Press.

Le Bon, Gustave

1969 *The Crowd: A Study of the Popular Mind.* New York: Ballantine Books.

Lévi-Strauss, Claude

1989 《野性的思维》(*La Pensee Savuvage*)。(李幼蒸译)台北:联经。

Maffesoli, Michel

1996 *The Time of the Tribes: The Decline of Individualism in Mass Society.* London: Sage.

Marcuse, Herbert

1955 *Eros and Civilization: A Philosophical Inquiry into Freud.*

Boston, Mass.: Beacon Press.

May, Rollo

1969 *Love and Will.* New York: W. W. Norton & Co..

McDougall, William

2005 *Group Mind: A Sketch of the Principles of Collective Psychology, with Some Attempt to Apply Them to the Interpretation of National Life and Character.* Whitefish, Mt.: Kessinger Publishing.

Nietzsche, Friedrich

1968 *The Will to Power.* Translated by Walter Kaufmann & R. J. Hollingdale. New York: Vintage Books.

1994 *On the Genealogy of Morality.* Edited by Keith Ansell-Pearson. Translated by Carol Diethe. Cambridge: Cambridge University Press.

2002 *Beyond Good and Evil.* Edited by Rolf-Peter Horstmann & Judith Norman, translated by Judith Norman. Cambridge: Cambridge University Press.

2005 *The Anti-Christ, Ecce Homo, Twiligh of the Idols.* Edited by Aaron Ridley & Judith Norman. Cambridge, England: Cambridge University Press.

2009 《扎拉图斯特拉如是说》(*Also Sprach Zarathustra*)。(黄明嘉、楼林译)上海：华东师范大学出版社。

Parker, Ian

1997 *Psychoanalytic Culture: Psychoanalytic Discourse in Western Society.* London: Sage.

Parsons, Talcott

1937 *The Structure of Social Action.* New York: Free Press.

Polanyi, Karl

1944 *The Great Transformation.* Boston: Beacon Press.

Ricoeur, Paul

1970 *Freud and Philosophy: An Essay on Interpretation.* New Heaven, Conn.: Yale University Press.

Rieff, Philip

1979 *Freud: The Mind of the Moralist.*（3rd ed.）Chicago, Ill.: The University of Chicago Press.

Yankelovich, Daniel & William Barrett

1970 *Ego and Instinct: The Psychoanalytic View of Human Nature-Revised.* New York: Random House.

Safranski, Rüdiger

2007 《尼采思想传记》（*Nietzsche: Biographie seines Denkens*）。（卫茂平译）沈阳：辽宁教育出版社。

Weber, Max

1958 *The Protestant Ethic and the Spirit of Capitalism.* Translated by Talcott Parsons. New York: Charles Scribner's Sons.

第三章　进出尼采的思想
——对当代文明的社会学意涵

第一节　尼采思想中的核心概念和基本命题

不像在学院里教授高度系统化之哲学知识的“专职”哲学教授，尼采的哲学思想着实是显得零散支离，不过，在零散支离之中，却展显出前后相当一贯的关怀焦点与一定的关联性。显得特别而重要的是，他的思想显露出活鲜的生命力，更是发挥着带动实践的潜在动能[①]。更令人感叹且深感遗憾的，

---

① 雅斯贝尔斯（Karl Jaspers）即形容尼采的思想晦涩艰深，“这就如同一种无名的力量炸开了峭壁，同时又要将零碎的岩石筑入一所建筑物，却没有成功的可能性，以致岩石废料与建筑部件均躺在那儿。或者说，这就如同一座峭壁被炸开，无法再自行组合起来，仿佛它在不断地努力将自身聚合为一个整体，以便既不丧失又不忘却自身的一丝一毫，但又未聚合成一个整体，从未做到这一点”（Jaspers, 2001: 3）。但是，纵然是如此，而且，思想表达常显前后矛盾、重复，但是，尼采的思想却是深具洞见与渗透力的，矛盾之处更是具有历史意涵的基本特征，以至于“他的思想实质无法套入某种无所不包的形式，就好像这一形式更为优越，可容纳其他一切形式似的”（Jaspers, 2001: 3-4, 9）。洛维特（Karl Löwith）即认为尼采的思想具有三种时代意义：“一、作为欧洲的命运，尼采是我们这个“时代”的第一个哲学家；二、作为我们这个时代的哲学家，他既是合时宜的也是不合时宜的；三、作为最后一位爱“智慧”者，

尼采是一个被排除于学院外的思想家，一生孤独地喃喃自言，其思想难以获得同道了解，更遑论认同①。但是，他始终忠于自己的思想，以离经叛道的姿态毫不妥协，也毫不留情地批判着自希腊苏格拉底（特别是柏拉图）以降（尤其经过基督教教义洗礼）的整个西方主流思想传统（甚至包含启蒙时期以来的科学理性）②。

19世纪的西欧社会历经民主宪政体制、资本主义体制以及工业革命等力量的冲击，到了后半叶，都市化现象日趋明

他也是一个爱永恒的人”(Löwith, 2006: 254）。或许，情形正如洛维特认定的：从1894年至1954年的60年间，尼采以文学手腕表达的思想对欧洲哲学的启示，远远低于对欧洲文学与思想模式的影响（Löwith, 1997: 195）。然而，到了1960年代以来，情形逆转，欧陆哲学明显地以尼采思想的意义作为讨论的重心，而这首先得力于在1936年至1945年间海德格尔（Heidegger）教授尼采哲学，并以之作为研究对象所付出的努力（Vattimo, 2006: 181）。

① 譬如，尼采一向自认相当了解他且甚为敬重之昔日巴塞尔大学（Universität Basel）的年长同僚历史学家布克哈特（Jacob Burckhardt）也无法完全同意尼采的立论，更自认难以充分了解尼采的思想理路，甚至，后来根本不阅读尼采的作品（引自Allison, 2001: 183-184）。雅斯贝尔斯分析尼采的生平，即认为他一生一直处于“出格”状况之中，譬如，过早被任命为教授、出版书籍一事上的窘境到了荒诞的地步、一生漂泊不定等等。就世俗的眼光来说，尼采展现的可以说是一个失败者的形象（Jaspers, 2001: 123）。

② 譬如，尼采即自称自己是极北人（Hperboreans）［Nietzsche, 2005: 3, §1; 2010b: 405, §14（156）］。就字面的意义来说，极北人乃是在北风之外的人，或解作为“翻越高山的人”、“四处传送的人”。据古希腊神话传说，极北人是居住在欧洲之外、北风之外、极北之地的一个神秘民族。他们居住的地方气候温和，四季如春，阳光普照，传为福地，但是，却是难以到达。这些人崇拜太阳神阿波罗，据闻希腊人崇拜的阿波罗即从此处来。每到冬天来临，阿波罗就到极北地度过寒冬，极北人即向他献上供品和礼物，而礼物从一个城邦传到另一个城邦，一直传送到位于提洛岛（Delos）的阿波罗神庙。尼采以极北人自诩，似乎意味着他自己的哲学想是超越欧洲，也是超越时代与历史的，有着高远视野与明净欢愉的品质（Lampert, 2009: 293）。

显，大众社会的雏形已现，所谓“现代化”景象更是焉然成形。这一切剧变自然是冲击了既有文化传统，导致新旧文化模式相互冲撞，让整个西欧世界有着交替接续的急迫感。对思想犀利且感受敏锐的尼采，身处这样的历史场景，自是不可能不对整个西欧（特别德国）世界之思想与文化展现的状况予以正视（参看Nietzsche, 1999a: 第1卷，第5, 6章；2007a: 特别第二篇）。正是如此对整个历史情境有着极其深刻的体认，尼采为后人所勾勒出来的思想，不只气势磅礴，措辞辛辣刁钻，批判所及更是针针见血，直捣整个西方主流思想的核心，也预见了逐渐见诸20世纪末所谓“后现代状况”中的一些社会景象①。

① 对尼采这个人本身与其思想，克洛索夫斯基曾提出如此的评论：清澈的思想、精神错乱和离经叛道三者不可分离地形成了整个的尼采（Klossowski, 1997: xvi）。克洛索夫斯基认为，尼采一生所从事的，是与整个欧洲主流（特别理性）文化传统斗争，他否定群聚性（gregariousness），独尊独特单一性，重视人所具有的感性冲动，对理性给予适当的保留。对这一切的叛逆作为，克洛索夫斯基归因于尼采自幼以来身体羸弱（尤其是脑部疾病带来的种种病痛）而让自己处于孤独且过度担心健康的状态（valetudinarian state）（Klossowski, 1997: 第1, 2章）。事实上，尼采本人即自认是天生的战士，攻击是他的本能。作为战士，尼采自己提出四项原则：（一）只攻击已居胜利优势地位的目标或等到它成为胜利优势的目标时才攻击；（二）只有在没有与人结盟且对自己让步的单独情况下攻击（尼采自认他在公共领域内所做的动作无一不是让步过，这是他判定行为对错的判准）；（三）不攻击特定人物，但是，他所以指名道姓地攻击大卫·施特劳斯（David Strauss）与瓦格纳（Wagner），那是因为他们两人是具有着特殊文化意义的标杆人物；（四）攻击对象时，把所有个人争议排除掉。他更认为，攻击乃是为了证明他自己是仁慈的，甚至是基于感激。譬如，他攻击基督教，并不是教会对他有所迫害或恶意对待，使得他必须报复，而只是力求诚实以待地“就事论事”而已。同时，尼采自认，作为一个“人”，他是力求自我超越，靠的是一种回归自己以获得有着纯净化之疗愈作用的孤独状态（这正是他所创造出来之查拉图斯特拉一角色的处境）（Nietzsche,

这一切无疑使得尼采在整个现代西方哲学发展史当中，绝对是一位值得重视，且应当高度尊敬的“哲学家”。

有关尼采哲学的研究早已是汗牛充栋，我既非专业的哲学家，更不是专攻尼采哲学的专家，原是没有资格在此介绍尼采的思想的，更遑论对其整体思想评头论足。然而，诚如瓦蒂莫（Gianni Vattimo, 2006: ix）提示的，有鉴于尼采思想中许多的动念相当贴切地预言了“后现代”社会场景[①]，对讨论当代人与文明的处境深具启发作用，尤其，就西方社会思想发展史的立场来审视，讨论尼采对厘清后现代性的历史质性，特别是有关正负情愫交融（ambivalence）的心理现象，更是有着难以回避的关键性需要。为了这样的论述标杆，有选择性地对尼采的思想从事概括的总体论述，似乎是必要的。

尼采毕生著作众多，且甚多是以格言、隽句、警语，乃至隐喻的方式来行文，特别1876—1882年之中期的作品，如《人性的，太人性的》（*Menschliches*，*Allzumenschliches*）、《朝霞》（*Morgenröte*）或《快乐的科学》（*Die fröhliche Wissenschaft*）等，难以让读者可以立刻清晰地掌握他所欲表达的意思。在

2007b:15-16）。他甚至自称自己不是人，而是炸药，带来了逼迫着的灾难，足以引发大地震的动乱。特别针对基督教道德而言，他自认是第一个非道德论者（immoralist），而且自诩是最卓越的破坏者（Nietzsche, 2007b: 88-89，92）。又，他认为，一个思想家最主要的美德在于“他的大度，这种大度使得他作为一个献身知识的人，常常丢脸的和带高贵的轻蔑和微笑，无所畏惧地牺牲自己和他的生活”（Nietzsche, 2007c: 366, §459）。其实，这些自诉可以说是尼采自己对其整个生命历程的最佳写照［同时参看霍尔斯特曼（Rolf-Peter Horstmann, 2002: ix-xiv）的评论］。

① 克洛索夫斯基（Klossowski, 1997: xv）亦提出如是的看法。

这样的情形下，为了厘清尼采思想的基本关怀与感知架构，尤其，把它拉出来充作检视当前“后现代”场景的座架，先以简便的方式标示他的核心概念[①]，并勾勒他整个思想的基本脉络，或许是有助于掌握其要旨。底下，就让我试着这么做吧！

海德格尔在1961年出版了巨著《尼采》(*Nietzsche*)[②]，立即被视为是诠释尼采思想的权威代表著作，更因此开启了有关尼采研究的风潮，其影响极为深远。在该书中，海德格尔指出，权能意志（will to power）、虚无主义（nihilism）、相同（事件）的永恒轮回［*ewige Wiederkehr*，eternal recurrence of the same（events）］[③]、超克人（*Übermensch*，overman）与公

① 特别是1882年出版《快乐的科学》以后的著作所企图呈现的。

② 从1936年至1940年间，海德格尔在弗莱堡大学（University of Freiburg-im-Breisgau）先后开授了四门课程专门讲授尼采思想。后来，他把这些讲稿重新整理成书，于1961年出版。英文版由克雷尔（David F. Krell）等人合译，分别在1979年至1987年间出版，共四卷。

③ 底下，以“永恒轮回”简称之。1881年8月初的一个中午，尼采在瑞士希尔斯玛利亚（Sils Maria）的森林中散步，他在一块巨大角锥型石头的附近获得了这个灵感。不过，考夫曼（Walter Kaufmann, 1974a: 305）指出，尽管永恒轮回与超克人两个概念反映着尼采毕生所主张之权能哲学的思想结晶，但是，此二概念被许多读者看成是相互矛盾着的，多数的诠释者更是干脆忽略了永恒轮回的概念。瓦蒂莫即认为，永恒轮回概念的内涵其实是相当暧昧，可斟酌之处甚多（Vattimo, 2006: 173）。考夫曼（Kaufmann, 1974b: 17）也批评尼采的这个概念内涵相当复杂，难以掌握，学者之间有着不同的诠释。要适当地掌握这个概念有四个考虑要件似乎是必要的：（一）尼采认为没有任何其他概念比此一概念更加可怖；（二）他视此一概念为所有可能之假设中最具科学性的，任何因为它有着可怖的意涵而拒绝接受，将是脆弱的表征；（三）尼采发现，有些时机或可能甚至是生命方式使得这个概念可以忍受，甚至是可爱；（四）他质问是否不应从正面（积极）的功能来看待此一概念这样的看法（同时参看Klossowski, 1997: 第5章）。考夫曼这样的说法是否有意义，是可以争辩的，我无能力表示意见，但是，此一概念在整个尼采思想中（特别晚期）有着绝对

正（justice）[①]等，乃是尼采思想中具形上存有论之意涵的五个基本概念（Heidegger, 1987: 189）。此书的英文译者克雷尔则认为，除了前四者可以完全肯定之外，以公正一概念来总结尼采思想的作法，似乎有着可资质疑之虞。克雷尔所以有着这样的见解，乃因为海德格尔"真理化"了整个尼采的思维进路，尤其把权能意志一概念过度知性化，无疑地是把尼采原本对此一概念所赋予浓厚的艺术质性磨弱，而这显然是相当可议的[②]（Krell, 1987: 274-276）。基于这样的理由，克雷尔只保留了前四个概念，并认为倘若加上"所有价值的重估"以取代"公正"来总括尼采的形上思想，应当是更为适当（Krell, 1982:

重要的地位却是可以肯定的，遗憾的是，过去讨论的相当有限。在此，有一种诠释相当有趣，也颇具启发性，或许值得一提。克洛索夫斯基指出，尼采提出此一概念后，曾数度写信致女性友人莎乐美，而莎乐美对尼采提出此一概念时的心智状况也曾有所评论。她认为，尼采在有永恒轮回的原始想法后的任何思想、感受与经验均来自于其内在心灵的分裂，是其后来疯狂的前兆。自此，尼采视任何事物均游走于两极："'咬紧牙根地诅咒着永恒生命的恶神'以及等待把力量赋予'你（恶神）是神祇，且我从未听过比你更神圣的'此句话的'那惊骇时刻'"（引自 Klossowski, 1997: 96）。这可以说是极具正负情愫交融之心理状态的典型表现。莎乐美更进一步指出，一开始，尼采只是带着怀疑的心理对待此一概念，而且认为需要通过物理学的科学实验来检验，当是时，尼采甚至打算花个十年的时间到维也纳或巴黎大学修习自然科学呢（Klossowski, 1997: 96）！基本上，克洛索夫斯基同意莎乐美的评语，认为尼采提出此一概念与其健康状况不佳，且对自身健康总是担着心的心理状态有关（Klossowski, 1997: 96-97）。

① 对尼采而言，公正乃源自权力相当之双方谋求公平交换的心理动力，因此，不管其情绪反应是感激或仇恨，人对公正的要求乃来自人所具有之自我保全的本能性需求（Nietzsche, 1999a: 49, §92）。

② 洛维特即曾经指出，海德格尔其实只是想从尼采的作品中读出他自己的思想，以便在尼采之中解释他自己（Löwith, 1997: 225）。

256)。在1985年，内哈玛斯(Alexander Nehamas)企图以世界与自我两个范畴的互动关系来统摄尼采毕生所关怀的课题(尤其后半期的作品)(Nehamas, 1985)。以这样的范畴架构为基础，他分享着克雷尔的意见，一致地认为，权能意志、虚无主义、永恒轮回、超克人与所有价值的重估等五项议题，乃是理解尼采思想不可或缺的核心概念[①]。

底下，就让我以此五个概念作为基座，并以最简单的语言来总摄尼采的思想，之后，再进行更为细致的讨论：

> (一)尽管虚无主义是尼采对西方人所持有有关诸多存有真理的历史予以如是定义的一种称呼，并加以批评，但是，它有一个更深沉的意义是值得注意的，此即：对尼采而言，存在的本身即是一种对价值不断予以批判重估的生成(becoming)状态，因此，存在本身既无定性，且无定相，套用佛家的用语来说，它本质上是“虚空缘成”的。
>
> (二)永恒轮回乃是所有存有作为“如是”整体的基本存在形式(*existentia* of beings)。在现实的日常生活世

① 瓦蒂莫即认为，超克人、权能意志与永恒轮回是尼采(特别晚期)用来理解与批判其所处之完全组织与科技化的欧洲资本主义世界、并为欧洲人寻求出路的三个重要概念(Vattimo, 2006: 159, 164)。另外，德勒兹则认为，权能意志、永恒轮回、虚无主义与差异等四个概念才是尼采思想的核心(Deleuze, 2006)。针对如此不同的意见，瓦蒂莫即暗示着，海德格尔所以有着这样的解读，基本上乃因忽视了尼采早期对道德、宗教与主体的讨论所致(Vattimo, 2006: 185)。

界里，人一直是存在于一种让相同事件不断重复轮回发生的场景当中，人们也永恒不断地经历和运用着相同的心智与感受机制（如权能意志不断地自我增殖），而且主导着人存在的终极形上价值更是永恒不变的。因此，永恒轮回是人存在之一种具结构性的心理感知状态，也同时是人依存的社会和物质条件所呈现具结构制约性的一种“命运”特质。

（三）接受存在的虚空缘起与永恒轮回乃是活络人之存在的两种质性，权能意志的有效运用则是证成人作为具主体能动性之存有体的最佳保证。借用海德格尔的存有哲学立场来说，尼采把权能意志当成是诸多存有的本质（*essential* of beings），即诸多存有的绝一存有（Being of beings），是人具有之最重要甚至是终极的存有潜能。

（四）超克人描绘的是，在（一）与（二）的存有前置条件下，人发挥权能意志重估所有价值，进而证成其自身作为具主体能动性的存有体，并为其作为如此诸多存有的整体所欲成就的一种人文性（humanity）的极致表现。在尼采心目中，这是人类应当努力追求的存在目标。

在下文适当的地方，我将以此一简扼的总摄性叙述作为基础，选择尼采思想中的一些相关论述进行进一步的剖析，尤其是有关永恒轮回和超克人所可能开展的时代意义。不过，在进行这些论述之前，似乎有必要对尼采的基本思维模式先予以厘清。

第二节 柏拉图以降之西方“哲学–宗教”传统的历史质性——一神化的思维–认知架构

一、古希腊哲学的启示意义

在尼采的认知里，哲学思考是人在特殊时空条件下的生命经验产物，任何的哲学都只是对某一生命阶段予以体认的思想结果，无法跨越时空而有着普遍真理效准与实质意义的[①]（Nietzsche, 1999a: 277, § 271）。尼采即指出，古希腊人［特别是苏格拉底之“理性”哲学兴起前，如埃斯库罗斯（Aeschylus）与索福克勒斯（Sophocles）等悲剧作家］总是把哲学当作为一种知识性的态度养成，以协助人们经营生命，强调的是把知识当成工具以便利于从事生活实践，为的是肯证生命的喜悦，并非追求知识本身[②]（Nietzsche, 1999a: 259, §187, 264–265, §219; 2002: 8–9, 2006: 7）。这也就是说，苏格拉底（通过柏拉图）前的古希腊哲学为的是追求性格的展现。尼采即这么说道：“……希腊人通过对生命的关切，通过一种理想

① 施及于科学知识，尼采认为亦复如是［Nietzsche, 2010a: 165–166, §2（154）］。

② 有关古希腊人把哲学当作经营一种生活方式（a way of life）来对待的详细讨论，参看阿多（Pierre Hadot, 1995）。在尼采的眼中，埃斯库罗斯、索福克勒斯与欧理庇得斯（Euripides）三位最重要的悲剧作家中的欧理庇得斯已深受苏格拉底之理性哲学观的影响，脱离了原有彰扬酒神狄奥尼索斯精神的悲剧传统，表现出来的是一种“新喜剧”（New Comedy）（Nietzsche, 1999b: 54–64, §11–12）。

的生命需求，遏制了他们原本贪得无厌的求知欲，因为他们要体验他们所学到的东西”[①]（Nietzsche, 2006: 8）。其中充满对人之存在脉动的礼赞，尤其通过节庆与艺术来展现生命意志的酒神狄奥尼索斯精神，更是体验生命脉动的根本所在。于此，尼采告诉我们，“人们要的不是别的什么，而是想有健康自信的感觉，显示自己健康自信，……”，这更是一种“生命的永恒轮回；未来在过去中得到预告和供奉；对于超越死亡和变化之生命的胜利首肯；通过生殖，通过性的神秘仪式，真正的生命作为整体的继续生存。…… 纵欲狂欢的心理作为一种漫溢的生命和力量感，甚至痛苦在此之中也作为兴奋剂起效，这赋予我理解悲剧性情感的钥匙，…… 超越恐惧和同情，成为生成之永恒的喜悦本身，这种喜悦还包含着对于毁灭的喜悦……”（Nietzsche, 2007d: 186, 189–190）。尼采于是乎称呼自己是哲学家狄奥尼索斯最后的信徒，是永恒轮回的老师，更是一根敲毁诸多偶像的坚硬锤子（Nietzsche, 2007d: 190, 191–192）。

不同于苏格拉底之前的古希腊哲学，柏拉图以一套抽象化之先验理念作为形上学（metaphysics）的基础搭架起知识

---

① 这可以作为区分尼采思想与过去西方主流哲学的重要分水岭。尼采采取本能说，以诸如知识本能（instinct of knowledge）或认知本能（cognitive instinct）与生命本能（instinct of life）所体现的程度来区分苏格拉底之前与之后之西方思想的不同。简言之，苏格拉底之前的思想所以有此处引文的情形，乃因强调具潜意识特质的生命本能，而苏格拉底之后的思想（包含哲学思想、基督教道德意识，以至科学理性思维）则是让意识化的知识本能（或认知本能）过于膨胀的缘故。

系统[①]。继而，此一理念主义（idealism）的哲学，经过中古世

---

① 海德格尔即认为，柏拉图关心的绝一存有（Being）作为理念（idea），本质上是形上学的课题，因此，形上学、理念主义与柏拉图主义三者是同一回事。海德格尔接着指出，由于尼采讨论的基本上亦是攸关绝一存有，因此，尼采的哲学也具有形上学色彩。然而，因为，就哲学发展史的角度来说，过去的所有形上学均是柏拉图主义，尼采的思想是否即带有着柏拉图主义的色彩，于是成为不能不探究的问题。对此，海德格尔指出，尼采的绝一存有意涵的是价值，涉及的是保存与强化权能意志之可能性的条件，乃把柏拉图式的“绝一存有”理念当成具可能性条件的存有性（beingness）看待，本质上是不同于柏拉图的理念所指涉的，尤其是指涉到所有理念之先验存在的本质理念［乃以雅典悲剧诗人阿伽通（Agathon）来表示“使适配”（makes suitable）或“至善（至要）的”（*summum bonum*），意即让所有的存有变得恰适的存有］时，情形更加明显。再者，柏拉图此一理念性的绝一存有是以视觉为基础之具此在（presence）与永恒（permanence）性质的一种本质（*ousia*）的表象（appearance），尽管它作为理念一直就是先于各种存有（beings）的条件（Heidegger, 1982: 164-165, 167-172, 176）。然而，海德格尔却进一步地指出，通过主体性的形上学，我们可以把理念转换成为知觉（*perception*），如此涉及的可能还是笛卡尔所处理之“我思故我在”的认知层次，尚未触及尼采所关注之有关价值（因而权能意志）的估算问题，尽管尼采以真理意志作为一种特殊权能意志来解释笛卡尔的命题（Heidegger, 1982: 174, 177, 178-179）。审视西方哲学发展史，海德格尔试着指出，在概念内涵上，尼采的权能意志（价值是其展现形式）与亚里士多德的能量（*energeia*）较为亲近，中间通过诸如赫尔德（Johann Gottfried Herder）、莱布尼茨与叔本华等人的思想构作，尼采乃以权能意志“能量化”了绝一存有。此一对存有概念的转化，一则抬出了主体性（subjectivity）的概念，二则肯确了绝一存有与存有本身是分化（differentiated）的。这即意味着，存有本身并无特定的本质性，人总是以其所具有的理性官能来彩绘它。准此，海德格尔试着告诉我们，存有既是虚空（void），更可以是丰硕（abundance）的。显得特别有意义的是，存有一概念乃由形上学的范畴转为是一种受特定文化－历史氛围制约的世界观（*Weltanschuung*）（Heidegger, 1982: 178-196）。瓦蒂莫即以海德格尔此一具历史质性之绝一存有的命运（the “destiny” of Being）概念来为尼采的核心思想归位（Vattimo, 2006: 144）。总之，以此论证作为基础，海德格尔一则宣告了形上学的完成终结；二则通过绝一存有的发展史激发我们把柏拉图的理念与尼采的价值拉到一条具演进历史意涵的轴线上来予以定位。在这样的陈述理路下，尼采的存有思想是否可以说依然还是柏拉图主义呢？这无疑是有进一步斟酌的空间。

纪基督教经院哲学的洗礼，形塑了强调“一神化”之独断形上学的柏拉图主义（Platonism），从此成为主导西方哲学思考的基本座架[①]。即使到了启蒙运动时期，哲学家依旧守着如此之一神化的思维传统，为特定的“形上学需要”所驱使来从事哲学思考，甚至扩及科学思想，以至于（至少）在哲学层次上使得宗教与科学巧妙地成为一个家族（Nietzsche, 1999a: 62, §110）。

总之，对尼采来说，相对于柏拉图以后的“哲学家处于流放状态，且密谋反抗自己的祖国”，古希腊的哲学家才是确实地保护并守候着自己的家园，他们追求知识的态度正是这个时代的人们所需要的（Nietzsche, 2006: 14）。这也就是说，当代人需要的不是柏拉图主义绵延下来的认知传统，而是“一种陌生的、非逻辑的力量，即想象[②]”（Nietzsche, 2006:

① 源自犹太教之基督教思想与来自爱琴海希腊之柏拉图形上哲学的巧妙结合，可以说纯然是一种历史条件随制地（contingent）予以制约的结果。尼采即指出，单就宗教的角度来看，基督教并不具爱琴海性格，因为他们信奉单一神祇，并奉为至高无上的主人，缺乏古希腊的多神信仰与人神交战的焦虑感。对尼采而言，这样的单一主人信仰正是基督教缺乏弹性，具有着亚细亚性（Asiatic）、野蛮与卑鄙的致命毁灭性特质（Nietzsche, 1999a: 66, §114）。

② 譬如，尼采以泰勒斯（Thales of Miletus）认定水是一切存在的本质性基础为例来说明柏拉图之前的古希腊哲学的基本意涵［同理可以推论到赫拉克利特（Heraclitus）之主张火是一切的本质上面］。他认为，撇开其对有关物理现象之理解的经验有限性不论，当泰勒斯这么说，其实是强调水所具有的“潮湿”特性乃是认识事物之“一切是一”的根本判准，而由此展开一切的想象感受。尼采即这么说道：“当泰勒斯说‘一切是水’的时候，人类就走出了个别科学蠕虫式的盲目摸索和爬行，预感到了事物的最终答案，并通过这种预感克服了低级认知水平的一般限制”（Nietzsche, 2006: 24-25）。这样源于神秘直观之形上学信念的“一切是一”提陈，很明显地充满着惊奇想象与游戏喜悦的

21）。基本上，这无法依靠一些先验命题以及借助逻辑、因果律与辩证法（乃至科学方法）等一向被视为确立具立即确定性（immediate certainty）的理性思维方式来搭架的[①]（Nietzsche, 2002: 17, §17; 21–22, §21; 2007c: 413–415; 2007d: 41–61）。

二、对基督教道德观的翻转

与批评哲学思想的社会（历史）质性一样，尼采认为，任何德性都归属于特定的时代，总是因情势转变而需要有所变异[②]（Nietzsche, 1974: 198, §159）。在《论道德的谱系》（*Zur Genealogie der Moral*）一书的序言中，尼采即明确地指出，道德（因而，善与恶的区分）是一种人为建构的社会现象[③]，

伟大诗性创造，重视的是现象之一种整体性的不断转化生成，而不是具经验检证性的实证科学分析。这样的说法提示着下文将提到之"观点论"的基本立场，推衍下来，强调具理性特质的科学方法与逻辑一致性，其实也不过是施用于理解和诠释世界的一种特殊观点而已，而且是一种没有丰富想象力的定型观点。

① 对尼采而言，道德世界也是一样的，为的是确立具立即确定性的行为（Nietzsche, 2002: 34–35, §34）。

② 至于有关尼采对自己如何（与何以）致力于道德之批判研究的描绘，参看尼采（1994a: 3–10）。

③ 尼采即曾经说过："当我到了人类跟前，我发觉他们踞于古老的狂妄之上。……当我教导：关于什么是善，什么是恶，尚无人知晓—— 除了创造者"（Nictzsche, 2009: 328）。另外，尼采指出，回溯到古希腊，人们总是从上往下看，善良（good）、高贵（noble）、贞洁（virtuous）、强壮（strong）、快乐（happy）、愉快（pleasing）等原本即是用来形容统治阶层的贵族性灵魂，相反的，总是把寻常（common）、庶民（plebeian）、低下（low）等转型为"坏"（bad）的概念（Nietzsche, 1994a: 14–15）。又，在拉丁文中，善良（good, *bonus or bonum*）乃与战斗（warfare）有关，除了意指强壮之外，尚意指诚实（truthful）、忠诚（faithful）、勇于作战（courageous in battle）或如神祇般（godlike）（Nietzsche, 1994a: 15–18）。但是，当代以平权（egalitarian）与效用（utilitarian）

需要回归历史来予以注解。在这样的认知架构下，研究道德事实上即是一种解经艺术，而就符号学的角度来说，则是一项有关人类过去道德的象形文字剧本，难以完全解读。因此，我们必须像母牛这样温和的反刍动物一般，细细反刍沉思道德的历史根源和其发展，绝不能以狡黠、卑鄙、偏见、有着预设意图或是架设在诸如上帝与康德之先验的无上命令（categorical imperative）等等他称之为道德偏见（moral prejudices）来设定整个问题（Nietzsche, 1994a: 5, 9, 10; 同时参看Nietzsche, 2005: 9–11, §10–12; 2007d: 89–96; Allison, 2001: 196–197）。以此为基本前提，尼采做了如是的提示：回顾过去人类的历史轨迹，原先，一项行动是否有价值乃取决于其结果，亦即，人们由结果来论断行动的意涵，尼采称之为人文性的前道德时期（*pre-moral* period of humanity），此时人们并不尝试“了解你自己”的。不过，到了人们学会创造一种使得某一意图由来的源起状态（origin out of an *intention*）来彰显行动的价值时，予以形上化的道德意识随即浮现出来。就尼采的立场，这样被形上化的道德意识基本上是一种特殊定见，也经常是鲁莽的作为（Nietzsche, 2002: 32–33, §32）。

为主调的所谓犹太－基督道德（Judeo-Christian morality）却以社会底层带着怨愤（*resentiment*）成分的奴隶革命（slave revolt）意识翻转了古典希腊－罗马贵族道德。此时，一向被视为善良的诸如好战、强壮和攻击性等质性则被翻转贬抑为坏与恶的，而过去被轻蔑的懦弱、被动和温顺等质性则成为善良与良好的代名词（Nietzsche, 1994a: 21–24, 155; 1999a: 316–318）。很明显的，这一切意味着，善与恶（好与坏）的内涵基本上乃由社会里的优势阶层界定着。

回顾西方宗教的发展系谱，尼采发现，其中最典型且居优势的形式莫过于是体现在基督教的道德观当中。他以犀利的独到眼光指点出，基本上，基督教以罪与罚作为核心机制概念[①]来形塑并确保基本道德观，亦即：由基于效用与特定目的转至以追求上帝恩宠来消除原罪作为形塑道德的原则。追求上帝恩宠遂成为道德所以需要的源起状态[②]。就实际的历史场景而言，尼采则告诉我们，这样的伦理意识可以说是两股势力斗争所呈现出来的边际结果。这两股势力之一是骑士－贵族集团；另一则是教会的教士集团。前者代表的是有着强势权能者，强调健壮的体魄以及旺盛、丰硕乃至是亢奋的良质健康，肯定诸如战争、冒险、狩猎、跳舞、马上枪术比赛等足以维持自由、愉快而强壮之行动的活动。至于后者，代表的是弱势者，基本心态是怨愤（*resentiment*）与报复（revenge），视上述诸等活动（尤其战争）为悲哀的预兆，强调的是忍受、牺牲、奉献或拯救的精神等，而这些精神基本上乃来自犹太人生作为奴隶[③]的历史传统（Nietzsche, 1994a: 18-19; 2002: 84,

---

① 对尼采而言，良心问题不等于是罪与罚的因果问题（Nietzsche, 2007c: 261, §208）。他坚定地告诉人们，基督教基本上是蔑视尘世的，天真地把无知看成是美德，而这种天真（也是奴隶道德）最经常呈现的结果是产生罪过、罪恶感和绝望的心理。"……只有在这种罪恶和绝望中，基督教之拯救的阴郁前厅才会开启，对死后的第二次天真的许诺才会有意义。天真，一种绕道地狱通向天堂的美德。这是基督教最奇妙的发明之一"（Nietzsche, 2007c: 308-309, §321）。

② 正如尼采所指出的，这样的源起状态本质上是形上化的，而非具相当程度之经验可证性的人类学源起状态，因此纯然是一种具权力形式的武断规定。

③ 尼采引自塔西佗（Tacitus）之《历史》（*Historiae*）一书（Nietzsche, 2002: 84, §195）。尼采于是乎称之为奴隶道德（Nietzsche, 1994a）。

§195; 同时参看Nietzsche, 1974: 187–190, § 135–141; 2002: 48–49, §52）。

在尼采的眼中，教士于是乎是较娇弱动物的首先形式，较易有的是蔑视多于怨愤。面对着凶猛威武的骑士–贵族集团，教士作为牧羊人，只能以冷静、应变、狡黠的伎俩来应对前者所施放的暴力性权能运作，尤其，为人们所产生的怨愤心理给予适当的疏导，讲究自我规训、监控与克服的禁欲理想，也跟着成为他们肯定的信念。尼采因而有了一个说法：道德本身即驯怯（morality as timidity）（Nietzsche, 1994a: 98, 100; 2002: 86, §198）。即使是高举着非道德的旗帜来对道德进行革命反动的本身也是脆弱的，因为他们都一样地重视道德本身在社会结构（特别制度化）面向上的优位性，只是分别站在两个不同的端点而已（参看Vattimo, 2006: 163）。这也就是说，这样的（奴隶）道德意识是被动，也是反动的，缺乏由内心而发的主动性，放弃了真正且主动的能动性，有的只是怨愤与报复心理。“如此的怨愤人既非正直也非纯洁，既非诚实也非率直地对着自己。他的灵魂偏斜着，他的心灵喜爱黑暗的角落、秘密的通道和后门，任何事都是偷偷摸摸地以自己的世界、安全与舒适为诉求。他所知道的是保持缄默，而不是遗忘、等待、暂时的谦逊和贬抑自己”。于是，这种人基本上是处于“中毒、麻痹、休息、平静、安息、心思松散、四肢伸坦，简言之，即某种被动”的状态之下（Nietzsche, 1994a: 23, I, §10）。

对尼采而言，无疑的，柏拉图形上哲学结合着基督教教义构作了单一（且独断）的形上信念，它所形塑的“奴隶道德”意识垄断了一切，才是整个问题的根本。这样一种对道德意识的历史性观照，可以说是理解整个尼采有关道德意识之论述的关键所在，其特别予以观照的则是道德形塑的动机与制度化过程。

基本上，尼采视道德与不道德是一体的两面，或谓连体婴。他即曾经下过这样的论断：“人们企图促使人文性变成道德的所有手段都是通过不道德”，因此，“道德是不道德的一种特殊案例”（Nietzsche, 1968: 172, §308, 同时参看221, §410, 253–254, §461）。尤其，回顾前面刚刚提过的历史背景，我们可以获得一个简单的结论：为了巩固既有的权力关系或社会体制，在权者通过权威体由上而下地来形塑“传统”，而这个传统首先凝聚出以民德（mores）为基本规范形式的道德意识（以尼采的术语来说，即奴隶道德），并通过良心谴责（bad conscience）[①]的心理机制，命令人们服从着[②]（Nietzsche, 1999a: 51–52, 53, I, §96, §99; 231–232, II, §89）。尼采即认为，

---

① 根据尼采的意见，惩罚的威胁乃构成良心谴责的核心成分，而记忆则是带来了对惩罚的恐惧，它让人们采取内化（internalization）方式把具攻击性之奔放的本能冲动压抑住，如此，带来了具有着债权—债务关系之欠债性质的罪行（guilt）道德感，而良心谴责即是用来强化对此种罪行忍受有着具道德意涵之自我解释的一种内化现象。尼采认为，这样的现象来自于施行专制统治的远古部落社会，乃是统治阶层运用的一种统治术，原是以祖灵作为威胁道具，后来［特别是经过基督教之原罪（original sin）概念的洗礼］则转以神祇为诉求对象，甚至进而抽象化，有着无限衍生的情形（参看 Nietzsche, 1994a: 41–42, 43–46, 56–58, 59–60, II, book 2, § 5, 6, 13, 15）。

② 就尼采的立场来说，这即是“不道德”的。

即使到了强调自由意志之自由主义发皇的时代，人们亦复假正义之名，并以诸如责任、罪行、与惩罚等名义来进行道德管制（Nietzsche, 1994a：56–59, §13, 14）。转个说法，这是一种宰制，也是一种对特定现象的解释，或更精确地说，是一种误解（Nietzsche, 2007a: 89–90, VII, § 1）。

于是乎，对尼采来说，根本就没有所谓道德事实这么一回事（Nietzsche, 2007d: 89–90, VII, §1）。显然的，这是一种采取先验立场，而非如涂尔干从社会经验事实角度来检证的说法。准此，善与恶的行为只是定义与诠释的人为作为，其间的差异不是在于类属，至多只是程度的差别而已。我们甚至可以说，“善行乃是被升华的恶行，而恶行则是粗鄙而残酷的善举而已”（Nietzsche, 1999a: 58, I, §107）。尼采所以这么说，目的似乎是在于“要证明所有的事件具有着绝对的同质性，道德区分的运用乃为观点所制约，进而，也是要证明所有被赞美是道德的东西，本质上与任何不道德的是一样的”（Nietzsche, 1968: 155, §272）。这么一来，假若伦理道德还需要的话，我们首先必须超越善与恶二元互斥对彰（但实则是一体之两面）的道德观来重新构作伦理意识了[①]。

总地来说，尼采坚信，根据基督教的信念，即使具原罪的人类本身再怎么努力行“善”，将都是无助的，因为他只能完全仰赖上帝的恩典来获得救赎，况且，还不知自己是否有机

① 以考夫曼（Kaufmann, 1974a: 297）的说法，即同时超越主人和奴隶道德。无疑的，尼采此一说法可以作为麦金泰尔（MacIntyre, 1981）之情境伦理（situated ethics）论点的后盾。

会蒙受上帝恩宠而获得召唤呢？然而，在这样道德意识以制度化形式由上而下一以贯之地予以贯彻的情形之下，一般人的道德意识却总是随着社会化的机制内化进入人的心灵底处，不自主地接受、并遵行着。尼采即这么说道："我不知道何以如此地正做着！我不知道何以必须是这么地做！——你是对的，但确认这样的情形：你将是被安排做着！在任何的时刻里！人类从来就是把主动与被动混淆着，这总是他们在文法上的永远失误"（Nietzsche, 1997: 76–77, §120）。于是，所有的人基本上都被划为是同一类的存在体——脆弱、无感、缺乏个性，而且愚蠢到连数数儿时"真地还数不到三"呢[①]（Nietzsche, 1999a: 67, 68, §116, 117, 121）！

对尼采而言，人作为一种同时兼具思维与感情的存有体，最为关键的是具有着持续、主动而自主生存的勇气。他所以诟病基督教文化传统倡言的怜悯，正在于因为相对于这样之人的自主生存特质，此一建立在怜悯上面的道德意识是一种"奴隶意识"，代表着人类中最丑陋的人的特质，显现的是人类阴暗的面向，即以自我亵渎来证成自己有着令人感到羞愧的"丑陋"——例如，在上帝面前自认堕落（因而有罪）地一再自我矮化[②]。毋宁的，

---

① 尼采认为，采取心理学的立场来审视，基督教的教义所以不可取，甚至终会被消灭，是因为它运用了错误的心理学，背离了理性与想象力，企图以纯粹幻想方式来解释人的动机与经验所导致的（Nietzsche, 1999a: 73, I, §135）。

② 在尼采的眼中，人类的最丑陋之处即是以如此一种自我亵渎的方式"谋杀"了上帝。所以，"上帝同样有他的地狱，那就是他对人类的爱"、"上帝死了，他死于对人类的怜悯"（间接引自 Rosen, 2003: 247）。在《查拉图斯特拉》一书第四卷中之《最丑陋的人》一章的最后段落，尼采就这么说着：

人们需要的爱是以超越怜悯心理来自救，才可能寻找到真正出路，也才能摆脱丑陋，展现出存在自身的美丽尊严。

追根究底地来看，诚如尼采一再提示的，我们可以把道德看成为只是一种具符号学意涵的价值体现而已。本质上，它是一种具集体意涵的文化表现，转化地表显着隐藏在共处特定文化—历史脉络下之人们内心世界的种种焦虑，因此是以具“症候”性质的价值来呈现。于是，人类使用着如是的道德只不过是一种攸关手段的选择，就其根源而言，本质上是非道德性的[①]（Nietzsche, 2007d: 90, 96）。针对尼采如此以“非道德论”立场来拆解道德意识的牢笼，他给了人们这样的一个启示：“我们不应当不断地攻击着道德，而是不再把它列入考虑之中”（Nietzsche, 2007b: 62）；换句话说，人们应当学习对道德意识与行动的选择减低感伤，并且接受自利[②]是自然的，恢复其在行动上原有的价值——亦即把一向人们对这些行动认

人类是多么可怜啊！他（按：指书中主角查拉图斯特拉）对自己的内心思忖道，多么丑陋，如何气喘吁吁，充满多少隐秘的耻辱啊！

有人对我说，人类爱自己；唉，这自爱得要多大才行呀！他有多少反对自身的轻视呀！连这里的这个人也爱自己，一如蔑视自己——我以为，他是一位伟大的爱者，亦是一位伟大的蔑视者。

我尚未发现一个比他更深切蔑视自己的人；这也是一种高度啊。唉，我听见其呼喊的那个更高的人，也许就是他吧？

我爱那些伟大的蔑视者，但人是某种必须被超越的东西（Nietzsche, 2009: 433）。

① 这可以说是尼采所以主张规范多元化且诸神可以交战着的基本认知基础（Nietzsche, 1974: 191-192, §143, 144）。

② 因为人们总是认为利他才是道德的显现根本，而自利则是让道德有所毁损的重要因素。

定的良心谴责成分清除掉（Nietzsche, 1997: 93, §148）。再者，在此，需要一并提示的是，尽管尼采并不完全否定从效用与目的的角度来审视道德问题，但是，这不是他所以极力抨击基督教思想的最根本理由。这个理由毋宁是落实在一个基本的见解上面：对一个成熟的人，最终也是最根本的道德判定，应当是立基于人自身的自我慎思，以确认什么是有用与荣誉的（Nietzsche, 1999a: 50–51, §94, 95）。

三、回归人本身之初基质性的思维模式

尼采如此以回归到人自身来寻找道德的形塑基础，无疑地与其以“本能”架出人之存在景象的思维模式有着一定的亲近关系。基本上，尼采乃以自我保全本能（instinct for self preservation）与其强化作为界定人存在的基石[①]。这很明显地意味着，人的存在本质是谋求自利的，甚至，任何的牺牲作为其实都有着自利的成分[②]。最值得注意的是，尼采认为，一旦诸如“热情奉献自己”或“自我牺牲”这样的道德格言被内化成为发自内心的信念时，人们体验到的不是痛苦，而是一种让人迷恋和狂喜的思想，这构成为人们所献身之更有力量的神

① 尽管尼采此一概念与霍布斯的古典主张有着一定的亲近性，但是，基本上，尼采是极端看不起英国“哲学”的。他即认为，英国人不是具哲学性的种族，正是这个特质才使得英国人更需要基督教。尤有进之的，德国精神向所极端厌恶的所谓现代观念或18世纪观念，或甚至法国观念，其实都是源自英国（应是指经验主义，尤其重视功利效用的功效主义）（Nietzsche, 2002: 143–145, §252, 253）。

② 这样的论点在尼采的著作中到处可见，一个明例可参看尼采（Nietzsche, 2002: 112, §220）。

与人存在的一部分。此时，这种“可鄙”的道德是禁止酒神狄奥尼索斯所呈现陶醉而放纵的炙热情怀，尽管这是半野蛮时代的道德“原型”。其所以如此，乃因为人们总是假所谓理性，但却是血腥的作为来镇压那些追求陶醉与放纵的“异端”（Nietzsche, 2007c: 264–265, 267）。于是，不论是同情、荣誉、赞美、宽恕或和善等美德，它们总是被用成为伤害别人的正当利器，并且受到赞扬①。

行文至此，我们不免要问道：尼采是以怎样的方式来供奉着自我保全本能，以成就具有正面之积极意义的道德意识呢？为了回应这样的问题，我们得先审视尼采对另一个发生于19世纪欧洲世界的历史趋势到底有着怎样的看法。

尼采逆反着正统的观点重新诠释道德，在世俗人们的眼中，绝对是叛逆的异端，但是，极为吊诡的，这暗地里却是相当程度地呼应着19世纪欧洲世界强调人之自主性的自由主义思想的，只不过，尼采并不盲从于来自英法两国以彰显个人占有为本且力主契约为纲的自由主义。毋宁的，他看到了这样依附在人民（people）[与大众（mass）]之均值人（average man）

---

① 尼采在其著作中总是不时揶揄着基督教所设定的种种“美德”，譬如，他就这么写道：“可怕之德——‘他记得一切，但他宽恕一切’——这将使得人加倍恨他，因为通过其记忆和通过其宽大态度，他二次羞辱于人”；“牺牲之智——我们自欺地以为，当我们为某人牺牲我们自己时，我们是在造成一种情势，使该人只像我们希望他那样，即以我们为牺牲对象的身份，对我们出现：这是可哀的智慧”（Nietzsche, 2007c: 334, §393; 420, §420）。尼采更质疑：“若一个人以相信道德事物的不可理解性为乐；若一个人仍然真诚地相信上天的启示、奇迹和灵现，相信蟾蜍的形而上的丑陋，我们难道会以为这样一个人会对有关道德事物的真正知识感兴趣吗？”（Nietzsche, 2007c: 191, §142）

概念上面之契约自由主义传统在思想上可能布下的“陷阱”。

尼采清楚而犀利地看出，均值人的概念预设着，平均值具有至高无上的价值，于是乎，“多数”是确立道德价值之正当性的基础。尼采称呼这样之道德价值的确立，是一种群盲动物（herd animals）的道德，可以说是任何一个自诩是民主的社会所内涵的基本结构理路（Nietzsche, 1968: 159, §280）。然而，吊诡的是，此一立基于至高无上之群盲欲望的道德意识，却一再地接受（基督）宗教之一神至上信念的协助，让人们阿谀着，也使得人们一直沉溺于其中，并且愈来愈明显地深植在政治与社会制度之中。尼采发现，在这样的社会里，一些没有耐心、对群盲本能有着病态性之沉溺的人们总是认为，其所彰显那种建立在“大众”群盲意志上之道德意识的步调，还是太过缓慢，也太懒散、冷漠。于是，在整个欧洲，一向即挟持着基督教之怜悯忍受者的“奴隶”道德意识，依旧毫无掩饰地到处疯狂咆哮着。尼采即以极其嘲笑口吻来讽刺这些人，其中，最具典型的极端者莫过于是他称之为“无政府主义之犬”的社会主义者（Nietzsche, 2002: 89-92, §202-203）。

尼采这样的论调背后有着相当明显的意涵，它乃意味着，尼采是极端不信任，更是轻视着那些挟持着“人生而自由且平等”信念之“庸俗”均值人自许是决定一切的历史主体，也无法接受他们的政治信念作为重估一切价值的基础，不管它是托身于民主自由的资本主义或社会主义体制。对尼采来说，把自由主义的主张提升作为形塑道德信念的根本依据，乃削弱了个体人的权能意志，等于把山岳与峡谷的落差抹平掉。它提倡的是肯定渺小（即均值人）、怯弱和享受，胜利的只是动物群体。难怪尼采会以那么刻薄的口吻说道："自由主义，用德语说，是畜群动物化"（Nietzsche, 2007d: 159–160）。同时，也难怪他会如此一般地阐明自己的立场："我的哲学乃朝向成就一个有等级的次序（*Rangordnung*），而非个人主义化的道德"（Nietzsche, 1968: 162, §287；同时参看Nietzsche, 2002: 151–153, §257, 259）。如此一来，现实地来看，尼采强调的显然地理应是在社会体制压制下之个体自身的自我解放与自我实现。只是，他绝不像强调人人平等且自由的个人主义者，单纯而庸俗地以为通过（民主）制度的落实，即能保障了个人自我实现的契机。尼采所看重的毋宁是肯定通过个人修养贞定之那种深具贵族气息的个人主义者，倘若我们还可以宣称他是个人主义者①的话（参看Ansell-Pearson, 1994: x）。依着这样的见解，倘若还

① 假若我们依照着以占有性个体（possessive individual）为本的英国自由主义传统来界定，诚如尼采自己认定的，他当然不能说是个人主义者。针对英国自由主义传统所意涵的个人主义，尼采即曾经这么地写道："个人主义乃是'权力意志'（按：即本文中所谓的'权能意志'）的一个简朴的和尚未自觉的种类；个人觉得已经足以摆脱一种社会优势力量（无论是国家的还是教会的……）。个人并非与作为有格之人（person）的自身对立起来，而只是作为个别的人；他代表所有个人与总体性相对立。这就是说，他本能地把自身等同于每个个别的人；他并非作为有格之人，而是作为与总体性对立的个别人而去夺取他要取得的东西"［Nietzsche, 2010a: 572, §10（82）］。显然的，尼采所肯定那种通过个人修养贞定之具贵族气息的"个人"，则不是这样的，他是一个具有自我判断、主张、决定、创造等具独立自主能力的"有格"个体——一个具自我超克的孤独个体。就西方哲学发展史的角度来看，至少与马克思从历史角度来看人性与个体性相比较，尼采之"自然化"人性与个体性的观点可以说是具有着一定的意义的，沙赫特（R. Schacht）即称尼采的人性观是一种哲学上的人类学转移（an anthropological shift in philosophy）（Schacht, 1988: 71；同时参看 Forbes, 1991）。

允许我们宣称尼采有着自由主义色彩的话，那么，极为讽刺的，政治并非成就人人平等的“表面自由”人，而仅是创造伟大而高贵人格之“内涵自由”人的一种工具而已。

情形可以说已经相当明朗：对于价值（包含道德意识）的形塑，尼采看重的是具有非凡例外之个体性特质的权能意志运作，而不是依附在制度下，企图通过平凡例行化之结构理路的高度而恒定的制约，以便让集体施为者有着施放权能意志来催引具能动性之效果的作为，因为后者所形塑的，无论就广义的价值或狭义的伦理道德来说，都必然有着被异化宰制的情形发生。这也就是说，任何意图通过具集体形式的道德意识（如风俗习惯、伦理、法律等），尤其是经由政治权力的制约机制，来成就完整而自主的主体能动性，基本上都是奢望，本质上，两者是相互扞格着，因为平凡例行化之结构理路的制约总是要求着人们有着不自主的惯性作为，以至于难以产生具高度自主之自我意识的主体能动性。因此，诚如安塞尔-皮尔逊（Keith Ansell-Pearson）所提示的，在尼采的思想里，基本上，没有所谓正当性（legitimacy）的问题，社会秩序的合理性并不在于其所依据的道德目的，而是在于它的存在是否能够产生一种“被选择出来的人”（Ansell-Pearson, 2005: 109-110；同时参看Nietzsche, 2002: 152, §258）。这么一来，任何的道德意识要能具有展现完整而自主之主体能动性的契机，只能仰赖个体的权能意志来成就，而且，也只有通过这样之个别个体的个体化方式来成就，人类整体文明的彰扬才得以逐步地展现出来。总地来说，这样之对道德意识形塑的翻转论述，不只是肯定着颠倒了信念一神化的优势传统，在重新构思哲学、宗教信仰和道德信念的努力过程中，确实具有着历史演化的意义。更重要的，通过此一论述，尼采为自己砌塑了一个极具原创的方法论与认识论，对其思想的发展有着极为关键性的作用。

第三节　观点论与其衍生的社会学意涵

有了上面扼要的描绘，我们就可以明白何以尼采会对18世纪视理性（尤其科学理性）为获致普遍有效真理之绝对保证的启蒙运动有所质疑，并视此一运动活泼的时代为“盲目而热烈的世纪”。在尼采的眼中，整个历史场景的社会学特质，其实并没有因为理性的宣扬而有了根本的改变。启蒙运动只不过是把理性予以道德伦理化而已①，情形与中古世纪的宗教崇拜本质上并无二致。尼采即诚挚地告诉我们，尽管18世纪的启蒙运动现实上似乎为欧洲人带来了许多文化成果（如科学理性的彰扬），但是，时至他生活的时代，一切所呈现的依然充满着悲剧时代的性格，道德与宗教还是以至高无上的身份位居绝对主导地位（Nietzsche, 1974: 74, §1）。毋庸置疑的，这样的历史场景是尼采所不能忍受的，他所以极力主张摧毁基督教之罪与罚道德观的独断局面，也就可以理解了②。无怪乎，针对

① 参看《朝霞》一书之普兹（Pütz）版注（Nietzsche, 2007c: 34）。

② 洛维特指出，在尼采之前的德国，批评基督教（甚至反基督）其实已是知识界的一股潮流［如黑格尔、费尔巴哈（Ludwig Feuerbach）、卢格（Arnold Ruge）、施蒂纳（Max Stirner）、马克思、鲍尔（Bruno Bauer）等］，尼采的“超克人”概念也可以在基督教的哲学规定里找到源头，原初指的是神人和基督人。

那些始终是“驯怯”地依附在传统道德观庇荫下的“群盲”，他会这么说着：“只要你一直以任何方式在你自己面前感到羞耻，你就还不是属于我们这类人”（Nietzsche, 1974: 164, §107; 220, §275）。总之，这一切在在显示着，尼采严厉地批判着18世纪的“启蒙”，不过，若说他是一位另类的启蒙者[①]，应当是不为过的。

尼采到底挑动了怎样之具启发性的启蒙作用呢？这得从他以语言史学家（或谓文献史家）（philologist）的身份开始作为“学者”转至从事哲学性的批判论述的生命处境谈起[②]。根据瓦蒂莫的意见，尼采这样之学术活动的转移，具有一项重要的特殊意义，即：这使得尼采强调以具人文意涵之古典文化研究的立场来考察当代与过去的关系（特别指涉哲学思维），特别是在于揭露文化（与文明）底层中的非理性元素，因为，在尼采的眼中，这正是语言史学家的基本任务（Vattimo, 2006: 40-42, 51）。把这两个特点连在一起，可以说即开展了尼采思想的三样特质：（一）从事哲学性的探索时，应当重视历史，

只是，在敌基督的旗帜下，尼采把超克人朝向人自身的自我克服上面来彰扬（Löwith, 2006: 248-253, 437-520; 同时参看 Löwith, 1997: 36-55, 122-155）。

① 罗森（Stenley Rosen）即认为，对那些代表着现代知识与精神的恐怖主义形式者而言，尼采可以说是先驱。“作为这样一个先驱，他（按：指尼采）就启蒙的内部黑暗方面对我们进行启蒙。尼采本人不可避免地是一个启蒙的人物，但是一种自食其果的启蒙人物，就像蛇吞下自己的尾巴一样。因此，启蒙的面具实质上是启蒙本身”（Rosen, 2003: 7）。

② 1869年受到里奇尔（Friedrich Wilhelm Ritschl）的推荐，尼采在尚未获得博士学位前即受聘于瑞士的巴塞尔大学（University of Basle），主要的任务即教授古典语言史学。

因而必然地有着观点；（二）以文明中蕴藏之具酒神特质的非理性源起基素作为基轴进行谱系学的探索；（三）不承认人的世界里存有着绝对客观的真理。在此，让我们先选择（一）作为切入尼采思想的起点来加以讨论。

从前面的论述，我们很清楚地看到，尼采认定，在整个西方历史进程中，基督教、道德与柏拉图形上学三者其实是三位一体的，共同供奉着稳定不变且独断至高（如上帝、至善或绝对存有等）的绝对理念。此三者共体所形构的哲学是一种不折不扣的虚无主义，压制、约束着人类的心灵，我们需要从中解放出来，而这也正是希望做个具自主人格之“超克人”的当代人所必须承担的基本斗争任务①［Nietzsche, 2010b: 712, §22（24）］。这样的设准点，使得尼采在面对着整个西方思维（认知）模式传统时，所遭遇的敌人并不是单一，而是多元且具有机性的，他势必采取具多面性之总体阵地作战的策略。一方面，他抗拒柏拉图以后之绝对理念具绝对优位性的哲学思维系统。二方面，他又得攻击基督教以上帝为先验的终极绝一存有来诠释（与决定）人之处境的道德传统。三方面，尼采一直怀疑着以普遍理性架出真理（包含进步的概念）来恐吓、迷惑

① 拯救基督教的是敌基督；拯救道德的是非道德；拯救宣称真理的形上学则是自由精神［Nietzsche, 2010b: 712, §22（24）］。无怪乎，在副标题是“未来哲学序曲”之《善恶的彼岸》一书中论及哲学时，尼采牵涉的是有关道德与宗教，而非柏拉图或亚里士多德所看重的政治。同时，他采取的更是以超越道德（所以才是“善恶的彼岸”）的人文本位立场来予以阐述（Nietzsche, 2002）。至于有关虚无主义与超克人的讨论，将在下文中进行。尤其，有关超克人的讨论将是论述的重点。

或讨好大众的现代科学理性思想（也包含构作科学理性的基本工具，如逻辑、实证科学研究方法与辩证法等）[①]（Nietzsche, 1968: 324, §594）。

反过来看，尼采如此的见解实乃意味着，人们需要的是足以用来解放人自身的另类感知（也是知识）模式，这样的模式，简单地说，即力图摆脱柏拉图以降西方哲学所特别强调的概念认知模式，转至肯确人所彰显之多采多姿的情绪感知具有着优位性。对以如此感性为本经营出来的知识，因为它能够与真实自然的生命体验产生共鸣的抖动，尼采于是以快乐的科学（the gay science, *Die Fröhliche Wissenschaft*）[②]来称呼（同时参

---

① 有关尼采对科学的批判态度以及力图以艺术来拯救人的存在意义的讨论，参看尼采（1974: 105–106, §37; 1994a: 115–117, 120–123, III, §23, §25; 1999a: 119–120, 121, I, §252, 256; 1999b: 71–75, §15; 2009: 404–409, 484–487）。

② 德文 *Wissenschaft* 的涵意远远超过英文的科学（science）一概念所可能意指的，它尚可触及智慧（wisdom）。但是，根据考夫曼的意见，在此，尼采所意图表现的却仅只是狭义的科学概念而已，并无意涵盖智慧的意思。考夫曼更进一步地指出，尼采所以称呼科学是快乐的——但并非快活的（cheerful），实有着弦外之音的用意，乃企图以快乐态度来蔑视一般以极其神圣、严肃而厚重的态度对待科学一概念的惯性看法，这被认为正呼应着尼采之非道德主义的基本立场与“重估一切价值”的一贯意图。其中最为根本的是，尼采一向即偏好南欧重热情的精神，喜欢现代欧洲诗歌发源地——普罗旺斯（Provence）这个地方，赞扬着普罗旺斯式那种集歌咏者、骑士和自由精神于一体的快乐科学（*La gaya scienza*）概念（Kaufmann, 1974b: 4, 5–7; 同时参看 Allison, 2001: 74）。这样强调轻快脚步、嬉笑者和舞者的感性精神，正好与尼采一向所批判与嘲笑那种严肃而正经八百地重视专业学术的德国“优良”传统是相远离着（参看 Nietzsche, 1974: 158–162, §103–105; 357–310, §357; 2002: 131, §240; 2007b: 82–87; 2007d: 97–108）。特别值得一提的是，在 1881 年尼采撰写《快乐的科学》时，他正在阅读自称“一个愉悦科学的教授”（a professor of the Joyous Science）之爱默生的作品。根据既有文献所显示的，尼采一向即甚喜爱爱默生的作品，受其影响甚深（Kaufmann, 1974b: 7–13）。总之，尼采认为人类的存在基础乃在于创造有情绪感受的愉悦生活，因此，科学（或谓知识

本身）不应是严肃而冰冷无情，更不能只是单纯的理性工具，理当是以创造轻快而愉悦的心灵感应为根本（Nietzsche, 1974: 86, §12; 178-180, §123）。尼采即指出，在他之前的几个世纪里，科学被鼓励，也日益发达，但是，有着三类相当明显的误解：（一）经由科学来了解上帝的良意与智慧（如牛顿）、（二）科学知识是有效用的，特别是可以让道德、知识与快乐亲密地联结在一起（如伏尔泰）、（三）通过科学，人们可以拥有与热爱着某些非自私、无害、自足且真正纯洁的东西（如斯宾诺莎）（Nietzsche, 1974: 105-106, §37）。相对应于此，尼采希望传递给读者的，则是鼓吹，也是确立一种人以其自身为考量本位并通过对日常生活世界（包含历史事件）中发生之种种事物的经验感受来激荡生命激情、并塑造价值的崭新生命哲学，这是科学所以必须与一向被认为是严肃、正经、厚重、严格、远离日常生活与常识等具单一至高性（如上帝、理念、物自身、绝对精神）的特性相脱离，而让它显得快乐的缘由（参看 Nietzsche, 1974: §293, §299-301, §308, §324, §327, §335, §344, §373; 257, 第 180 页注①）。其实，这也正是尼采所以通过隐喻的手法歌颂着“物理学”（相对着基督教道德与柏拉图主义等形上学）所内涵那种足以促使人自主地诚实觉知的潜在力道的理由，对此，他进而肯定着：“无论如何，我们要变成为我们之如是的样子——一种新颖、独一、无可比较、给予自己律令，并创造自己的人类”（Nietzsche, 1974: 266, §335; 同时参看页 266 之注 67）。同时，除了在早期的《悲剧的诞生》（1872）与后期的《论道德的谱系》（1887）之中尼采是遵循着一向学院所惯用那种强调逻辑一贯之系统性的论文格式来写作外，几乎其他所有的作品都以隐喻、警语、格言、短句或短篇散文体等方式编成。由 383 个短句与一篇诗歌所构成的《快乐的科学》只是其中一个具代表性的典型作品而已。克洛索夫斯基引用尼采朋友与医生的评语，认为尼采所以会如此作为，乃与他的病情有关，因为他缺乏为自己的思想建构具一致性之系统的能力，以致无法找到自己的“中心”（Klossowski, 1997: 215）。当然，情形是否确实如此，尚有待商榷。就尼采本身的论点所展现的内容来看，克洛索夫斯基进一步地指出，这也应当与尼采认为人行动的基础乃在于本能的冲动（而非理性思维）的见解有关（Klossowski, 1997: 254-261）。总之，不管其原委为何，尼采以这样的方式来表达自己的思想与感受，让文本本身充满着流荡的能动性、不断地变形，也让矛盾和冲突到处可见。但是，无疑的，这有着可以让读者参与文本之中发挥自我想象力与感受力来解读的“好处”，尽管其中可能不断地有着误解与无法理解的种种失误。艾里逊即认为，因为人的思想本身即是一种隐喻过程，充满着流动性与变易性，所以，尼采这样一种不重逻辑与系统组织的文体，确实是有着一定的正面意涵（参看 Allison, 2001: 77-79；同时参看 Nietzsche, 1999d）。其实，这也多少说明着何以尼采对正统哲学（乃至于科学）论述会强烈地批判的关键所在。

看 Nietzsche, 2002: 15, §14)。

再者，特别值得我们同时予以注意的是，尼采一再大量地使用具 *Über-*（超越）字首的德文词汇来刻画着人的现象，对此，洛维特即曾经这样评论过：这显示尼采只是一个极端主义者（extremist），但却非必然即是激进主义者（radicalist）。他所企图传递的，只是借此对照出人所面临之处境的完全无根（complete rootless）特征（Löwith, 1997: 176）。我个人认为，这样的诠释相当具有想象力，也十分公允。对理解当代人类（特别西方）文明与种种问题的根源，无疑的，正是这样之极端的“无根”（既可能是事实，也同时可能是理想）特质挑动了具启发意义的启蒙作用。

行文至此，我们似乎可以得到一个阶段性的结论：正是这种强调多彩多姿之情绪感知具优位性的快乐科学态度结合了对当代文明之“无根”特质的认识，让尼采走出了过去主流哲学观所垄断的认知格局，形构了他的特殊认识论。在此，特别需要提示的是，若欲对此一认识论有所掌握，我们则不能不对他如何看待“历史”这个范畴有所认识，尤其是针对着他那个时代的德国哲学传统。

尼采对他那个时代的德国史学传统[①]提出严厉的批判，他认为历史的最重要意义不是如当时德国主流学者所认定在于

① 在那个时候的德国，黑格尔主义、实证主义，尤其，达尔文主义正流行着。简单地说，在黑格尔以具神意特质的“绝对精神”来导引历史发展的迷思推动下，许多的历史学者采取自然科学的态度以线性的进步演化观点来确立历史的特质（参看 Vattimo, 2006: 30-31）。

还原过去的“客观事实”[①]、纪念过去、复古、歌颂无赖般的大众（如法国大革命以后的历史场景），尤其是把历史看成是特定先验理念之理性演绎与“命定”证成的哲学性体现，因为这样会让人们受到过去所绑架而无法超越[②]（参看Nietzsche, 2004; 2007a: 第二篇）。比较有效用的历史观应当是，让人们有着通过筛选方式来接受或拒绝历史的弹性机会。因而，倘若历史有意义的话，应当是它可以成为人们为了生活所做之当下行动的借鉴，它的社会功能在于提供机会与力量来产生伟人。准此，历史学是一种生活的保健学，具有着治疗世界的作用，但是，对症的药方却必得是非历史的和超历史的（Nietzsche, 2007a: 134, 203, 221, 226, 235, 237）。对此，尼采选择了一种潜意识的本能——酒神狄奥尼索斯精神，作为这样药引的最初基材[③]（Nietzsche, 2007a: 133–159）。换句话说，历史是为了激发人们的创造力，也在于让一种永恒的意志得以不断轮回运作着，如此，人们的生存才有着一再提升超越以成就超克人的契机，而这正是“非历史的”和“超历史的”所欲成就的。无怪乎，尼采会说道：“唯有从当代最高力量出发，你们才可以去解释过去；唯有在你们最高贵品性的最强烈紧张中，你们

① 姑且不论还原客观事实是否有所可能这样的根本问题。

② 尼采认定，代表他那个时代之主流（特别德国）哲学的所谓危险哲学家（philosophers of the dangerous），即是接受这样之历史观的典型（Nietzsche, 2002: 3）。

③ 基本上，这样的论点散见于尼采不同时期的作品之中，从早期的《悲剧的诞生》到晚期的《论道德的谱系学》，乃至往生后他妹妹帮他编撰的《权能意志》。随手所及的，即可参阅尼采（Nietzsche, 1999b: 54–85, §11–17; 1999a: 29–30; 2007a: 第一篇）。

才将猜出过去的东西中什么是值得知道和值得保存，是伟大的”（Nietzsche, 2007a: 193）；也才得以“拯救过往，把一切‘过去如此’改造成‘我要它如此’！——我以为这才叫拯救”（Nietzsche, 2009: 241）。对尼采而言，这正是他所欲揭示之新哲学家（new philosophers）的基本任务，亦即一种观点论[①]的提示。情形是如此的话，那么，尼采的观点论到底有着怎样的特色呢？

前面曾经提示过，尼采一再叮咛着我们，追求（与强化）自我保全的本能要求乃是人行动的动力根本，此一本能要求基本上是“生命本身即是权能意志的释放”之间接但却是最常见的结果[②]（Nietzsche, 2002: 7, 8, 15）。尼采所架出之非历史（或超历史）质性以来回照人们实际生活着的历史场景，其实即企图为人的存在勾勒出此类本能的表现样态，更根本的即是证成权能意志的释放。易言之，在尼采的眼中，人们只是为了生活与行动才需要历史，而以行动来实践权能意志则是证成人之存在（特别是完成超克人的状态）最为可贵且可敬的方式，任何历史背后蕴涵之具非历史（或超历史）质性的权能意志正是确

① 由于此一观点论的基础乃设定在于人自身之具“非历史”（或超历史）性的身心特质（如自我保全的本能）上面，所以它是一种非道德论，而且呈现的是多面向、多样态的（参看 Nehamas, 1985: 7–8）。

② 诚如克洛索夫斯基所指出的，就权能的角度来看，人的存在并非单纯地立基于自我保全而已，因为权能的释放是不允许单纯的均衡状态存在着，不断地生成才是人存在的基本样态（Klossowski, 1997: 105–106）。准此，尼采所以如此看待自我保全本能，应当只是把它当成是界定人作为有机存有体的生物平准基点。

立实践方向的基本准则[①]。于是，整个问题的关键在于“怎么实践”上面了。

在这样架出了本能作为基础之认知模式的导引下，尼采肯确地忠告着人们，一个有反省能力的勇者，必须学会以其可能撑出的权能意志来克服“过去”的制约，才有机会成就具独立自主性的超克人。只不过，此一权能意志并非在完全真空的条件下运用着，必须以一定的历史（即过去）条件作为引发燃料。“但是一切行动都需要遗忘，否则人不再相信自己的存在，就像一切有机物的生命都不仅需要光，而且也需要黑暗一样”（Nietzsche, 2007b: 140）。因此，我们只需要一定程度的历史感[②]作为行动的分离点就可以了，因为如此才得以让非历史（或超历史）的权能意志得以为生命开启更宽广的空间。

主张“人类的一切活动（包含哲学思考）都是立基于基本本能的要求”乃意味着，任何的知识背后都有一套隐藏的信念（faith）支撑着，所有人都是（且仅是）以某种观点来看世界和自己，世间并无行诸四海皆准之绝对客观的普遍真理。显然的，接受这样的认知前提等于宣告着，历史只是例证而已，而且，更重要的是，“……只被强大的人格所承受，它把孱弱的人格完全消灭，原因在于，在情感和感觉没有足够的力

① 在尼采的心目中，抽象地说，譬如相同的永恒轮回可以说即是一项最初基的准则，这将是下文讨论的重点。

② 此即反映着前面正文中所提到尼采批判德国史学的要旨，即：除了他所重视之以历史作为行动者（尤其强者）的借鉴来进行伟大的批判斗争之外，历史还经常被人们当作为保存与景仰的对象予以纪念，或以好古之心当作为忍受和渴求解放的参照点（Nietzsche, 2007a: 150-165）。

量去按照自己的意思去度量过去时，历史就搅乱了情感和感觉”（Nietzsche, 2007a: 180）。这也就是说，历史并非某些特定先验理念（如上帝或柏拉图的理念或黑格尔的绝对精神）予以理性演绎而实际体现的命定结果，更不是界定社会的信念与价值导向之唯一具正当性的立法者。人们需要的，推到极点来说，是自我选择与自我判断，历史的任务只是在适当的条件下作为提供人们自我超越的机会力量，让人们的权能意志得以充分且恰适地发挥，超越既定结构格局的框架往最高境界提升①。

话说到此，我们或许有必要回过头来再次讨论尼采对古希腊悲剧哲学满怀着憧憬的心境所可能开展的另一层意涵。没错，当尼采颂扬苏格拉底之前的古希腊悲剧精神时，尽管他有着心仪此一古希腊精神而以之作为推动未来文明之理想典范的意思，但是，对与尼采同时代的人来说，较多且较有意义的毋宁应当是，他意图以此作为一个历史参照点，以便“恰适”地揭露隐藏在缺乏“个性”之基督教道德观背后种种做作的伪善，以及柏拉图以降之所谓颓退（décadence）哲学思维那种披着独断之理性至上的形上学外衣内所潜藏的伪真，而此二者

① 尼采因而认为，当我们认为群盲（或谓统计学上的“均值人”）创造了历史时，其实即否定了非凡例外之伟人（超克人）的存在意义。若要成就超克人的存在境界，我们只能让人本身的生活来导引认识并统治科学，而不是让相反的情形发生。人要成为“自己”，不是成为群众的惰性应声虫（Nietzsche, 2007a: 236–237, 244, 269）。于是乎，真正的哲学家不只是批判者，更应当是指挥官，为人们（也为自己）的未来开创崭新的格局，于其中，任何东西都只不过是手段、工具或锤子而已（Nietzsche, 2002: 106, §211）。有关尼采此一论点，将在下文中更仔细地予以讨论。

被他视为正是其所身处之欧洲（尤其德国）文明“现在”实际显现的病症。

如此以“过去”（苏格拉底之前的古希腊悲剧精神）来对照“现在”（颓退哲学思维），促使尼采宣判柏拉图以降的西方哲学典范是失败，因为它缺乏历史感，没有认识到任何（即使是有关所谓真理的）知识其实都是特定历史–文化基因冲撞下的产物，哲学需要有着具历史感的养分来滋润，才可能健全地成长，尼采遂提出了所谓“历史性的哲学化”的主张（Nietzsche, 1999a: 13）。这也因而让尼采深深地体味到，必须为未来的哲学寻找崭新的标杆基石，并激发一种有别于过去重视纯理性认知的另类感知典范。其中有两点值得特别予以注意：首先，他从古希腊强调哲学作为一种经营生命（因而，生活方式）的基本论调里找到了他需要的灵魂，其根本即在于感性精神的确立（Nietzsche, 2007c: 425–426）。接着，很自然的，知性的本身就是一种幻象，也是一种错误。依附着这样的认知座架，尼采必然是否定了具先验肯确性的命题（包含逻辑）乃建构知识之唯一先置依据这样的优势传统见解，转而确立以具经验可能性的历史质性作为底基来形塑具诗性的知识（Nietzsche, 2007c: 162–166；同时参看Nietzsche, 1974: 169–173, §110–112）。

无疑的，在这样的认知架构下，诚如上文中提及的，哲学自然是不可避免地成为一种历史产物。这即意味着，我们需要从历史的系谱演进角度来审视哲学的发展与从事哲学性的思考。同时，我们更需要检视当下此刻，以便为未来人类文明开创另一个崭新的格局。更重要的，意志在建构人（与世界）的图像时具有着优先地位，是判定一切真理的基本设准。于是乎，尼采的观点主义具有着这样的特点：基本上，它是一种以展望未来为鹄来对历史进行诠释的谱系学功夫，其基本设准点乃被安顿在"肯定人本位"的观照立足点上面，而且是回归到人自身作为具有实际感知和实践行动的主体立场来审视（自然和人为）世界与人之关系的深沉内涵①。

只不过，诚如在上文中不断提到的，为了证成非历史（或超历史）质性乃是塑造人之行动的原始要素，当检视道德、宗教与哲学的系谱历史时，尼采采取的是心理学的观

① 这样的论述立场明显地体现在尼采晚期的作品《论道德的谱系》之中自是毋庸置疑的。其实，这也呈现在其中期作品《人性的，太人性的》有关自由精神的论述当中。于此，尼采肯定人需要具有着不受传统绝对约束与不计较后果的自由精神（free spirit）。具自由精神的人自有自己认定的真理，而此一真理的认定绝非立基于对单一信仰（如笃信上帝或绝对理性）的绝对膺服，而是自我理性思辨后的不断尝试（Nietzsche, 1999a: 108, §225）。最能表达其自由精神内涵与成就的要件者，莫过于是他提出的自由精神十戒：（一）既不爱、也不恨人们；（二）不参与政治；（三）不想致富，也不当乞丐；（四）避免成名与有影响力；（五）从别人而非自己那里获得女人；（六）让朋友养育自己的子女；（七）绝不顺从教会的仪式；（八）绝不因有罪而要求悔改，但可以因此而行额外的善举；（九）为了能够说出真理而被放逐；（十）让整个世界与自己对立地尽情玩着，也让自己与世界对立地尽情玩着（间接引自Löwith, 1997: 29）。尽管这十戒中有些或许是值得斟酌，但是，对熟悉尼采之作品风格的人，应当可以感觉得出来，这相当程度地反映着尼采的人生历程与人格特质。在此，关键不在于争论此十戒的恰适性，而是他所以这么说背后的深层意涵。显然的，尼采追求的是不必、也不想对特定单一绝对信念与价值（如他一直诟病的基督教道德与柏拉图理念主义）屈服——即承担所谓的责任与义务。他要的是以自己的欲念做基础来开展理性判断的人格，这才是自由精神的真谛（参看 Nietzsche, 1999a: 第 2 卷，第 2 部分）。

点[①]，确立本能是形构哲学作为一种寓言（fable）现象的存有论根源（参看Vattimo, 2006: 62，同时参看Nietzsche, 1994a, 1999a, 2002, 2007d）。或者，借用德勒兹的说法，尼采乃以具谱系学的方式回照过去西方哲学对人存在之根本的看法。他的探索策略，既非如康德以绝对理念来充当最后裁判的依据，也不是如英国效用主义（Utilitarianism）回归人的欲望本能从事机械性的归因，而是对思想（或意识）从事一种具历史－文化源起意涵且带着价值性质的谱系性分析与批判，强调的是源起中具有的差异与距离，有着高与低、贵与贱乃至优与劣的分殊区辨可能（Deleuze, 2006: 2, 52–53）。于是，他所以一再地强调苏格拉底之前的古希腊悲剧精神作为理想文明典范的基本用意，也就显得相当清楚了。连带的，他以"本能乃驱动人行动的能量基础"作为反映非历史（或超历史）性的哲学人类存有论命题这样的选择，跟着也就可以理解了。

就方法论的立场来看，尼采对西方思想发展进行如是之系谱关系性探索所采取的策略，与韦伯（Weber, 1949: 42–47; 1978: 4–7）采取侧重某些具选择亲近性之单向强调（one-sided emphasis）的质性并以拟情（empathy）方式来建构理念型（ideal type）的研究策略看起来相互呼应着，都具有着观点论的特色（参看Nietzsche, 1974: 89–90, §15; 同时参看Vattimo,

① 难怪尼采会尊称心理学为科学皇后（Nietzsche, 2002: 24, §23）。同时，这样的心理学是尼采从事哲学的媒介，并非一般所认知之具经验性与因果性的"科学"研究，而是一种具理解性与历史性的"社会"心理学（参看Jaspers, 2001: 34）。

2006: 42）。倘若二者有所不同，最具体而明显的似乎在于，韦伯的理念型建构基本上是立基在具已成形之事实性的发展趋势（如理性化）上面。易言之，韦伯关心的是此一已形成之发展趋势的内在理路所可能展呈之结构性的最大可能效果极限，基本上具有着实证的色彩。但是，纵然对照着现实状态来构思依旧是其概念的基本要件，尼采的理念型则纯然是一种具未来展望性质的价值铺设（也是行动实践的指导纲领）。其所以被认定是理想的，固然仍然是针对着既有成形且运作着的主流趋势而来，但它绝非单纯地以选择的事实现状作为基础来进行单向理念之乌托邦化的演绎诠释，而是对人生命存在的价值赋予极具艺术性的个人主观期待，可以说是把价值目标朝向着未来的一种生命哲学的设定。

显然的，如此以人的生命意义作为哲学思辨的理念型焦点，可以说是尼采架设具（社会）心理学诠释性之观点论的基轴，关心的是“所有生命存在的基本条件”（Nietzsche, 2002: 4）。由此推展出来的则是尼采特别强调以人为本位的自我觉醒功夫，让心理学染涂上艺术色彩来取代宗教与道德的立场，顺理成章地成为理解人类之存在问题、也是为人们化解问题的最适当取径，尽管尼采意识到它可能流于表面化，把人们的判断引入危险的陷阱，但还是值得一步步地尝试，因为只有如此才足以让人们有着自我反思的镜子（Nietzsche, 1999a: 26, §27; 31, §35; 32–34, §37–38）。

回顾整个西方文明的发展，特别针对主导整个启蒙理性哲学所内涵的阿波罗精神而言，尼采对西方文明的病症所开出的拯救药方——酒神狄奥尼索斯精神这种潜意识本能，就历史-文化质性的角度而言，无疑地是一种例外，或至少仅是具历史性的文化残余成分而已。这样以例外的倒置作为建构整个哲学论述的基轴可以说是尼采之观点论的特点。赛费勒（Eberhard Scheiffele）即指出，尼采的观点论基本上乃企图溢出熟悉的域内范畴，从域外（the foreign）（如非德国的、非正统的、超越善与恶的、苏格拉底之前的古希腊哲学的、非基督教的、具南欧风格的、诗般的文学手法等）寻找隐藏于域内背后之论述观点的奇特分离点[①]，在询问现状背后的病症时，得以产生具双重视界（double vision, *Doppelblick*）作用的"距离的感伤"（pathos of distance），以便获收伽达默尔（Hans-Georg Gadamer）所说的视域融会（fusion of horizons）效果（Scheiffele, 1991: 32–33; 同时参看 Nietzsche, 1974: 89–90, §15; 1999a: 32–33, I, §37; 195, I, §616; 2002: 51, § 57, 164–166, §269; 2005: 39–40, §43）。在这样的过程中，尼采相当程度地展现了斯宾诺莎的观点，经常运用他自认的完美理想充当一种可能的实在来认识、解读、批判现状（Stambaugh, 1991: 25）。这也就是说，尼采之域外观点论的"域外"选择并非完全的武断任意，而是紧扣着他所关切的西方文明（包含哲学、宗教、道德意识等），以具一定系谱关系的亲近性作为基础来选择具有着恰适历史意义的对照点。无疑的，这样回到历史场景对思想（与行动）从事观点主义的谱系论述，基本上是一种带有着

① 参看第 159 页注②。

浓厚怀疑与批判精神的诠释学考察（尽管二者不能轻易地化为同一）[①]（参看 Vattimo, 2006: 152-153; Nehamas, 1985: 32-33; Horstmann, 2002: xx-xxiii）。

就在这样的认识论基础上，尼采呼吁，我们必须允许哲学家有着他自己的判断与品味[②]（Nietzsche, 2002: 40, §43）。准此，在这个时代里，人们需要的是一种他称呼为“未来的新哲学家”这样的崭新品种。这样的哲学家乃是不断尝试（those who attempt）且独立特行的高贵（noble）人[③]，甚至可以称呼

① 根据本身具诠释学立场之瓦蒂莫的意见，尼采关心的不是宇宙人生观（*Weltanschauung*）本身，而是以批判的态度来审视整个（欧洲人之）宇宙人生观的内涵（亦即予以问题化），其中，虚无主义是核心的问题，至于其存有论的基本立场（如主张“只有诠释而无事实或文本本身”与“经验着的即创构着的”等）则深具着诠释学的色彩，瓦蒂莫称之为存有论的诠释学（ontological hermeneutics）（Vattimo, 2006: 特别是第 2—5 章；同时参看 Nietzsche, 1997: 166, §119）。

② 内哈玛斯认为，这样的观点论容易导致人们陷入“有着特殊生活形式的特殊人们，为了特殊的理由”而提出特殊的说法（Nehamas, 1985: 73）。平心而论，这样的评语原则上是没错的，但是，关键在于观点论的意义并不在于它所展现之个人风格的特殊性本身，而是如韦伯的理念型（ideal type）所意图说明的，乃在于激发它所意涵之文化意义（cultural significance），以便对理解当下的社会与人们的行为，足以产生更具激励的启发作用和赋予人们更丰富的想象空间。相关论述将在下文之正文中讨论。

③ 在尼采的心目中，一旦一个社会体保留的最好特质成为大家分享的惯性且毋庸讨论的原则后，此一强者的部分会倾向于极力保护既有的型模，逐渐面临衰败的命运，此时，就必须仰赖较弱者来进行另一阶段之高贵化的演化功夫（Nietzsche, 1999a: 107, §224）。所以，革新的力量来自“较弱者”，而这正是尼采期待新哲学家扮演的角色。

他们为诱引（temptation）的人，但是他们绝非独断的教条主义者，而是具有着自由精神[①]，也必然与一般人与事保有着创造并追求着具距离差异的能力（同时参看Nietzsche, 1968: 509, §972; 511-512, §976），其终极典型即是具备着自我克服与反省能力的孤独超克人（Nietzsche, 2002: 39, §42; 40, §43, 44; 151-152, §257; 163-164, §268）。

无疑的，这样以人的自主能动性为基轴、开展未来格局为导向所彰显出来的人的图像，是企图以实践行动[②]证成人（尤其个体人）之存在价值的主体一元观（假若还允许我们使用"主体"此一概念的话），作为塑造一切知识的根本，而绝非笛卡尔所主张之主客二元互斥并立且永恒对彰的认知模式可以涵盖。因此，尼采的观点主义具有着三个层次的意涵：第一层是单纯的方法论，即它可以被看成是一种逼近"实在"的研究策略；第二层是认识论的，即：它暗示着，长期以来笛卡尔所主张主客二元并立而永恒对彰的认知模式只不过是一种历史残留的特殊定见（prejudice）而已，并非有着实在内涵的本质；第三层则是涉及知识的存有论，它意味着，人们（特别哲

① 尼采一再地强调，在此所说的自由精神绝非英美自由主义所说那种表现在民主政治体制下之狭义、局限、串联成型且严重被社会化的自由意志或自由精神，而是在千夫所指的情况下仍能保持特立独行风格者所展现的个人孤独特质的漂泊者（Nietzsche, 2002: 40-42, §44）。雅斯贝尔斯即认为，追求自由精神可以说是整个尼采之思想演绎过程中保持不变的东西（Jaspers, 2001: 54）。

② 尼采即这么说道："行动，既是最先发生的也是终极重要的！这也就是说，做，做，做！有关'信仰'就会尾随而来——这是千真万确的！"（Nietzsche, 2007c: 62, §22）

学家，或谓超克人）用来经营个人存在精神与促进整体人类文明精进的必要手段，乃至于是理解“实在”本身的，总是带有着具“应然”质性之启蒙导引（或使用尼采的用语，即是诱引）作用的社会实践意涵。

尤有进之的，这样以谱系学的立场来重新考察（与建构）哲学，有着更深一层的特殊意义。这层意义是：尽管，当尼采强调物质（而非精神）、以人自身取代上帝的位置、以欲望凌驾法则等等，或许仍然为自己设定了一套形上学的设想，但是，他并没有坚持必须以特定的形上概念（如柏拉图的理念、基督教的上帝或黑格尔的绝对精神）当成哲学人类学上的存有源起状态，以确保认知的正当性。易言之，尼采否认任何表象（appearance）背后存有着具本质性的实在，表象的“名”只是一种具估计或概率性的建构创造而已（Nietzsche, 1974: 116, §54; 121–123, §57–59; 2007d: 54–64）。尼采所以有如是的想法，乃因为他明白任何概念的意涵（significance）与概念的源起并不是同一回事，意涵总是与时俱变，不断有着“错误”，以至于必须一再地被转型建构，也被选择着。如此缺乏预设以特定绝对的存有源起状态作为哲学人类学形上设想的基础，可以说是有着反基础论（anti-fundamentalism）的色彩（Nietzsche, 2007d: 62–64）。

对尼采来说，在意涵不断转化建构的过程中，人们需要更为活鲜、生动、深刻且贴切的表现形式，这即是前面提及之快乐科学的基本神韵：人们应当以狂欢喧哗的快乐方式来审视和批判现状，揭露一切真理背后所隐藏的谎言而有所突破，以便有机会迎接更加健康的希望。借用他在《快乐的科学》一书中的序言里提出的概念来说，这即是一种康复的沉醉（the *intoxication* of convalescence），让人们必须继续做着“知道是在做梦”的梦（we must continue to dream knowing that we dream）（Nietzsche, 1974: 32, 116）。于是乎，在人的世界里，隐藏在任何事物的概念背后，并没有（也不需要）一套固定的终极意涵[①]。毋宁的，人们有的只是让意符（signifier）不断飘荡、易动而游戏着，真实世界总是变成为一团迷思，但却显得生机盎然。

行文至此，我们似乎可以得到这么一个见解：无论就存有论、认识论或方法论的角度来看，尼采之所以值得被重视，在于他的批判有着具深层历史意涵的启发洞见，替西方哲学另辟出一条崭新的蹊径。当然，诚如前面论述中一再指出的，尼采的哲学（特别是其批判）是针对着西方既有的主流哲学传统而来，特别指向他所处那个时代的欧洲（特别德国）场景，即使其所勾勒出来那极具实验性质的“未来”，亦是以他所面对的当时“现状”对照出来的。在这样的背景下，尼采的哲学特别显得耀目的，无疑地是指向哲学本身所具有的社会行动意义，即：哲学是一种极具启发与激励作用的道具，可以用来对人类本身与其处境进行极富历史－文化意涵的批判性诠释与解

① 准此立论，诸如德勒兹（Deleuze, 2006）、丹托（Arthur C. Danto, 1965）、内哈玛斯（Nehamas, 1985）与哈尔（Michel Haar, 1985）等人所担心有关逻辑在尼采论述中的地位，以及要求具固定意涵的语言使用等问题，可以是“不成问题”了。

读，为“未来”树立典范[①]（参看Nietzsche, 2007b: 76, 80–81;

① 譬如，尼采为其著《善恶的彼岸》下的副标题即是“未来哲学序曲”（Nietzsche, 2002）。借用施特劳斯的说法，尼采这样的哲学“并非真的是去准备一种未来的哲学，一种真正的哲学，而是通过将心灵从‘哲学家的偏见’当中，亦即从过去（和现在）的哲学家的偏见当中解放出来，为一种新的哲学做准备”（Strauss, 2002: 28）。我个人认为，具有着这样风格的哲学不是以另一依旧是具刚性之具形（如上帝、绝对精神）预设来取代既有的，毋宁是以传统所认定的女性风格（即无定性的阴柔）来进行颠覆的任务（即把女性的特定历史－文化特质当成隐喻看待）（参看 Nietzsche, 1974: 123–130, §60–75; 2007a: 39–43; 2007d: 32, §16; 35, §27）。诚如在前面已提到的，有别于传统以系统的论理方式来进行哲学表述，尼采经常使用文学的隐喻手法、并运用片语、寓言、警句等来表达思想，这样的表述特点在于读者是否能够充分掌握并体味作者的意涵，尤其是开启更深刻的启发意义。因此，掌握作者的生平、写作风格、时代背景等文化－历史条件，对于理解作者使用这样“无定性的阴柔”风格的文字背后意图表达的思想真谛，是至为重要的。德里达特别以尼采对女性特质（当然是特别指涉着具某种典范特质的女性，譬如，至少不是老女仆、上流社会的女子、小女人等）的论述对尼采的哲学论述风格予以“去构作化”（reconstructing），可谓是相当有见地的（尽管他的整个论述过于向弗洛伊德的理论倾斜）。他特别指出，此种“无定性的阴柔”女性风格的最典型特质是创造距离，而正是有了距离，产生了面纱般之朦胧阴晦的剪影，留下甚多足供人们想象的空白，正是这些空白产生了极具艺术特征的诱惑作用（特别参看 Nietzsche, 1974: 130, §75）。因此，在德里达的眼中，尼采的论述风格是难以定型的（Derrida, 1979; 同时参看 Danto, 1965）。事实上，尼采本人也承认自己的写作风格是多元，而且几乎是史无前例的（Nietzsche, 2007a: 40–41, III, §4）。对此，考夫曼则认为，尼采只不过是在诸多可能的表现方式中尝试一种最适合自己的风格而已（Kaufmann, 1974: 85）。然而，内哈玛斯不同意这样的见解，他认为，尼采这样的多元风格乃与他的观点主义立场相互呼应着，也与他不信任传统哲学的思维和表现模式有关（Nehamas, 1985: 20–21）。在此，不管表现风格是如何，尼采哲学的锤子作用即在于企图从此一阴柔距离感中发挥“没有真正的‘真理’是唯一的真理”的基本论调，其意义乃是形塑一个良质的论述典范［或谓拟像（simulacrum）］，以发挥酒神赞美诗般的柔性引诱作用，而这样的引诱犹如船首尖端划过水面掀起了一阵波澜痕迹一般（参看 Derrida, 1979: 39, 139）。在此，特别值得一提的是，在这样具阴柔特性的女性之中，并不存在着弗洛伊德在男性身上所强调的阉割焦虑。这也就是说，尼采这样的哲学思维并非如传统哲学一般，奉有着单一定型且独断的存有论

2007d: 191–192）。参照今天人类文明发展的趋势，即使施及于21世纪的后现代场景，尼采的“未来哲学”论述依旧针针见血，恰中了长期来绑架整个西方文明的问题核心，确实具有着他所自称之锤子哲学（philosophy of hammer）[①]的振聋发聩作用。

扼要地说，在尼采的心目中，不管称之为“未来哲学家”或“锤子哲学家”，哲学家（按：他所创造的查拉图斯特拉[②]即是这样的哲学家）的任务是具弥补性质的，乃站在高山的巅峰上为未来的人类（特别欧洲人）提供（但绝非“决定”，

预设，所以，基本上，并没有那种男性特有的刚性真理宣称。准此，既非男性，也非男性化，自然也就没有衍生阉割焦虑的可能和必要了（假如弗洛伊德的理论仍是可信的话）。特别是，当怀孕时，女人谈的是将来临的孩子，说来，这正是尼采的锤子哲学所具之未来期待与鞭策性格意图传达的重要讯息。当然，假如历史涉及的是人所患错误的发展与演变的话，那么，女性的历史也是一直在演变之中的（参看 Nietzsche, 2007b: 第二篇；2007d: 62–64; 同时参看 Derrida, 1979: 95–97）。准此立场来看，现代的女性主义者多有的，其实只是企图把自己当成男性看待，并寻找所以被阉割的历史－文化源头。她们要的其实只是当一个被阉割之男性化的女人，如此一来，作为女性本身的风格，其实可谓尽失了（参看 Derrida, 1979: 59, 65）。

① 这是其著《偶像的黄昏》一书的副标题（Nietzsche, 2005, 2007d）。假如借用迈尔森（George Myerson）的说法，特别指涉到后期的作品——《查拉图斯特拉如是说》，尼采的哲学则堪称是一种治疗哲学（therapeutic philosophy）（Myerson, 2008: 113）。

② 尼采所以借用来自伊朗拜火教（或谓景教）教主查拉图斯特拉（亦称 Zoroaster）来当故事的主角至少有着两层交错着的意义：一、借着查拉图斯特拉这样一个异教徒的教主来对比他所诟病的基督上帝；二、他似乎有意以查拉图斯特拉充满着自尊、宽宏、独立、热情、使命感等的特殊人格来比附尼采一向所心仪之诸多苏格拉底前的古希腊哲者［诸如赫拉克利特、安那克萨哥拉（Anaxagoras）、恩培多克勒（Empedocles），乃至古罗马诗人哲学家卢克莱修（Titus Lucretius Carus）］的风格（Nietzsche, 1994b, c; 2006; 2007a: 65–76; 同时参看 Allison, 2001: 117）。

甚至也非“指导”）文明的出路和精神粮食（参看Nietzsche, 2002: 97-99, §207）。这也就是说，哲学的动力最可贵的，乃在于是否能够为生命提供鉴赏与礼赞的契机，而非作为圣经来宣示绝对真理。循着这样的思路，借用内哈玛斯的说法，尼采基本上乃企图把生命当成文学作品来经营，以成就为一件艺术品（Nehamas, 1985）。因此，说他是一位具诗性的神秘主义者（the poetic mystic），并不为过的（Stambaugh, 1991）。总之，尼采希望告诉我们的，不是具科学客观性之攸关“人是什么”的经验实然性的答案，而是具艺术雕琢性质之“人可以被期待是什么”的创造可能性且得以用来证成有关人之存在的基本价值条件。因此，他的哲学是一种架出人存在之至高理想模式的实践理论。

借用尼采自己的说法，对照着他所身处那个时代的主流思想（包含哲学、道德与宗教）来说，他的思想确实是不合时宜的（参看Nietzsche, 2007a）。然而，吊诡的是，假若我们对自身所处的时代（特别是思想）进行反思（包含进行自我克服的修养贞定功夫）的话，一个原本被认定合时宜的主流思想却极可能反倒是不合时宜的。相对的，尼采思想的合时宜性则彰显出来，并且一再地被证成着（参看Löwith, 2006: 257）。诚如洛维特所做的诠释，对于尼采来说，“合时宜的也就是最后的和最近的时代”（Löwith, 2006: 258）。无疑的，这样的论证进一步地证成了前面提到之尼采哲学的特质——一种具实验形式的未来哲学，这样的“新”哲学家可以说是一种诱发者（attemper）（同时参看Löwith, 1997: 11, 12）。更具体地说，尼采的思想所以说是“合时宜的”，乃因它成为足以为今天的后现代场景诱发出一种具预言性的启发作用[①]。

第四节　生成（becoming）的虚空缘成

对尼采的感知模式有着如前述的了解之后，我们可以进一步地来考察他对人存在的基本存有论立场。不过，在这之前，先来讨论一下尼采对虚无主义的看法，或许是有必要的。

对尼采而言，欧洲虚无主义的浮现基本上是一种历史的产物，它的根源不是来自社会性的困顿或生理性的衰败，而是一元化的基督教道德。然而，怀疑主义的诞生[②]让人们有机会开始对道德有所怀疑，结果，它既为人们带来了意义的丧失现象，更是普遍地在各个领域（包含科学、政治、经济、艺术、历史观等）孕生出虚无主义（浪漫主义是其典型的历史形式）（Nietzsche, 1968: 7, §1），而这一切正是人们需要努力予以克服的。

当我们说“虚无主义是有关诸多存有之真理的历史予以如是定义的称呼”时，我们意指的是，对过去既有的至高无上价值予以贬抑，以致贬抑了自身是最高的价值，没有目标，也无法替“为什么”找到答案。尼采即这么说着：“虚无者乃是

---

① 这样的“预言”正是本文底下所将讨论的内容。

② 笛卡尔的“我思故我在”主张无疑的是一个具历史性的关键，它启迪了人本身作为认知主体、且具理性判断能力的信念，怀疑成为获致真理的必要前置心理条件。

一个以不应是如是且应是未存在之世界的方式[①]来判断世界”（Nietzsche, 1968: 318, §585A）。因此，极端的虚无主义乃是难

---

① 譬如，以诸如上帝、特定道德德目（或甚至科学理性与逻辑）等具先验性的理念来作为架设论述的基础，而这恰恰是尼采毕生强烈批评的对象。诚如上面正文中提到的，自从《悲剧的诞生》一书问世以降，尼采在许多的著作中即不遗余力地以嘲讽（ironic）方式来解构基督教思想、苏格拉底哲学、柏拉图主义，乃至科学理性主义。在尼采的眼中，人是具有坚定意志的温和动物，且从底处来说，人有的是愉悦的灵魂，他自行选择价值，是自由且无惧地和他人、习俗、法律以及对事物之传统评价等应付自如地周旋着。显然的，尼采追求的是一种肯定人为本位且具解放意涵的思考模式，知识的后效基本上是取决于人的气质（Nietzsche, 1999a: 30, §34）。尤有进之的，尼采使用嘲讽手法的基本意涵，并非在确立“实在”真实性的前提下，完全瓦解了嘲讽之对象的实际存在（尽管或许有此效果，也有此意图），而是通过嘲讽手法来悬搁该对象之文化－历史象征意义，以便以颠覆的手法开显出另类的可能感知视野来彰显时代氛围。譬如，当尼采宣布上帝已死（或谓反基督）时，保守地说，其重点并不是，在确立上帝具实在之真实性的前提下，宣判祂是不真实，而是说，审诸时代的文化－历史氛围，上帝作为一种象征符号，可以予以悬搁不论，甚至撤销，而这么做是具有着重大的社会意义的。又，当他审视道德（无论是善或恶）时，他是一直质疑着“非自私的”（unegoistic）行为（如为国牺牲、母亲为了小孩牺牲睡眠或饮食等）的道德性，因为从心理学的角度来看，这些道德行为只是对某些心理状态（如希望、冲动或欲望）的倾向（inclination）而已。因而，在道德范畴中，人并不以具有稳固的本质来确立自己，他从来就不是“不可分离个体”（*individuum*）（按：具不能被分割的本质，一旦被分割了，其核心本质立即被破坏掉），而只是“可分离个体”（*dividuum*）（按：只是组合成的，并不具不可分割的本质，本身缺乏具完整个体性）［按：此二词汇乃经院哲学（Scholar philosophy）的用语］（Nietzsche, 1999a: 42, §57）。然而，在以习俗为本的社会化长期以单向且具惯性的方式予以制约的一般情形下，人们却总是以近乎本能的方式自愿而愉悦地接受道德的教诲，进而形成了德性（virtue）（Nietzsche, 1999a: 53, §99）。就在这样的认知背景底下，无怪乎，尼采总是以带着负面意思与（或）弱者立场的心理状态（如怨愤、忍受痛苦、悲伤、压抑、不快以及同情、怜悯、羞耻、罪恶、救赎等）来形容（特别是源自基督教教义的）德性，并且主张只有超越着善与恶的道德意涵来重估一切价值（包含道德本身），人的自主能动性才可能充分体现出来（参看 Nietzsche, 1974, 1994a, 1999a, 2002）。

以承认、支持或坚信存在着至高价值的，同时，了解到我们缺乏安置具神性或永恒道德作为事物之自在本身的权利，即使是最低的权利[①]（Nietzsche, 1968: 9, §2, 3）。在这样之前提的导引下，虚无主义有着三重意涵：一、不承认有绝对不二的真理（价值）；二、重建、安顿另一新价值是必要，也是可能的；三、肯确有着具混沌特质（也因此不断生成[②]）的整体（totality），需要不断的解放[③]。因此，把虚无主义推到极致的边缘时，人的世界里也就没有永恒一致的真理，理论上，所有的一切均被允许的。

---

① 尼采认为，悲观主义（pessimism）是虚无主义的前置形式（preliminary form）（Nietzsche, 1968: 11, §9）。回顾欧洲的哲学发展，尼采发现，作为一种心理状态，虚无主义有三种形式：

（一）为所有事件追求意义，但却不在，以至于人们感到受挫、失望、浪费精力等。

（二）当人们安置一个整体性或系统性，或谓对所有事件予以组织、也是在于所有事件的底下、或人们追求钦赞时，发现一切坠入某种宰制与管控的至高（单一）形式之中。

（三）生成没有目的，在所有生成的底下，没有巨大的单一体让人们可以寻获一个至高价值，结果只有逃避，视生成为一种欺骗，并在真实世界之外发明一个世界（如神祇）（Nietzsche, 1968: 12-13, §12A）。

不管如何，结果总是只有一个，即产生了一种无价值感。尼采进而认为，对指涉纯粹虚构世界的理性范畴有着信仰，是导致虚无主义产生的原因（Nietzsche, 1968: 13, §12B），换个角度来说，即不管高级类属（如浪漫主义者、艺术家或哲学家）或低级类属（如大众、群盲或社会），人对自身缺乏信心与信仰，乃虚无主义所以产生的背景（Nietzsche, 1968: 19, §27）。

② 在德国哲学传统中，生成的概念至少可以推至康德与莱布尼茨（参看 Danto, 1965: 第 8 章）。

③ 罗森对此一混沌特质提出一种极具省思性的说法。他认为，作为世界的世界本身就是一种幻觉，因此，世界不是对客观混沌的主观解释，而是混沌所产生的解释（Rosen, 2003: 165; 同时参看 Nietzsche, 1974: 254, §322）。

按照这个意思，对尼采而言，虚无主义作为一种心理状态，它不单只是反映西方哲学思想（因而历史）的基本形上学（或谓哲学人类学的存有预设）风貌，更可以被视为是人作为具历史性之存有体的存在本质样态[①]，尼采即以积极的虚无主义来称呼。对此，海德格尔评论道：一个激进而积极的虚无主义者，基本上乃是把先前的价值连同其所具有的“空间”［即前感觉的（suprasensuous）］[②]一起赶出去，并对于优先可能性[③]赋予新的价值（Heidegger, 1987: 207）。基本上，此一激进而积极的虚无主义，即是展现人精神（与至为丰富之生命）所具之权能的极致理想形式，有扮演着前面提到之产生振奋作用的锤子哲学角色。尼采称呼这种具有重敲生命脉动之坚固锤子作用的虚无主义为狂喜神出虚无主义（ecstatic nihilism），乃是哲学家不可或缺的基本思维方式[④]（Nietzsche, 1968: 544, §1055）。酒神狄奥尼索斯的激情[⑤]即是催动这种试炼着坚硬铁

① 使用尼采的术语来说，即权能意志的展现，亦即：就西方文明发展的谱系学来看，虚无主义是贯彻权能意志的一种历史形式。

② 如上帝、理性等先验理念。

③ 乃意指尼采对一切事物（与现象）的产生看成只是一种生成过程，因此，在特定时空条件制约下，有的只是诸多的可能性，而其中有些是居优势，并无单一绝对的决定者。

④ 尼采文集普兹版编者指出，尼采眼中偏差的虚无主义乃否定而非承认与肯定虚无，或者如基督教与道德观念一般，赋予虚无以安慰和希望（Nietzsche, 2007d:10）。根据瓦蒂莫的意见，积极与消极（即尼采所诟病的）虚无主义其实无法明显地加以区分，因为前者顶多只是把绝一存有（Being）予以弱化而已。准此，尼采极力区分二者的努力似乎是没成功的（Vattimo, 2006: 140）。

⑤ 考夫曼认为，除了尼采早期作品《悲剧的诞生》之外，当他提及酒神狄奥尼索斯时，并不是针对着代表理性的太阳神阿波罗，而是冲着浪漫主义与基督教思想（如怨愤的心理）而来的（Nietzsche, 1974: 331, 注 126；同时参看 Nietzsche, 2002: 175-177, §295）。我个人认为，这样评述相当具有启发性，也甚为中肯。

锤精神之具原始本能性的动力，让人们把一块新的标示牌挂起来，上面写着“变强硬吧！”（Nietzsche, 2007b: 76; 2009: 354, §29）。因此，这样的绝一存有不是以一种稳当固定且永恒不变之结构化的样态坚实地呈现出来（如上帝或绝对理性），而是以气体的状态弥漫在个别事件之中，乃至是以不在场之弱者的姿态隐藏在人们的记忆当中，只是静静地掀起着记忆的盛会（memorial banquets）（参看 Vattimo, 2006: 189）。

显然的，气体化的绝一存有意涵着，世界乃是具有混沌特质的整体，需要不断解放和生成。人的行为包含着一长串复杂的事件，既无起点，也没有终点，而且，短暂的过程与较长久的过程并非分离开的（Nietzsche, 1968: 355, §672; 同时参看 Jaspers, 2001: 135）。因此，存有生命并非被某种预设的信念或状态（如基督教的原罪或社会学家相信的“结构命定”）完全命定着。毋宁的，这样的说法透露着尼采的基本立场：（一）以人为本位的思考模式；（二）重视人的激情感动面向；（三）视人的生命历程是一个不断开展的生成过程。同时，这也连带地证成了尼采的心理学主义立场，使得他明显地是跟随着叔本华的脚步走着。这意思是说，尼采强调人的意志作为彰显人之自主能动性的基础，并肯确唯有充分展现人的（权能）意志，才有让人们感觉到快乐的可能（Nietzsche, 2002: 18–20, §19; 23, §23）。

于是，在尼采的心目中，人的存有状态是由一连串的心理事件串联起来，而且，人有着潜能对其自身不断地追求超克（overcome），也因此对既有的至高价值一再地予以重估，其中自然可能有着不断的破坏，而且经常以嘲讽的（ironic）方式进行着（Nietzsche, 1968: 14, §14; 同时参看Nietzsche, 1999a: 19-20, §16）。准此，虚无主义（或谓“虚无”更为恰当）无疑的是一种正常状态，有着暧昧的双重性（Nietzsche, 1968: 17, §22, 23）。不过，不管如何，它绝不是冥思着虚空自身，更非只是信仰所有事物终将腐灭，而是把一切（包含生命）看成是一个不断转化（以至精进）的生成过程，虚空只不过是哲学人类学之存有源起预设的一种本质状态而已。因而，以虚空架出生成的虚无主义（假若它还可以说是一种虚无主义的话[①]）不是单纯思维、认知或判断上的化约问题，其更为根本的毋宁是以虚空作为哲学人类学存有本质预设的一种生命实践行动[②]。易言之，以虚空架出不断的生成，乃意味着人的生命

① 难怪海德格尔会认为，尼采之极端虚无主义形上学本身，其实已经不再是虚无主义了（Heidegger, 1982: 202）。

② 套用瓦蒂莫的说法，尼采所架出的哲学不是确立的特定宇宙人生观（*Weltanschauung*）本身，而是把它予以问题化（Vattimo, 2006: 25）。准此，历史乃是由不断的创新砌成之一种具永恒轮回特质的生成状态，它并没有特定的发展方向（如现代性所意图指向的线性进步观）。这让时间只是通过人在“此地”之当下此刻的决定而构成，因而，在这样一个以“没有历史”作为历史质性的生成世界里，人本身的决定即是一种绝对，需要的是负责任（Vattimo, 2006: 35-37）。依我个人的意见，假若这衍生出的就是超克人的概念的话，那么，重要的并不是责任，而是修养贞定，因为，相对于责任概念具有之社会互动的外塑伦理性，修养贞定具有着主动而积极的主体内塑能动意涵，更能捕捉到自我克服的基本内涵。在此，有另一个相关的评述，或许值得特别一提。这个评述是：雅斯贝尔斯在评论尼采的心理学时即以相当具体的口吻指出，在尼采的眼中，人是一种尚未定型的动物，有着无限可能的生成变化样态。因而，当尼采对“人”予以关切的时候，其重点乃被安置在人与自身之间的关系上面，即“人在观察自身、评价自身、错误判断自身、塑造自身；其次是人的本能发挥作用极其转变的方式”（Jaspers, 2001: 139; 同时参看 138-144）。这样的评

处境不是有着被充分结构化的恒定和稳当，毋宁的，人们一直需要以相当清醒自觉的努力来挑战可能面临的种种（结构化）挫折。自我的不断超克现状与追求精进，乃是人的存有需要成就的价值。

撇开偏好人的认知面向不论，套用海德格尔的说法，自我不断超克现状与追求精进涉及的，即是有关本真（authenticity）与非本真（inauthenticity）并存的课题[①]（Heidegger, 1982: 220–222）。基本上，此二者彼此之间总是相互涵摄地搓揉摩荡着，以至于这样的行动需要强韧的精神与

论乃意味着，人需要的是自我创造，自我提升，而非对绝对道德信条的无限屈服。难怪，雅斯贝尔斯会认为，尼采在对人进行剖析时，采取的是一种鞭策性的描绘手法（Jaspers, 2001: 172–180）。

① 海德格尔另一组与此相呼应的概念是：隐藏（concealment）相对着披露（unconcealment）。海德格尔一直即以存有的形上学立场来诠释尼采的虚无主义，这应当是可以接受的，他持有着西方理性哲学传统强调认知面向的思想（thinking）来解读，以至于才会从具认知意涵的本真性概念切入，而且以存有的缺席（default）与否作为论述虚无一概念的分离点（Heidegger, 1982: 199–250）。但是，假若尼采的虚无思想有着形上学立场的话，它涉及的基本上是承受着浓厚感情成分的价值（和权能意志）。一旦我们不只把此感性的形上基础完全地予以悬搁，而且是（诚如海德格尔所做的）被当成是赋予了理性化之认知色彩的思想的时候，认为“虚无主义的本质是给予思想一个谜（enigma）”的说法自然就说得过去了。因此，这也就难怪海德格尔会认为，“赋予思想以被思想的”（what is given to thinking as to be thought）是一种谜样的东西（Heidegger, 1982: 228, 233）。依我个人的观点，把尼采嫁接在价值（尤其权能意志）概念上面的存有虚无主张予以“思想化”，一旦操之极端，无疑地会让（尤其理性的）认知作为嫁接概念过度膨胀，以至于无法把尼采的主张［如存有具有的游戏（play）成分］中最具魅力与最有启发性的内涵充分地发挥出来，尽管海德格尔显然已经注意到尼采思想中的这个面向（即以欲望、激情与需求来表达）了（Heidegger, 1982: 235–250; 同时参看 Heidegger, 1982: 85, 244; Krell, 1982: 259）。

意志[①]（而非逻辑）作为后盾（以俾不断地挑战并安顿着价值）（Nietzsche, 1968: 18, §24）。再次借用海德格尔的说法，这乃涉及以欲望与感情表诸于身体为本的权能意志所具之绝对主体性的形上课题（a metaphysics of the absolute subjectivity of will to power）（Heidegger, 1982: 147）。因此，对尼采而言，人之能动性的充分展现是证成存在的基本条件[②]。简扼地来说，这乃意味着人们需要有着充分的激情，才足以支撑得起强硕无比的权能意志来激发人的主体能动能量，以便让自主性充分展现出来——即超克人的实现。

在尼采的脑子里头，尽管以虚空架出不断的生成自然是一个持续流变的过程，但是，在万变之中还是有着一个永恒不变的基素存在着。只是，这个不变的基素并非一成不动地矗立着，而是以一直流动着的形式轮回地浮现。在尼采的思想体系

---

① 换个角度来说，即肯定超乎人作为主体之外去观察和认识某物是绝对不可能的。存在必须是建立在人的主体感知基础上，其意义才可能彰显出来（Nietzsche, 2006: 69）。

② 对尼采而言，人的意志行动，不管道德上是善或恶，均是颓退的，因此，虚无主义（特指架出上帝与道德德目者）不是颓退的原因，而是其逻辑结果（Nietzsche, 1968: 27, §43）。这也就是说，颓退乃因人们缺乏主体反思的能动能量使然的，譬如，迷信宗教与进步观念、丧失了抗拒刺激的能力等，即是展现人颓退的样态（Nietzswche, 1968: 27, §44）。于是乎，尼采诉病当代（当然是他的那个时代）精神缺乏锻炼，披挂的是各种的道德姿态，如强调容忍（实则是无能力说是或否）、大量度的同情（实则是三分之一的无差异、三分之一的好奇与三分之一的病态暴躁）、客观（实则缺乏个性与意志，也无能施爱）、意图科学的（实则只是犹如贩卖宗教书籍的小说）、激情意味着失序与无节制、或深度乃是混淆不清、象征之极其丰富的混沌。同时，当代也充斥着许多大字汇，如革命、废除奴隶、平权、爱好和平、博爱、正义、真理等，尼采认为都只是战争时的旗帜而已（Nietzsche, 1968: 50, §79, 80）。

里，这成为一个极为关键的重要概念，尼采称呼为相同的永恒轮回，而这正是下一节所要讨论的课题。

第五节　永恒轮回[①]的双重意涵
——正负情愫交融的存在条件

永恒轮回的概念表现了尼采的基本形上学立场（Heidegger, 1984: 5），与权能意志和超克人二概念一起构成为铁三角，足以勾勒出尼采的基本哲学观[②]。基本上，永恒轮回涉及人之存有且是绝一存有的根本，而且，必须紧扣着生成的

① 于 1882 年出版的《快乐的科学》一书中，尼采首先以“战争与和平的永恒轮回”此一词汇点出了这个概念（Nietzsche, 1974: 230, §285）。

② 据安塞尔－皮尔逊的意见，永恒回归的思想和实验乃把尼采的主要学说统一在一起（Ansell-Pearson, 2005: 186），许多论述尼采思想的学者都绕过这个概念来进行（Jaspers, 2001: 375）。不过，瓦拉迪耶（Paul Valadier）则指出，尼采从未正式且明确地把此一概念说清楚，只是以趋近恐怖或入迷的方式予以宣称（Valadier, 1985: 257）。尽管情形或许是如此，对尼采本人而言，“永恒轮回”一概念本身并非单纯的隐喻性表现，而被视为有着科学性的根据（Nietzsche, 1968, 548–549, §1066）。当然，情形是否真的如此，则另当别论了。对此，艾里逊曾经提出评论：一、无论就理论或可经验观察的面向来看，尼采都似乎不可能提出充分的证明；二、尼采此一概念的提出为的是当成化解传统有关灵魂不朽之形上学论点的解毒剂。他所针对的是过去人类文明（特别欧洲基督教传统）中对“灵魂”一概念所提出的诸如永恒救赎、惩罚、报酬、或复原等之循环说法的否定。对尼采，毋宁的，“永恒轮回”是一种涉及能量的自然现象，而非超验的神祇法则。艾里逊认为，即使尼采宣告了“上帝已死”，他对“永恒轮回”的整个论述还是无法完全摆脱形上与道德的问题，并且对之有所回应和化解（Allison, 2001: 124–128）。安塞尔－皮尔逊则回避了“永恒轮回”是否具科学性的问题，而认为它的意义在于其所彰显的教育启发意义（Ansell-Pearson, 2005: 187; 同时参看 Nietzsche, 1974: 273–274, §341）。这些评论将在本节正文的讨论中直接或间接地论及。

概念，才可能恰适地理解。

作为一种存在状态，永恒轮回并不预设任何特定目的，乃以非动机的方式让人们所经历的当下此刻得以推动转进，因此，乃超乎人之意志所决定的。对此，巴塔耶的描绘相当传神，他形容轮回是一种戏剧的模态，人类整体性的面具，也是人类的荒漠。于其中，每个当下此刻之非动机性的转进，总是使得行动本身并无法让人类的整体性有所超越，因为人的行动一直预设有特定目的，乃被困陷在特定的理性范畴之中，不可能有着具全面性之丰沛情感的流动（Bataille, 1992: xxxiii）。于是乎，对无法完全扬弃理性来安顿自身之存在的个体人来说，永恒轮回是一种命运，人不能改变其本质的。

对尼采而言，在这样的前提下，尽管生命当下总是被掩盖着，且外表看来有着平静的属性，但是，它却隐藏着一个基本因子不断地给予自身新生与一再的消费，且总是让人们并非毫无惊恐地怀疑着生命是隐藏在每样事物之中[①]（参看 Nietzsche, 1968: 549, §1066）。换句话说，整个世界呈现的是一种一再循环的运动，无限重复着，而且人们总是怀着战战兢兢的心情面对。尤其，既然本质混沌的世界整体需要的是永

---

① 张伯伦（Lesley Chamberlain）认为，尼采此一观念与歌德在《浮士德》一书中提到之永恒的女性（*Ewig-Weibliche*）的救赎观念有关。永恒轮回“实际上是指尼采受制于复仇女王，陷入万劫不复之地。他曾经说过，伊丽莎白的（按：指尼采的妹妹）‘永劫回归’（按：即本文所说的永恒轮回），是他理论中唯一令他后悔的观点。他确实有巧思，有奇特的巧思”（Chamberlain, 2000: 202–203）。我个人认为，容或张伯伦企图以精神分析的角度来解析尼采对女性的态度甚有创意，但是，以此观点来总结尼采永恒轮回的概念所企图意涵的范畴，却显得有失偏狭。

恒不断地解放和生成，面对着永恒轮回的本然存有状态，人的生命自然也就并非事先被完全确定着，而是处于不断挣扎（精进者则是寻求超越）的努力状态之中。在这样的永恒轮回过程中，人们不断地摄取（ingest）其中涉及的种种元素行止，也持续地予以渗入（incorporate）[①]。这些行止包含着人们所知晓的、犯错误的、习惯的、成为生活方式的以及可能面临的任何事务（物），以至于构成新的（也是最沉重的）负担[②]（间接引自 Heidegger, 1984: 74；参看 Nietzsche, 1974: 273-274, §341）。于是，诚如安塞尔-皮尔逊所提示的，永恒轮回"是一种伦理原则，返回的并不是'同一者'，即不是人所意求的实际内容，而是意求的形式"（Ansell-Pearson, 2005: 206）。

洛维特企图以更加具体的说法来厘清永恒轮回的概念。他认为，尼采的永恒轮回概念有着双层的意涵：一是意志具伦理重力（ethical gravity）特质的强制作用，乃指涉可以使得人们从已变成为无目的之人的存在之中再度获得具目的性的存在状态。简单地讲，这意味着，被永恒化的意志所赋予的目标

① 尼采使用的德文是 *Einverleibung*，有着生理学的"摄取"与"渗入"的多重意思。根据海德格尔之《尼采》（第 2 卷）一书的英译者克雷尔的疏注，这个原具生理学意涵的字眼，在尼采较晚期的作品中，才逐渐添增了更多的社会与文化意涵（Krell, 1984: 146 注）。

② 借用佛家的概念来比拟，或许，它所欲表述的是有如：人们一直处于贪、嗔、痴的循环苦海里，他们所能做的，仅只是在"当下此刻"以种种的方式来应对。因此，处境是永恒轮回着，只是，体现的成果却可以因个人的修为不同而有所差异，而这样的修为精进功夫或许正是尼采通过摄取与渗入两个概念所欲阐明的。

本身乃永恒地轮回着，亦即，人们一再地以其应然期待的方式来经营着生命[①]，洛维特称此为人类学的程序（anthropological equation）（Löwith, 1997: 87）。另一指的则是，在充满着力道（forces）的世界里，无特定目的（goalless）之自我涵摄（self-contained）的存在所呈现具实证意义的自然–科学“事实”（natural-scientific “fact”）（譬如能量守恒原则），洛维特称为宇宙论的程式（cosmological equation）[②]（Löwith, 1997: 82–94）。

行文至此，读者们或许会感觉到洛维特的用语艰涩拗口，所做的诠释显得相当抽象，以至于难以让我们充分地理解。对此，至少针对着宇宙论的程式的说法，首先，让我们来看看瓦蒂莫的诠释。瓦蒂莫指出，尼采的永恒轮回概念所指涉最重要的，乃体现在人所赖以存在之生活（社会）条件的具体结构上面（Vattimo, 2006: 2），我们不妨称之为具情境–结构性的永恒轮回。最简单的例子即如人有生就有死，合与离必然是交替地出现着。甚至，小至在日常生活中，我们每个人都经历着诸如吃饭、睡觉、散步、洗脸、搭公车上班等相同行为不断循环发生着；或者，在自然界，季节是周期地循环着。同时，我们

① 在《快乐的科学》一书中，尼采即以“你是否再次更欲求着它，而且是无穷尽地一再欲求着”这样具假设形式且有着最大重量的期待口吻来呈现永恒轮回的概念（Nietzsche, 1974: 274, §341）。

② 艾里逊也提出类似的说法，后者称为“历史或甚至宇宙性的循环……”，指涉的是事件、个人对象，而前者则是诸多动态力量的永恒互动流变。只不过，艾里逊侧重前者（Allison, 2001: 121）。

也总是看得到，树叶枯掉了，却总又长出新的嫩叶来[①]。即使就日常生活世界里人们的心理状态而言，诸如喜悦／沮丧、快乐／痛苦等的感受也总是循环地呈现着。然而，雅斯贝尔斯对洛维特所宣称之尼采此一宇宙论程式的永恒轮回概念却有着不同但却是更细致的阐明。他指出，永恒轮回最具深刻意义的涵义，不是在于如昼夜不断循环等之内在于自然界的往复循环现象。它指涉的是存在的整体，乃意指着整个生成过程基本上缺乏着绝对法则，而是任何时刻的任何力量都会造就自己的最终结果。因此，我们所能掌握的只是当下此刻的“现在”，因为此一瞬间揭示着存在，是永恒的，轮回即是这种永恒的象征（Jaspers, 2001: 377–381）。

总之，对永恒轮回此二程式，洛维特提出进一步的阐明。他指出，前者的“无目的”所成就之“任何事物都是相同或相等”的存在样态乃与世界产生了异化现象，而后者的“无目的”性更是使得人与世界之间异化了。在这样被既成结构化力量所完全制约的情形下，人的存在将变得相当不稳定、不

① 尼采即说道：“万物离去，万物复归；存在之轮永恒运转。万物亡逝，万物复生，存在之年永远奔走”；“唉，人类永远轮回！小人也永远轮回”；“‘我现在就死，而且消逝’，你将会说，我瞬间会为一种虚无。灵魂、肉体一并死去。然而，我被缠绕在其中的因果纽带，又将轮回——它将再造我！我自属于永恒轮回的因果律。我复返，与这个太阳，这个大地，……一道回来……：——我永远回到这相似和同一个生活，无论是最伟大之处还是最渺小之处，我将重新教授万物永远轮回的教诲”（Nietzsche, 2009: 359, 363–364）。总之，依着瓦蒂莫此一永恒轮回之“情境－结构”双元性的说法，那么，尼采似乎预告了当代西方社会学理论中之“结构／行动（能动性）”的议题。前者来自生理与物理性特质所制约的结构性，可以借用吉登斯所说的资源（resource）来对比，而后者涉及的即是有关正当性的规则（rule）（Giddens, 1979: 第 3 章）。

可理解、也无以感受（Löwith, 1997: 83）。于是，在永恒轮回必然发生的世界里，为了避免双重的异化，人需要寻找，更需要确立生命的意义。为了因应这样的异化场景，尼采并不如马克思主义者所肯定的，以为可以通过制度性的结构变迁来消除或减低，而是主张“人应当以不断自我克服的努力来成就超克人的生命境界”。这样从人自身来谋求化解的出路，可以说一直就是尼采使用的策略，也是他对于人之存在的基本认识，具有着极为特殊的历史-文化意涵，这正是底下要讨论的重点。

针对洛维特有关永恒轮回的二元程式说，内哈玛斯有着不同的看法，他认为，洛维特的宇宙论说法并不符合尼采使用永恒轮回的真正用意，甚至，尼采会怀疑这样的宇宙论对他是无用的，因为他从来就没有企图予以证明，尽管尼采曾留有一些有关宇宙论之证明的草稿，其妹伊丽莎白（Elizabeth Förster-Nietzsche）也特别把它的一部分置于《权能意志》一书的最后部分（Nietzsche, 1968: 544–550, §1053–1067）。对此，内哈玛斯下了这样的结论：我们“很难确定这些草稿的目的是什么”，但可以提示的是，这些很难当成尼采的核心观点（Nehamas, 1985: 142–143; 同时参看 Strong, 1975: 261）。我个人觉得，这样的评论相当中肯，值得当成理解尼采之永恒轮回概念的基本立场。

换言之，内哈玛斯对洛维特以“宇宙论的程式”说法来定位尼采的永恒轮回概念，基本上是有所质疑和保留的，我们顶多只能保留人类学的程式这一部分。准此，永恒轮回所意涵的，最重要的毋宁是有关自我的观点，也同时证成了“缘便”的概念[①]（参看Nehamas, 1985: 150; Zuboff, 1973: 350–352）。于是，尼采所强调的不是永恒轮回一概念中涉及物自身[②]的面向，而是在独一无二的特殊处境中，人面对了种种的命运机遇可能性时他所可能努力以致的存在状态（尤其从意义的角度来剖解）。因此，永恒轮回所以显得特别具有意义的，不是其所展现的客观性，而是作为一种可以被感知（与体会）的身心状态。借用海德格尔的说法，这即意味着，永恒轮回并非终极事实，而是诸思想中的思想[③]（Heidegger, 1984: 156）。简单说，固然永恒轮回可以指涉宇宙展现的一种基本结构状态，但是，其更重要且显得有意义的是指向人的心志状态。使用尼采的说法，这即是权能意志不断地施放而表现在行止上的一种不断重

① 尽管，情形或许如内哈玛斯所指出的，就尼采的知识背景来看，永恒轮回的概念仍有着指涉宇宙论的意思（Nehamas, 1985: 150, 注 8）。再者，依我个人的意见，因为内哈玛斯没有掌握“缘便”的概念，一直停留在接受具实质性之“有”作为存在基础的想象当中，不免使得他对尼采之永恒轮回的讨论无法充分掌握其思想中所蕴涵之“虚空”的要义，以至于有了失焦之虞。然而，在底下将讨论到之有关克洛索夫斯基的论点，情形则不同了，他即相当明确地掌握了尼采思想中所蕴涵这样之“虚空”与“缘便”的特质（Klossowski, 1985, 1997）。

② 尼采即认为，“不存在什么善、美、崇高、恶的东西，而是有种心境，处在这些心境之中，我们便把上述的词汇加到我们身内身外的事物上”（Nietzsche, 2007c: 262）。

③ 相对地来说，权能意志的展现则不是一种单纯的思想，而是一种努力的终极事实（Heidegger, 1984: 156）。因此，只有人们体认到永恒轮回状态并作为信念来看待，而这个人又恰恰是最有权能意志的时候，它才可能成为成就超克人的棒锤（参看 Heidegger, 1984: 155, 163–165）。

复出现的样态[1]，它构成命运，无以回避，也无从选择，只能热爱着它，而这正是下文要特别强调的。

在这儿，或许附带地援引博尔赫斯对尼采此一概念的评论来回应，会有助于我们的理解。首先，博尔赫斯援引现代数学与物理的观念来批评甚至揶揄尼采之永恒轮回概念的有效性。显然的，他所指涉的是洛维特所说之宇宙论的程式这一部分。姑且不论博尔赫斯这样的批评是否有道理，重要的是，博尔赫斯随即把尼采此一概念的精髓点了出来。他是这么说的："尼采知道永恒手段是永远不断出现的寓言或恐惧或娱乐里才有的，而且他也知道语法人称里最有用的是第一人称。作为先知，他应该肯定地说是唯一有用的人称"（Borges, 2002: 524）。换句话说，倘若我们希望以具追求客观事实性的实证角度来检验尼采此一概念，是会失望的，事实上，也无此必要。但是，假若我们以隐喻手法来诠释人生世界（或许事实上也只能如此），尤其是涉及人的意志（使用尼采的术语即是权能意志）活动的话，永恒轮回的概念就有着一定的意义。特别摆在整个西方思想的发展脉络来看，意义则更加明显。

根据克洛索夫斯基（Pierre Klossowski）的解析，尼采原先把自我的认同落实在身体上面，认为生命是一个无可回复

---

① 譬如，尼采在《瞧，这个人》一书中，即提到他的母亲和妹妹乃是他人生不可避免且不断重复出现而影响他的人物（Nietzsche, 2007b: 10）。诚如在第 142 页注②中所指出的，根据克洛索夫斯基的分析，这与尼采一生体弱多病，对自己的身心健康状态有着强烈的病识感有关。对此，尼采在潜意识里始终以英年早逝的父亲为"典范"来与一直活着，但却以日益老化的母亲对照比较，而在自己与父亲逝世时的年龄相同之际（约 36 岁）有着死亡的焦虑（Klossowski, 1997: 第 7 章）。

的单行道，意义的永恒性基本上只此一次，然而，这样的宿命（fatality）观点却因为尼采经历了永恒轮回的顿悟经验而改变了，他因而发展出一个新的宿命版本。自此，尼采不再视身体是自我的特质，而只是诸多冲动与彼此之间相互对抗的所在地。因为身体被看成是诸冲动的生成物，身体变成是偶然的，既非可逆，也非不可逆，因为其所经历的历史只是诸冲动的本身，而这些冲动不断来去循环着。借用克洛索夫斯基的说法，这样的冲动即是具表意（significance）之（感受）强度（intensity）的不断涌现与再涌现，他称呼此一自我的新宿命版本为一种"缺陷循环"（vicious circle）（Klossowski, 1985: 112–118）。尤有进之的，生命本质上是"虚空"的，是一种既无起点、也无终点的混沌状态，并且是人们以个别的姿态不断地予以自我翻新与实验，需要的是不断的克服。于是乎，意志跟着呈现，而且变得重要起来了[①]（Klossowski, 1997: 29–30, 33–34; 1985: 112–120）。

针对这样具缺陷循环的（相同）永恒轮回，克洛索夫斯基认为，尼采寻求的是思想与身体的一种新黏合（cohesion），它称之为肉躯化的思想（corporealizing thought）[②]（Klossowski,

① 克洛索夫斯基区分了尼采的永恒轮回与宿命论（fatalism），认为前者最重要的特点是人可以对随机而生之非意志性的对象再度予以意志化（re-willing），并以此克服种种的机遇来成就超克人，而后者则只是一成不变地接受命运的安排（Klossowski, 1997: 69–73）。

② 这内涵在尼采所强调康复（convalescence）的概念之内（参看 Nietzsche, 2009: 356–364）。雅斯贝尔斯即指出，尼采的著作充满着有关疾病之意义的问题，乃与他长年忍受疾病的折磨有关（Jaspers, 2001: 92–123）。

1997: 30)。所谓肉躯化的思想乃意涵着，感性的冲动是生命力量的来源，理性只是一种限制、禁制，错误是由理性所建构之真理内涵的本质。于是，权能意志是实践感性冲动的一种心志性能量，具有着感性表意的强度，乃对着符号所营造那种极具虚构性的语言世界进行着不断的斗争，克洛索夫斯基引述尼采之说称为符号的缩写（abbreviations of signs），其所涉及的不是对与错，而是符号本身与符号的缩写之间矛盾的问题。

顺此符号学所铺陈的理路，权能意志指向于把由动物本能所激发的潜意识感受冲动予以意识化的这一切努力，基本上即是永恒轮回的基本内容，其基本信条即是遗忘（forgetfulness）与潜意识——一直不停且是永远地遗忘了我们已经是或将是的（Klossowski, 1997: 48, 50, 53–54; 1985: 107–108）。在此需要予以澄清的是，这样的说法并非意味着"过去"本身对人们完全丧失了意义，情形毋宁是，它以"它曾是"的姿态出现，而所谓"它曾是"的问题关涉的，不是"过去"的实际内容，而是过去性（pastness）的本身（参看 Small, 1983: 598）。换句话说，人们心中所存有的"过去性"为何是决定人们所体现之生命品质的关键。譬如，倘若人们一直摆脱不了以怨愤的心理来对待"过去"（如基督教义所教导的"良心谴责"），那么，它即会为人们带来难以逃脱的恶性命运循环。因而，唯有"遗忘"，才有可能使得人们突破既有的僵局而有所精进。无怪乎，斯莫尔（Robim Small）会认为，对于因有着勇敢的气魄与无辜的心理状态来激发新的作为，遗忘是本质性的条件（Small, 1983: 599）。

职是之故，历史并不以记忆的形式沉淀成为具绝对权威姿态的绝一存有（如上帝、绝对理性）主导着人的生命，而是让人们一再地遗忘，得以永远以崭新的姿态在非意识化的感性冲动力量激荡下不断地自我生成，尽管始终有着“错误”，但却同时拥有尝试的机会。于是，永恒轮回成为人必须不断施以意志的必然状态，而遗忘使得循环轮回不被意识到，否则，一旦有了记忆，就不是循环轮回，有着可能让人们停止的终点。尼采即说道：“生命本身创造了此一严肃的（永恒轮回）思想；生命也需要克服加在其上之无与伦比的障碍”；“我这个信条教导是：一再地以你渴望活着的方式生活着，这是你的责任——无论如何，你将再次地活着”（分别引自 Klossowski, 1997: 54, 60）。从其肇始的时刻，永恒轮回就是活生的事实（*a lived fact*），而不是假设性的再现，若说是思想，也是一种乍现（sudden）的思想（Klossowski, 1997:72）。于是，诚如上文中所引述之雅斯贝尔斯的诠释，“当下此刻”的“此在”才是永恒轮回的永远转折点。

感性冲动总是把“整个”人以“当下此刻”在“此地”的格局不停地带来，也不停地带去，其间没有逻辑的分析，因此，没有演绎的认知累积，只有感性的激挑，是“此时此刻”的完全耗尽，没有过剩，更没有累积和储存，意义只存在于消费瞬间的强度。然而，诚如克洛索夫斯基所诠释的，不是“当下此刻的此地”本身吸引着尼采，并让他专注于此，而是返回人们所生成的——即“已被设定生活着和必须再次活着”此一必然性——来激挑意志与创造意义，才是他意图定调的焦点。对此，尼采讨论的是同一个自我的轮回（a return of the *identical self*）（Klossowski, 1997: 65, 66）。显然的，在时间是不可逆的必然条件下，这样的轮回意图指涉的是人作为存有主体不断地对非意志的对象（包含时间上的过去）一再赋予意志的现象（Klossowski, 1997: 69-73; 1985: 115-118）。于是，永恒轮回可以看成是一种深具启示（revelation）意涵的意志努力，让人一再地挑战着轮番而来的苦楚（suffering）经验。这也就是说，让一个个体能够有机会不断地以具创造性的精进形式经历（也成就）着一连串的不同个体性，"赋予意志地成为非你原是的他者，以便于成为你所是的"（to will to be *other* than you are in order to become what you are）（Klossowski, 1997: 98）。

说得更简洁点，整个的情形是：只有有着永恒轮回作为一种不断产生相同之可能性的契机，人才有机会通过权能意志来创造崭新的生命——不断超克精进的个体性。于是，永恒轮回的循环所内涵的"缺陷"，或许看起来仅只是一种幻象、一种拟像，但是，它绝非上帝所赐予的，更不是完全地操控在上帝的手中。它毋宁是一种具随制性质（contingent）的偶遇，给予人们有着一再试验之机会与力量的条件，也是成就超克人的试炼泉源，而它特别指向的则是单一的特殊个体，重点在于人之感受能量的强度是否足够的问题。套用克洛索夫斯基的用语，整个状况即是"对循环之强度的活鲜经验，而这取代了仅只一次的原则（the principle of the *once and for all*），并开启了一些个体性（individualities），一直回到其中之一足以让永恒轮回披露的为止”（同时参看Klossowski, 1997: 169–171, 217）。

以上的论述传递着一个重要的讯息，即永恒轮回不只可以指涉一种对社会与心理结构所彰显之具物理或道德性质的宇宙论基础，更重要的，它是人们所呈现之一种具意志性质的独特感知状态，而这也是在下文中所欲强调之“权能意志与永恒轮回总是相互搓糅摩荡着”所意图内涵的现象（参看Heidegger, 1984: 153）。根据克洛索夫斯基的意见，由于终其一生一直受到病痛的折磨，尼采甚为重视自己的健康状态，对于健康（health）和病态（morbidity）的区分相当敏感，认为二者之间的差别只是程度之不同而已。于是，尼采以诸如颓退／有活力或强壮／羸弱来形容，同时，这样之对身心的感知模式，被看成是具“缺陷”循环特质的永恒轮回同时作为活鲜事实和思想之情况下的基本内涵。况且，事实上，唯有是有着“缺陷”且让“缺陷”有着永恒轮回循环的可能，才有以权能意志谋求努力精进的说法。因此，它所涉及的不是知性，而是一个人之敏感度、情绪强度和感情浓度（也就是一个人之种种冲动状态）的不断轮回出现问题①（Klossowski, 1997: 199–200，同时参看第6章）。艾里逊（David Allison）也指出，撇开时间向度不谈，尼采乃紧扣着人所具有的种种自然本能来形塑人的活动，认为驱动人的活动的是一些由本能所形塑之特殊的有限

① 对此，克洛索夫斯基宣称，尼采为有病的人（the sick）一概念的可能关联性提出极富想象力的最美丽发明。这也就是说，“有病的”经常与诸如多些同情、多些人情味、怨气、天才、犯罪、女人、艺术家等连在一起。但是。总归一句话，尼采期冀赋予“有病的”一些具正面且积极性质的权能意涵（Klossowski, 1997: 201–203）。

力量，这些力量依其特质分化成为一些特殊的群组（并促成了权能意志），它们总是不断地来回呈现出永恒轮回的情形[①]（Allison, 2001: 121）。这么一来，整个问题的焦点于是乎乃在于这些力量“在怎样的情况下、又如何地相互搓糅摩荡着”。对此，瓦蒂莫的见解或许有助于我们来厘清整个提问的核心课题。

瓦蒂莫主张，尼采的永恒轮回概念，基本上乃是用来处理欧洲文明发展所产生之历史弊病（historical malady）（如人类所面对的工业化结构）的一种具时间（temporality）意涵的核心概念（Vattimo, 2006: 20）。易言之，倘若用来回应第三节中的讨论，永恒轮回可以说是一个“非（超）历史性”加在“历史性”上面的形上概念道具，它把过去与未来一起凝聚在“当下此刻”的现在。尼采在《查拉图斯特拉如是说》（*Also sprach Zarathustra*）一书中对“现在”即有着相当精彩的叙

---

① 最能够既简扼、但又相对精准地表现永恒轮回概念所具有之此一内涵的，可以说是尼采在《快乐的科学》中之第 341 节所描绘的。尼采是这么说的：“……设若有一白天或夜里，一个恶灵偷偷地溜进你最孤独的孤寂之中，告诉你：‘你现在过的与已经过的生活，你将必须再过一次且是无数次；没有什么新鲜的在里面，你生命中任何的痛苦与愉快、任何的思想与叹息、任何语言所无法形容的大小事，都将接续地以相同的次序回归过来——甚至树林间的此一只蜘蛛和此一轮明月以及此一时刻和我自己都如此。存在的永恒沙漏总是一再地倒立着，而你始终是带有着细粒的灰尘！’难道你不把自己扔下，咬牙切齿，诅咒着如是说的恶灵吗？或者，你是否曾经经历着这样的非常时刻，而这么地回答着：‘你是一尊神祇，但我却从没听过比此更多的预言’。假若这样的想法占据了你的心灵，它必然改变了你如是的样子，或者可能把你压碎了。在每件事的上面，‘你是否想再经历一次、甚或是无数次’这样的问题势必是你行动时最沉重的负担。或者说，你应如何以最热烈的渴望安排此一终极的永恒确证和烙印，以使得成为你自己并生活着”（Nietzsche, 1974: 273-274, §341）。

述，可以引述用来帮助我们理解永恒轮回的内涵。尼采先写道，当以“现在”作为一扇大门通道之后，查拉图斯特拉与侏儒就站在这儿。尼采接着这么写着：

> 这条长路向后（按：指过去）：通向永恒，那条长路通往（按：指未来，即向前）——那是另一种永恒。这两条路彼此相反，他们恰好在此碰头——大门的通道边上，恰好是它们交汇的地方。大门通道的名字刻于上方：暂时（按：即本文所称的“现在”）。
>
> 要是有人沿其中一条路前行——一直走下去，越走越远，侏儒，你以为这两条路永远相反吗？“一切笔直的东西都在骗人”，侏儒不屑地咕哝。“一切真理都是弯曲的，时间本身便是个圆环”（Nietzsche, 2009: 265–266）。

在同本书的另外地方，尼采则有着这么的说法，与上面的陈述相呼应着：

> 哦，我的灵魂呀，如同我教你说“曾经”和“从前”一样，我也教你说“今天”，教你跳超越一切此地、彼地和远处的轮舞。…… 哦，我的灵魂呀，我把驾驶已经创造出来的和尚未创造出来的事物的自由，交给你。谁能像你那样，了解未来者的极度快乐呢？…… 哦，我的灵魂呀，我去掉你身上的一切服从、卑躬屈膝和逢言必称的主宰。我给你取名为“困难的转折点”和“命运”。哦，

> 我的命运呀，我给你取新的名字，给你彩色的玩具，我叫你“命运”、“无穷的范围”、“时间的脐带”和“蔚蓝的天穹”（Nietzsche, 2009: 365–366）。

尼采并不是完全否定永恒轮回作为反映自然、人为环境（如社会），乃至人本身所具有之存在状态的基本性质——一种如吉登斯（Giddens, 1979）所明示之“既是制约（constraint）、也是促动（enabling）”的结构性条件。毋宁的，尼采是体认了这样之结构性条件特质乃不可化约的，是人进行自我改造的必然命运要件。上面引文中之诸如“命运”“无穷的范围”“时间的脐带”或“蔚蓝的天穹”等所形容的正是如是。对人们来说，命运是横跨时间（乃至空间）而无限衍生的一种存在状态，犹如蔚蓝的天穹一般，它是超乎人之能力所能够完全撤销或甚至仅只是予以些些扭转而已的。其实，单就我们在日常生活中的诸多细微琐细的行止而言，我们就可以发现，任何被结构化的平凡例行事件（如吃饭、休息、上班甚至散步）都让过去与未来以两个不同但却永恒的回路在“现在此刻”的大门通道上交会[①]。这是一种让人们产生困难的命运转折点，更是必须面对之必然但却是随制（contingent）的际遇，人们只能热爱地拥抱着，而如何热爱拥抱正可显示出人的伟大之处（Nietzsche, 2007a: 35）。尼采于是乎以热爱命运（*amor*

---

① 譬如，都是跟着往常一样地吃着中饭，但是，却可能有着不同的菜（或饭），也与不同的人一起吃饭。在永恒轮回的发生之中，其中总是既有同亦有异。

fati）[①]来总结这样之对待着际遇的态度，并视之为人所具有的内在天性（Nietzsche, 2007e: 152）。

对于尼采的热爱命运，洛维特做了一番的诠释。他认为，具体地就人本身的立场来说，这即是成就人之意志（尤其所谓具创造性的意志）的基本生命态度。更重要的，创造性的意志总是以“为了未来而为着过去的东西说话”的方式在当下此刻的“现在”发挥着作用，且为绝一存有创造了一个不断演进的永恒轮回回路。这么一来，当人们是热爱命运时，时间和存在的整体乃汇聚在未来，只是，这总是以“它必然已经要过的东西”作为前提，且是在当下此刻的“现在”进行着。这也就是说，朝向未来的一切总是变易着，但是，它却必然地是在已经存在过的状态下变易着[②]（Löwith, 2006: 264；同时参看Löwith, 1997: 79）。诚如萨弗兰斯基（Rüdiger Safranski）所诠释的，热爱命运的必然性乃意味着“给它增添些什么，让它由此得到改变。这个被爱的事实，不再是那个作为天命仅仅被忍受的同一物。也就是说，我们可以有把握，那个带着恶毒的笑声让自由消失的自由精神，不久会把自由重新变出”（Safranski,

---

① 尼采此一重要的概念首见于1882年出版的《快乐的科学》。在此，尼采接受命运的安排且采取温和的态度说道：“我不想要与那丑陋的从事战争，我不要责难；我甚至不要责难那些非难的人，不去看将是我唯一的否定。总而言之，有一天，我希望成为只是一个唯唯诺诺的说好者”（Nietzsche, 1974: 223, §276）。尼采甚至说道：“热爱命运是我内在的本性”（Nietzsche, 2007b: 87）。

② 原本的中文译文为“这种总是还在要它总是必须已经要过的东西的双重意义。在它这里，时间和存在的整体汇聚成一个还总是变易着的存在已经存在过的未来”。此译文相当拗口难懂，在此，特地就其涵义予以改写。

2007: 187)。

瓦蒂莫称这个让人们致力于追求的热爱命运是一项永恒化的任务(the task of eternalization),展现的是永恒轮回的道德面向,即让自己的存在永恒地重复着,而且,人们必须学习去喜欲着(Vattimo, 2006: 3)。尼采即说道:“只有视自己的存在足以适合永恒地重复呈现的人,才得以耐久持续下去”(引自 Vattimo, 2006: 3)。因此,永恒轮回让人们必须学习拥抱自然,也就是说,必须学习重复拥抱一些相同的本能能量,但却能够让人们以权能意志来支撑、证成自己。在这样的状况下,人们更必须学习如何发挥创意来重组这些本能能量,得以有着更显精进的生命内涵。诚如艾里逊所做的评论,“在无限的上帝已不在的情况下,我们变成为无限化之未来的无限创造者”,“每个片刻均预告着无限的未来;每一刻以倏变的永恒节庆方式一再地重现;存有随即被戳记为生成;每一刻也因而把无限的过去收缩进入一个具体的现在,并为一个听不见的命运提出预言;正是现在,这个现在必须伴着生命而活着、充实着、完成着、填满着,以便有着一个跟随而来的现在;所有的这些都发生在每一个片刻”(Allison, 2001: 109)。于是,永恒轮回是确立能否孕生足以使得强者变得更为强壮之养育(breeding)效果(特别是具精神性质者)的决定性因素(Nietzsche, 1968: 458, §862)。

然而,尼采指出,吊诡的是,这被热爱着的命运,却经常像一条黑蛇一般,卷曲地盘踞在这个过去与未来以不同但却永恒的回路逗留在“现在”当下此刻之大门通道的交会口,总是让恐惧、仇恨、恶心、怜悯等或善与或恶的元素在人们的身上迸放出来。人要活下去，只有进行变形——自我意识的变形（Nietzsche, 2009: 266–268）。具体地说，人们只能靠着自制的努力力求精益求精（excelsior）[①]，因此，人们需要不断地抗拒终极的和平，面对的是战斗与和平的永恒轮回，正像一个一直流溢的湖泊靠着筑坝防止湖水流出，而得以让湖面一再地升高（Nietzsche, 1974: 229–230, §285）[②]。

面对着偶然的机缘，人们需要的是勇于应对的意志，尼采即通过查拉图斯特拉的嘴这么说道："……，我把偶然放在我的锅里炖煮。我先把它煮熟，我才会欢迎它做我的食物"（Nietzsche, 2009: 285）。显然的，这个锅子即是人的意志，或更恰确地说，即权能意志。通过这个意志的锅子蒸煮着"相同的永恒轮回"，人才可能有着永恒的欢愉，而欢愉的结果是永恒的沉寂，也是永恒地拥抱着相同之永恒轮回的婚戒[③]

---

① 早在1887年尼采在《人性的，太人性的》一书中即已对超克人的自由精神特质与其存在的现实社会条件做了一些预备性的描绘。譬如，他强调艺术的特殊意涵、高级文化素养、个人修养特质、与跨越特殊时空制约之漂泊人（wanderer）的特殊意涵等，用来当成治疗当时之欧洲人以使其康复的良方。在此同时，尼采也讨论到他那个时代之政治条件——大众主导下之民族主义和社会主义（或谓现代性）的"毒害"（Nietzsche, 1999a）。

② 根据译者考夫曼的意见，这是尼采首度引介永恒轮回一概念的说法（参看 Nietzsche, 1974: 230, 注 13）。

③ 在尼采的心目中，人似乎是被迫着与相同的永恒轮回结婚。尼采即说道："我从未觅到我愿与其生子的女人，但我爱的女人除外，因为我爱你，噢，永恒"（Nietzsche, 2009: 382）！准此，查拉图斯特拉（或谓尼采本人）所以与相同的永恒轮回结婚，为的只是永恒这个女人，而非"相同"或"轮回"本身。对尼采来说，永恒是混沌的巨大子宫，是创造和摧毁的汇合地，乃与智慧（太阳神阿波罗）以及生命（酒神狄奥尼索斯）共为其所爱的三个女人（Rosen, 2003: 233–234）。

（Nietzsche, 2009: 370–382, 516–517）。

特别需要提示的是，诚如考夫曼阐明的，在尼采的眼中，单就人的生命历程而言，永恒轮回指向的是一种经验多于观念，而且充满忍受、痛苦与垂死挣扎的超凡生命经验[①]（Kaufmann, 1974a: 323）。阿提泽（Thomas J. J. Altizer）即指出，在这样的状况下，上帝已死（因为祂只不过是一个硬加在人身上的观念而已），尼采把希望寄望在古希腊人肯定生命本身所倚重的酒神精神——人以单一孤独的姿态持续地推动着自身，追求着酒神狄奥尼索斯的欢愉（joy）（Altizer, 1985: 238; 同时参看Nietzsche, 1968: 548–550, §1066, 1067; 2005: 29–30, §32; 2007b: 94–95, IV, §8, 9）。不过，在此，狄奥尼索斯的精神代表的不只是狂欢愉悦，更是反映着承继古希腊人以生与死（尤指死而复生）、战争与和平、孕生与腐化等不断循环作为解释自然与历史变迁定则的见解。只是，在此一

---

① 无怪乎，尼采会自称“我，这个哲学家狄奥尼索斯的信徒，我这个永恒轮回的老师”（Nietzsche, 2007a: 190）。对尼采而言，此一具预言（prophecy）性质的概念甚至是所有假设中最具科学性的一个（Nietzsche, 1968: 36, § 55; 544, §1057）。克雷尔在分析海德格尔（Heidegger, 1984）对尼采的永恒轮回概念的源生予以诠释时即指出，从尼采所遗留下来的文献里，我们可以发现，他在甚多地方借助自然科学论及世界的循环，但海德格尔却始终未提及。克雷尔认为，尼采的相同的永恒轮回一概念难以如海德格所主张之称为学说（doctrine），而仅只能当成一种“可能”来回地争论着（Krell, 1984: 261–262）。再者，克雷尔指出，即使尼采与海德格尔都认为永恒轮回作为一种思想（thinking），理应是可以理解的，只是，其所呈现最恶劣的问题关键在于让我们迷失在无益的语言学争论上面。永恒轮回不是最沉重的思想，只因为其文脉基础是可争议的；它也不是悲剧性的思想，单因为它提供了无数的环节让学者们去澄清；它更非迸出火花且具煽动之诸思想中的思想，纯然乃因为在其被刻印出版当中有所隐藏、暗示与缺漏（Krell, 1984: 268）。

创造与破坏、生与死、肯定与否定并存的循环过程中，当人们把狄奥尼索斯精神看成是一种人的存在样态时，尼采特别看重人们对此等的每个状态所赋予的“庆贺”作为（参看Altizer, 1985: 238; Nehamas, 1985: 146）。尼采自己即这么说过：

> 对无常和破坏的肯定乃是任何一个狄奥尼索斯哲学具决定性的特色。因而，对对反与战争的概念是必须予以赞同的，而且，甚至必须以“生成”来对“存有”的概念彻底地加以排拒。准此，无论如何，我必然要认知到，比任何迄今已想得到的，这些观念的确是更加接近我的想法。“永恒轮回”的学说——亦即所有事物（*alle Dings*）均无条件且无限地重复循环，或谓此一查拉图斯特拉的学说，推到终极，早已为赫拉克利特提出来教诲人们（Nietzsche, 2007b: 47–48, III, 3）。

显然的，尼采把此一精神当成镶嵌在人类文明之中一种具哲学人类学存有论预设性质的至高（心理人类学）源起状态，而不是受制于具特殊历史-文化条件制约的意识形态而已。尤有进之的，为了避免重蹈他所一再批判之柏拉图理念主义与基督教单一神祇论的独断观，此一源起状态当然不是立基于特定的抽象理念（如理性、公正），也非绝对的他世（如天堂或地狱）。在“上帝已死”之后，创造者是不在了，人必须直接面对的是其所依存之当下此刻的现世生命，也就是人自己必须承担之一再轮回循环的此生此世生命。无怪乎，尼采会认为，人此一存在的永恒沙漏是一再地倒立着，人不只必须接受灰尘的污染，而且承受着最大的重量（Nietzsche, 1974: 273-274, §341）。

这么一来，人所身处的是只认同“现在”，且时时刻刻均在生成的永恒轮回情境，人自身随时都需要做决定与选择，也必然同时承担着毁灭、破坏、否定（因而挫折、痛苦、焦虑）以及创造、建设、肯定（因而愉悦、快乐、狂喜）的心理状态。尼采即指出，与被钉在十字架上的耶稣相对比，酒神狄奥尼索斯追求的不是以罪来否定现世，并依靠上帝的怜悯带来种种恩宠（如死后上天堂），而是对自己之生命本身的承诺，承担着生命因一再遭受破坏与折磨带来的种种痛苦，在被撕裂成碎片成灰之后还能再生，有着永恒轮回的机会（Nietzsche, 1968: 542-543, §1052）。然而，假若非要比拟基督耶稣被钉在十字架上的情况不可的话，那么，在尼采的心目中，人们需要的救赎乃是自我超克，而非依靠上帝的救赎[①]，带来的是宽容的态度，而非怨愤的心理（参看Jaspers, 2001: 385）。难怪阿提泽会提出这样一个质问：“崭新的查拉图斯特拉是否即是崭新或翻新的耶稣？”（参看Altizer, 1985: 245）这么一来，这个崭新或翻新的耶稣只是对自己而言的耶稣，绝不是当成拯救他人的耶稣。

总之，在尼采的观念里，以追求酒神激情精神作为人之

① 有关扣联着基督教来论述酒神狄奥尼索斯精神，可参考阿提泽（Altizer, 1985）。

具本真性的元神，人们总是以带灵性的感性方式来成就具艺术特质的良知实践行动（容或这只是一种永恒沉寂的表现），而绝非屈从于某种特定先验理性之演绎逻辑的复制实作效果。否则，人们将只是一再地屈服在既有之武断的绝对理念（包含道德）之下，变得愈来愈小。或者，就像尼采所认定的瓦格纳一般，人们顶多也只是以野蛮、做作、喧哗、夸张（虽是无辜）、华丽、哗众取宠的颓退姿态讨好大众，轻易地为存在索取到廉价的掌声[①]（Nietzsche, 2007e: 50–52, 111; 同时参看 Nietzsche, 1974: 152–156, §99, 332–334, §372）。顺着这样的理路，推到极端，自我克制的修养贞定于焉成为人生存的基本要件，而这呈显出对自己所存在的时代具有着一种哲学性之负疚意识的存在价值（Nietzsche, 2007e: 13–17）。

既然因为命运总是不可规避地随制着人的行动，人们需得把它当成是一种机缘来拥抱并热爱着，那么，热爱命运就

---

① 尼采甚为推崇比才（Bizet），认为他的音乐有一种南方气息（southernness）的崭新美感与诱惑力（Nietzsche, 2002: 147, §254）。尼采自认，他所以能够忍受比才的管弦乐，乃因为比才把听众当成聪明人，甚至是音乐家看待，这是瓦格纳所缺乏的。尼采所以这么指陈，乃因为瓦格纳要的不是具本真性的喜悦与完美，而且也缺乏美好的鉴赏力（Nietzsche, 2007e: 18, 61–63, 69）。尼采进一步地诟病着，瓦格纳要的只是颓废暴君式的演员效果，这效果是片断的，而且缺乏“足够（让我们）咀嚼的东西。……肉很少，多的是骨头和更多的是汤水……”（Nietzsche, 2007e: 50–52, 55, 59, 62）。因此，尼采评论道，对瓦格纳，姿态本身才是目的，他只是讨好幼稚的大众、自命不凡之多愁善的中上阶层者、或德国国族主义者等，这与基督教以上帝之名所确立的一神主义并没什么两样（Nietzsche, 2007e: 50–52, 55, 59, 62, 81–82, 120–121）。在此，我们关心的当然不是尼采对瓦格纳的评论是否公允，而是他对瓦格纳的批评背后企图为存在之基本内涵所确立的至高价值为何的问题。

“不是要求任何事情是不同，既非前瞻，也不是后溯，更不是为了永恒”了。同时，我们更“不单单只是容忍那必然的事物（按：指命运），更是甚少去掩饰它”（Nietzsche, 2007b: 35）。对人们来说，情形毋宁是：“我仍在不定的海上漂泊，谄媚的偶然正奉承着我。我瞻前顾后——目之所及，浩瀚无边”[①]（Nietzsche, 2009: 273）。在这样的情况下，永恒轮回是一种表现感受之可能、且具至高性的手段，人们迎接、拥抱的是有让人的精神汇集进入灵性之可能的“缘便”。这是一种随着缘分行走的际遇，无起点，也无终点，浩瀚无边（同时参看 Jaspers, 2001: 390）。

在此必须提示的是，当尼采强调人们以极端且狂喜入迷的感性来承担永恒轮回之际，他想要告诉我们最重要的乃是，人们需得以具创造性的超克人姿态来拥抱命运，意图贯彻着由“你应”（Thou shalt）穿过“我要”（I will）以至完成“我是”（I am）的意志[②]（Löwith, 1997: 121）。更形重要的是，这样的实践既不是如基督教所说的在于天国，也非如柏拉图形上哲学所认定的，在于贯彻抽象之绝对理念的内在逻辑，而是在于人们每日现世生活所经历的大地上面，即现实生活中实际发生的点点滴滴作为之中。因而，“或许我们的自由意志只不过

① 另外，尼采也这么说过：“……，你是诸神‘偶然’的舞场，是一张供诸神使用的桌子，为诸神掷骰而设，为掷骰者而设！”（Nietzsche, 2009: 278）。凡此种种类似的论述，在在地展现出尼采面对着生命时所持有最深层的本性，也披露了他喜爱嘲讽人类历史的一贯作风（参看 Nietzsche, 2007b: 87）。

② 乃呼应着尼采提到之“精神三变”的说法（参看 Nietzsche, 2009: 55-58）。这将在下文中讨论到。

是命运的最高权能力道（potency）而已”（引自 Löwith, 1997: 125），而命运则是混沌之中具敞开性之必然结局的一种说词。这么一来，有别于那看起来是一劳永逸般的定型结构制约力量，（权能）意志于焉是来自人本身努力的一种动能，甚至可以说是诸多无穷能量表现中有着不断强化和保护着修为功夫之作用的一种至重至高的意志形式。一方面，这阐明内在的人文性乃是这个世界的法则之一；另一方面，意志承担着永恒轮回的天命，则是属于特殊个人的，乃表现在一个人所遭遇的一连串特殊事件的相互扣联关系之中。情形是如此的话，接下来的问题即在于：到底人是在怎样的存在处境下来进行着“我是”的自我证成功夫呢？

情形显得相当明白而清楚。对尼采而言，既然人们面对的是一种变动不居的情境，其间难以有通则，有的只是具缘便性质的变通，那么，人必须超克的于是乎并不是具结构性的“共业”本身，它只会是命运，人们除了接受（以至于必须热爱着），别无任何其他的选择。人们所能做的，只是在命运安排的共业结构中从事“心理建设”，即在面对个别但却永恒轮回（甚至如贪、瞋、痴）的际遇里，经营着“恰适”的生命态度[①]。准此，一旦人们把这样的永恒轮回的际遇视为获致生命

① 假若乐观主义指的是人们可以通过社会制度性的结构变易来成就人们的幸福或实现社会正义（如马克思主义者所相信的）的话，那么，尼采无疑地是一个悲观主义者。依照一向约定俗成的定义来说，他自然地不是社会学家，而是心理学家了。我个人认为，尼采思想之所以值得特别予以重视，正在于异于 19 世纪以来持乐观态度的主流社会思想，这对认识后现代社会更具有着特殊的意义。

之“肯定的最高公式”来让“过去”以记忆的形式浮现的话，参与营造人们“现在”之当下此刻的应对行为（尤其超克修养）工程，遂成为必要，甚至是唯一的任务了。那么，当人们面对着永恒轮回的际遇时，他们是如何来应对呢？其应对的基本心理动力基素是什么？这些在在值得追问着。对此，我们或许可以总结地说，核心的课题乃是以酒神的精神贯彻权能意志来完成具自我克服之超克人的生命境界。

斯坦博（Joan Stambaugh）有个说法极富创意，值得援引来作为讨论的起点。他指出，在《查拉图斯特拉如是说》一书的开场白中，尼采描绘查拉图斯特拉在破晓时分起来对着太阳说话，但是，在夜里，他也对着月亮与星星说话。显然的，通过查拉图斯特拉这样的作为，尼采所要表达的理应是，查拉图斯特拉是一个宇宙性的人物，他所谈的不是天上的某些事物（如太阳、月亮或星星），而是天（heaven）本身，使用尼采自己的用语，即所谓的“光的深渊”（abyss of light）[①]（Stambaugh, 1991: 21；同时参看Nietzsche, 2009: 275）。尼采此一“天”的概念明显地是取代了传统基督教所揭示的上帝

---

① 尼采称之为圆形穹顶（azure bell），而在另外的地方，尼采亦用此指涉灵魂与天之间的紧密亲近的命运关系（Nietzsche, 2009: 366）。尼采一向即惯于运用如“光的深渊”（或正午与子夜）这样一种具对反共生（*coincidentia oppositorum*）的方式来处理人所常面对的正负情愫交融的存在状态。在天上的光与地上的深渊原是两个对反的空间，尼采运用“光的深渊”这样的词汇来消除原本对反可能引生的二元对立互斥性，尤其，此一二元对立互斥性内涵之矛盾所可能引发的心理焦虑、困顿与挫折。于是，人们可以期待从对反共生中在心灵上获得到妥善的安顿。譬如，正午与子夜乃认为反映着永恒的经验，是永恒轮回之井泉的两副面貌（Nietzsche, 2009: 262-268, 370-375, 450）。

（或基督耶稣）以单向而唯一的姿态作为至高无上之形而上的“物自身”。“天”是纯洁的，它所赐予的天命本质上是虚空、混沌、缘便，但却充满着无穷的可能性（参看Nietzsche, 2009: 277）。整个情形就像尼采自己所描述的：查拉图斯特拉整整七天过着麻木无感觉的日子，最后，对着环绕他身边的动物们[①]说出存在他心中之如此一般的深邃思想（abysmal thought）（参看Nietzsche, 2007b: 71-73, III, *Thus Spoke Zarathustra*, 6）：

① 值得特别提示的是，环绕着查拉图斯特拉身边的，总是人类以外的其他动物（特别是老鹰与蛇）或有“缺陷”的人类（如侏儒、跛子、乞丐、驼背的人等）。尼采这样安排显然是有着特殊的意义。首先，诚如前文中克洛索夫斯基所提示的，尼采似乎意图告诉我们，作为一个人必须接受有着“缺陷”之命运的永恒轮回。作为任何的存有体，不可能获得到如上帝或基督的恩典而获救成为“完人”，以致得以使得其他动物变成人类，驼背的人也变成不驼了。我们必须面对这样受到偶然随制的现实（命运），学习在接受（因而，热爱）命运的条件下对自己进行自我改造。所以，当一个驼背的人遇见查拉图斯特拉而质疑其作为“先知”（当然，查拉图斯特拉不会承认自己是先知）的能力和对他有何“益处”时，尼采即这么写道：“倘若去掉驼背者的驼背，就等于剥夺了他的精神——民众如是教导：倘若使盲人复明，他又看见世间万端丑恶，这会使他咒骂治愈他眼疾的人。……”所以“拯救过往，把一切‘过去如此’改造成‘我要它如此’！——我以为这才叫拯救”（Nietzsche, 2009: 240, 241）。其次，依我个人的意见，以鹰与蛇为伴的说法，似乎有回归动物性来架设人类之生成源起状态的意图，这与强调肉体作为证成人之存在基础的主张相互呼应着。尼采这样回归动物性与大地的主张，毋宁是冲对着基督教与柏拉图之先验理念主义思想而来的。尤有进之的，尼采抬出这位第一个犯了“道德”这种错误且挣扎于善恶纠结之中的异教徒查拉图斯特拉作为“未来人”，乃蕴涵有教导道德自我克制的意思，为的即是教育人类这种已生病的动物，把他从上帝手中，也从虚无主义中拯救出来（参看 Nietzsche, 1994a: 70-71, second essay, §24-25; 2007b: 89-90, §3; 同时参看 Ansell-Pearson, 2005: 第 5 章）。

万物离去，万物复归，存在之轮永恒运转，万物亡逝，万物复生，存在之年永远奔走。

万物破碎，万物新合，存在的同一屋宇永远自我建构。万物分离，万物复聚，存在之环永远保持自我。

存在开始于每个瞬间，“彼地”之球围着每个“此地”转动，到处都是中心，永恒之路蜿蜒曲折（Nietzsche, 2009：359-360，第3卷，初愈者，§2）。

在这样浩瀚无边且存在之轮却永恒运转着的虚空世界里，人是一个漂泊者，总是与诸多的意外偶然邂逅着，自我就得在这中间被找回来，而且，也仅只能在这中间寻回来。此刻，深渊与山峰成为一体，因为人们必须在不断重复出现的意外偶然之中，超越自己的内心挣扎，度过最伟大，也是最终之危险道路，让身上的至柔终必成为至刚。只有如此，人才找得到最终的避难所（Nietzsche, 2009: 257-258, 第3卷，漫游者）。在此，意外偶然，衍生其义，或许即意涵着佛家所谓的缘便，若允许有着物自身（thing-in-itself）的概念的话，其本质则是虚空，别无他物（如理性、上帝、正义等）（参看Nietzsche, 1994a: 28-29, I, §13）。因此，面对着任何的际遇，一旦欲念引生，人们面对的不是具有实体本质性的特定物自身，而是虚空辐射下的缘便心理状态永恒轮回着，更是一种对人们有着永恒轮回之考验的存在状态。让我在此再次地强调一遍：人的日常生活并不是没有变化，而是一直变动不居着，尼采即以闪电来形容（Nietzsche, 1968: 288-289, § 531; 294, §548）。

于是，在无能力改变绝对存有之永恒轮回回路本身玩弄着命运际遇的情形下，人们所能够掌握的，只是挣扎在永恒轮回的深渊之中，以酒神精神展现强烈的（权能）意志，努力创造超脱的精进契机。具体地说，当尼采运用此一概念作为基础来回应人们因架空道德后之虚无主义所面临的虚空状态［或如克尔凯郭尔（Kierkegaard）所说的焦虑］，并进而肯确自我克服的努力是必要的时候，永恒轮回作为一种状态提供了存有论（但也是现实情境结构）的基石，同时更是为虚无作为存在的本质灌注了信心的养分——即永恒轮回的必然形式构作了（既无特定意义与价值，也没有无意义和无价值的）虚空所内涵具机缘特质的内容。尼采相当有智慧地提醒着，个人是命运的一部分，前后一样，对一切将要到来和已成形之事，这更是一条法则，一种必然（Nietzsche, 2007d: 74）。说来，正是这样之永恒轮回的存有状态给予人类“稳固”的必然空间，在无确切之既定目的的虚无当中，让人们通过“良质”意志的凝聚来为自己的行动追求与确认目的，带来一种追求具超越性之新生命意义的实验自由，而这正是喜悦的根本。

不管怎么说，永恒轮回与意志之间具有着的是一种“既相嵌又相克”的吊诡关系，呈现出正负情愫交融的现象[①]。更具体但却是衍生性地说，这体现的是命运与偶然、也是记忆与遗忘之间的内在矛盾状态，更是永恒轮回既制约又促动意志，

① 这样之相嵌又相克的吊诡情形，尼采当然是意识到了，绝不是如罗森所说的，是尼采因针对不同听众所施用的一种双重修辞学尝试而已（Rusen, 2003: 263）。

反过来，意志既强化支撑又撤销瓦解永恒轮回的吊诡现象，可以说是人之生存处境的基本特征。在这样的状态下，承认虚空的本质性，并承认人具有催动能量予以应对的作用（因此，人的能动性），乃在永恒轮回作为其存在状态的前提下摩荡搓糅着。这也就是说，在原是混沌之迷宫般的星系世界里，人需要以权能意志来为自己确立方向，并追求自我精进（参看 Nietzsche, 1974: 254, §322; 2009: 238–244）。因此，权能意志滋养了永恒轮回，而且，也只有对永恒轮回赋予意志的力道，它才会被肯定着。

情形显得特别精彩的是，在现实的生活情境里，人们总是有着各自的特殊际遇（如某天手指被热水烫到、出了车祸、乐透中了奖），既难以完全相同，更是不时变异着。种种如此一般的偶发殊异，正是需要意志特别加持和予以诱发的关键。它既是促使人回归自然以成就真诚之生成的枢纽，更是让永恒轮回的意志超脱自然，也超脱永恒轮回自身的结构理路以臻至超克人之境界的际遇。因此，永恒轮回有着双重的意涵，它既意味着人的生活世界里种种事件与事物的通性，也同时意涵着人所具有之心志感应（尤其意志）状态的特质[①]。在此，让我不厌其烦地重述一遍：无疑的，永恒轮回的权能意志以某种方式征服永恒轮回自身的结构理路，乃是超克人所欲成就的事业。

在混沌生成的世界里，毕竟，异中还是有同的。人在世

① 尼采即提示着，例如人所具有的永恒生机性（eternal liveliness）即是一种永恒轮回（Nietzsche, 1999a: 299, §408）。

间经历相同的至少有一样：摧毁与创造总是永恒地循环发生着，意志也因而永恒轮回地起起落落。通过这种循环，混沌生成使得人自己有着形成幻觉、无固定条理地超越命运的尝试机会，纵然这只是表面上的瞬间摄动而已。这么一来，所谓的秩序其实永远只是一种个别混乱中暂时呈现的样态，权能意志因此是积聚人（当然特别指涉着超克人）之存在价值的动能，一种具永恒回归意涵之（相同）追寻创造的力道。追求本身即是价值的创造，但是，同时也是摧毁，亦即一种具不断摧毁性质的创造。特别值得注意的是，对有着思想与感受之活生生的人来说，只有这样的创造过程（而非由停滞的先验理念所界定的“真理”不停独断地予以强化和衍生），才是真实的。对此，尼采特别强调谈话和声音，认为它们是创造的道具，也是表现形式，它像彩虹一般把虚幻的混沌原景给搭架起来，尽管它自身还是虚幻的，但至少经常是可以振奋人的心灵并带给人一种精神的感动（参看 Nietzsche, 2009: 359）。

或许正如罗森对尼采所提出的诠释企图告诉我们的：在周而复始的情况下，运用权能意志来成就超克人的精神状态，即是让“……把起净化作用的或积极的虚无主义确定为永恒轮回；这种危机的价值是它净化了。而且，永恒轮回是虚无主义最极端的形式；虚空（‘无意义’）即永恒”（Rosen, 2003: 3）。因此，人们不是对抗永恒轮回的惰性，而是以永恒轮回作为身处偶然而无特定终极意义之历史处境下的人们所面对的一种不可逆转的命运形式，在“存在即生成而生成即混沌”之看似荒谬（absurd）的现实当中，对人的自我进行精神性的证成与提升[①]。它是一种具自我克服性质之生活态度的选择与判断，而且是一种有品质的良性（且多元而变异的）价值选择和判断。准此，尼采所强调的永恒轮回最终意指的，并不是确立了特定价值（如理性、声望）后勇往直前的线性努力，而是对永恒命运处境之一种因地制宜且高度受意志决定的缘便实践。尤其，它并不只是前面提到之海德格尔所确立的“诸思想中的思想”而已，而是以权能意志推动着酒神精神的感性艺术行动[②]。同时，这更进一步地意味着，自我精进之努力是、也必然是一种以周而复始方式进行的狂喜（ecstatic）样态（Klossowki, 1985）。

第六节　权能意志的得与用

在上一节中曾经提到过，权能意志滋养了永恒轮回，而且也只有人们对永恒轮回赋予意志的力道，它才会被肯定。只不过，两者之间具有的是一种“既相嵌又相克”的吊诡关系，经常呈现出正负情愫交融的现象。那么，到底权能意志所意涵的是什么呢？这是理解尼采思想的重心，需要予以关注。

---

① 即尼采所说的：“我所以相信，那是因为它是荒谬的”（*credo quia absurdum*），“推动世界的是矛盾（contradiction），所有的事物本身即是矛盾的——因为甚至在逻辑的领域里，我们还是悲观主义者”（Nietzsche, 1997: 4）。显然的，尼采不是强调逻辑一致的认知（知识）性确认，而是通过行动实践来促动具“证成”性质的自我肯确。

② 参看克雷尔（Krell, 1984: 270）的评论。

首先要指出的是，尼采否定他那个时代一般心理学所谓的“意志”说法，他即这么说道：“心理学的意志迄今一直就是不具正当性的概则，这样的意志根本就不存在”（Nietzsche, 1968: 369, §692；同时参看269–270, §488, 354, §671, 397, §715）。这也就是说，在尼采的观念里，人并没有单纯的意志，乃至也无进行中的意志本身。它不像追逐着、欲求着或要求着等具命令感受性质之欲望（或驱力）的心理状态一般，有着一定的实在性。事实上，当使用意志一概念时，我们不能把行事的目的从整个条件中剔除掉，有的应当是对某种事施以意志力量而已。因此，意志本身只是一种纯粹的虚构，任何所谓施以意志（willing）指涉的，必然是一种指向特定目的的活动，本质上是具关系性质的。

在这样的认知架构下，所谓物自身的说法显然是无稽的，因为去除了所有的关系，事物的特质事实上即难以被认定的[①]（Nietzsche, 1968: 302, §558, 353, §668）。准此，尼采借用物理学的概念，主张以“力”的能量形式来表现意志的概念，但是，就心理学的立场来说，这则是一种具激情特质的感情呈现[②]（Nietzsche, 1968: 366–367, § 688）。同时，诚如德勒兹指出的，既然力有主动（active）与反动（reactive）的区分，意志（因而权能意志）跟着有了肯定与否定的分别，它

① 尼采即明白地说道：“联系有机或无机世界的，必然是在于每个力原子所施及的推动力当中。‘生命’应当被视为是一种形塑力量过程的持久形式，于其中不同的竞争者不对等地成长着”（Nietzsche, 1968: 342, §642）。

② 尼采即说道：“意志：一种令人注目的感觉，十分愉悦！它是所有之能量释放的附带现象”（引自 Heidegger, 1979: 49）。

涉及的不只是解释，而且是评估（Deleuze, 2006: 54）。如此一来，意志力的展现其实即是人所具有之一种内在能量的释放，此一能量即权能。于是，“权能意志不是意志与权能融会的结果，其情形正相反着：意志与权能，经常只是权能意志之原本单一的本质，以人为方式被割裂的概念片段”（Heidegger, 1987: 151, 194）。准此，对尼采而言，意志只是一个具驾驭（commanding）意思的词汇，用来披露人之存有所具有多面意涵的本质[①]。对此一具有着“去实体本质化”的字汇，尼采即做了相当明白的说明：“初始（它）代表一个大的错误灾害——即意志是实际生效（effective）的一种东西，是一种官能。……今天，我们知道，它只不过是一个字汇而已”（间接引自 Heidegger, 1987: 152）。

总结来说，人们若有意志的话，有的只是一种人所具的

① 尼采即曾经从生理学的角度指出，任何生命有机体均需要释放能量，因此，生命本身即是权能意志，自我保全只是这样状态的一种间接且最常见到的结果而已（Nietzsche, 2002: 15, §13, 152-153, §259）。安塞尔－皮尔逊（1991: 174-175）即把尼采在其诸多作品中曾对过去西方哲学中有关“意志”一概念的看法做个简单的整理，总结为五点：（一）在环绕着“自我”一概念的哲学神话学之中，意志被认为是灵魂的一种官能（参看 Nietzsche, 2007d: 58-60）；（二）拥有着自由意志的主体概念乃是在道德意识里处于奴隶地位者用来反抗的一种革命性武器（参看 Nietzsche, 1994a: 28-29, I, §13）；（三）叔本华之生命意志（will to life）其实只是权能意志的一种形式（参看 Nietzsche, 1968: 368, §692）；（四）假若我们坚信着意志的因果律的话，权能意志即可理解为具有着效能因果性（参看 Nietzsche, 2000: 35-36, §36）；（五）权能意志不等于只是追求权力，否则的话，追求权力的欲望就有如功利主义者之追求快乐的欲望一般。毋宁的，权能意志的外衍意涵是一种具驾驭性质的意志（参看 Nietzsche, 1968: 353, §668）。

内在权能力量永恒不断地释放而已。于是乎，生命本身（或谓存有的最内在本质）说穿了即是权能意志的施放（Nietzsche, 1968: 148, §254; 369, § 693）。易言之，没有所谓意志的本身，它只是人体现在一种“东西”（包含人际互动关系）上的权能力量表现，而这即是尼采用来刻画人的行动（乃至存有状态的维持）时所具有（也必然要具有）的所谓权能意志。说得更深刻一点，这即意味着，权能意志是人作为完整的主体所展现的一种能动状态[①]，而人之所为“人”即在于他与世界（包含其他人与想象中的世界在内）互动的过程之中，尤其是不断变易中，权能意志所显现的效果。因此，事物的特质乃体现在其与环境互动所产生的效果，而所有的效果即是此一权能意志的效果（参看Nehamas, 1985: 81）。

假若我们接受海德格尔之存有的概念来诠释尼采的思想的话，那么，权能意志具有推动一个人之生成的赋能作用，亦即：它具有让恒定安置之生成得以永恒呈现（permanentizing becoming into presence）的赋能作用（Heidegger, 1987: 156），而这恰恰是使得作为行动主体之人的生命得以积极（或德勒兹所谓的主动）地不断流转所必要的动力。于是，权能意志让人保持年轻的永生欲望和期待，形塑了主观意愿并起了充满

---

① 这样的意志说基本上乃承袭自叔本华，但是，不同的是尼采并不从人所具有之体质性材质的角度来诠释意志。就人类学的角度来看，尼采认为这是来自古老宗教中假设任何东西均具“意志”之信仰的一种返祖现象（atavism）（Nietzsche, 1974: 183, §127），但是，这并非尼采所认定的。

希望的鼓舞作用[①]（Nietzsche, 2007a: 227, 229）。这也就是说，权能意志的作用，乃“绝一存有之最内在核心的本质”（the innermost essence of Being），可以说是人产生价值行动的最原始动力来源，也是快乐的泉源（参看Nietzsche, 1968: 369, §693）。于是，以绝一存有的特性来为绝一生成铭刻，即是至高之权能意志的充分运作，这有着以不变之本质（即永恒轮回）来应万变的意思。无怪乎，瓦蒂莫会特别提示我们，只有完全快乐的人才会对永恒轮回感到有所喜欲（Vattimo, 2002: 107, 108）。同时，这也才会涉及德勒兹所提之主动与反动区分的问题——具主动性的权能意志驱使人们从永恒轮回之中找到生命的乐趣（Deleuze, 2006）。简言之，只有懂得修养贞定的人才有条件领会永恒轮回，得以让它并非单纯地只是一种如瓦蒂莫所强调的诠释，或乃至决定而已（Vattimo, 2002: 125），也非如海德格尔所评论的：对存在作为整体的发展而言，永恒轮回是一种具决定性的负担（burden）（Heidegger, 1984: 22）。情形毋宁更应当是：它是人类无可超越，也不需超越的命运存在状态，乃权能意志得以发挥能动性的唯一生命际遇。倘若允许我们再次借用海德格尔的说法来描绘的话，那么，权能意志与相同的永恒轮回涉及的是存有整体的基础，前者涉及的是

---

① 在这样的状况下，形塑超克人即是尼采心目中的伟大理想。所谓超克人代表的是“较高等之人类的理想类型，半圣人半天才”。他既非达尔文所倡言之演化论的进化人类，也非卡莱尔（Thomas Carlyle）所说之被崇拜的英雄，因为这只是为了达成维持社会秩序之工具价值所创造出来的人物，其特点还是在于顺从社会既有的价值与规范（Nietzsche, 2007b: 37–38）。易言之，对尼采而言，人的价值不是在于他是否有用（Nietzsche, 1968: 469, §877）。

存有是什么（what-being）的赋能问题，而后者指涉的则是一个有关长置生成得以呈现的“那个”存有（that-being）样态（Heidegger, 1987: 168, 170）。

情形显得相当明白的，尼采乃采取着相当具有着实证风格的论证立场来探究权能意志的动力来源。在上文中，我们已经得知，尼采一向即力图避免采取任何抽象的形上预设，而是采取心理学立场回到日常生活世界里的实际生命状态来构思的人问题与寻找化解方案①。推到极点，这也就是说，我们必须回到人所具最低程度之存有状态——动物性中去寻找答案，肉

---

① 在《人性的，太人性的》一书的一开始，尼采则提出，哲学的宗旨乃对诸如道德、宗教与美学等的概念与感觉进行化学式的成分分析（Nietzsche, 1999a: 12, §1）。其实，在19世纪末至20世纪初，在欧洲的心理学界里，本能说可以说是极为流行的学说，如英国的麦克道格尔（McDougall, 1908, 1912, 1920）以及法国的勒庞（Le Bon, 1921）即是明例。同时，在《快乐的科学》一书中尼采就这么提过：“无论如何，我们要成为如是的我们（those we are）——人类是新颖、独特、无从比较、给予自己法则并创造自己的。为了达致这样的目的，我们必须变成为对这个世界中任何具法则性与必然性之事物的最佳的学习者与发现者：为了成为具此意思的创造者，我们必须成为物理学家（physicists）”（Nietzsche, 1974: 266, §335; 同时参看 219, §270）。于是，尼采高呼“物理学万岁”。为此，《快乐的科学》一书的译者考夫曼作了这样的注解：尼采在此并不是思及道德感觉与判断的物理学，而是企图告诉我们，人们必须知道任何事物所以产生背后的理路，才可能使得自己成为具自主性的人，而这样的物理学宣称无疑地是意图证成“自然”乃是理解人之存有状态的终极皈依（即希腊文中的 physis）（参看 Nietzsche, 1974: 266-267, 注 67）。因此，整个尼采的论述似乎沾染着实证色彩，只是，其重点并不在于证成物理学本身在认识论上的特殊重要性，而是强调扬弃形上学，让对人之存在的理解回到人的自身，特别是人的基本心理样态（参看 Nietzsche, 1968: 333-334, §623, 339-340, §636; 1999a: 14-15, §6; 15-16, §9; 21-22, §18; 2002: 15-16, §14; 22-23, §22）。因此，物理学的说法只是一种认识论上的比拟，心理学才是依据的重点。

体可以说是最为根本的考虑对象，乃是具意志、富创意、做评价之“我”的存在基础。进而，这个以肉身成就的“我”本身是评判一切事物的标尺和价值归依（Nietzsche, 2009: 65）。在《查拉图斯特拉如是说》一书之第一卷的“论蔑视肉体者”中，尼采就这么说道：

> “我是肉体，也是灵魂。”——小孩这样说。可人们为何不像孩子们一样说话？但醒者和知者说：我完全是肉体，而再非其他；灵魂只是肉体上某个东西的代名词罢了。肉体是一种伟大的理性，是具有一种意义的一个复合体，是一场战争与一次和平，是一个畜群和一位牧人。我的兄弟，被称为“精神”的小理性也是肉体的工具，是你的伟大理性的小工具和小玩具（Nietzsche, 2009: 68）。

于是乎，在尼采的心目中，驱动人的行为的最基本动力，是依附在肉身内人所具有种种相互牵扯的本能（instinct, *instinkt*）官能①。它足以产生能量，在人的潜意识中形塑了具

① 尼采使用本能一概念始于 1869 年 5 月 28 日在巴塞尔大学以“荷马与古典语源学”（Homer and classical philology）为题的就职演说中。在该演说中，尼采指出，（语言）文献学乃是由科学与伦理 - 审美（ethico-aesthetic）等多重的本能纠结而成的一门学问。其中，有关古希腊史诗伊利亚特（Illiad）与奥德赛（Odyssey）的所谓“荷马问题”，基本上乃涉及荷马的人格问题，而这又触及到天赋异禀者与大众的诗性灵魂（尤其中介者）的内在人格问题——尤指体现希腊意识的言说本能（speech instinct, *Sprachinstinkt*）问题（Nietzsche, 1910）。之后，本能一概念陆续出现在其著作之中，如写于早期之 1871 至

有爆发作用的驱力（drive, *trieb*）。假若本能是一个人在日常生活中不断产生作用之一股平静且持续的力量的话，那么，驱力则是在特定情境下所产生具动态性的爆发力，两者一起形成为对所有行为表现的心理（与生理）支撑（*Träger*）（参看Assoun, 2000: 55, 80）。但是，更重要的，它必须转化为具鼓舞人活动的强烈意志化力量，才可能发挥实质的作用；这也就是说，重要的是意志化的效果（亦即权能意志展现的效果问题）才是重点[①]（Nietzsche, 2002: 35–36, §36）。

针对人类所具有的本能，尼采发现其所体现出来的是多元、多变且多层，但是，这些基本上都是为了自我保全[②]，因而可以说是自利的（参看Nietzsche, 1974: 291–292, §349）。即使在道德伦理规范上常见的利他要求，说穿了，其实也

1872年间的《希腊国家》（*The Greek State*）（1994b）以及《荷马论竞争》（*Homer on Competition*）（1994c）和《悲剧的诞生》以及后来的《人性的，太人性的》、《快乐的科学》与《论道德的谱系》，乃至贯穿着整部后人（他的妹妹）为他编撰的《权能意志》一书，成为整个尼采思想的核心基础概念。

① 对权能意志，尼采提出了一个相对精简的说法："……只要效果被认定了，意志即是具效力作用的意志，即任何力道活泼作用着的机械性事件就是意志的力道和效果。最后，我们即可设定已成功地把我们整个驱力生命解释为意志之一个基本形式的组织和成长，此即权能意志"（Nietzsche, 2002: 36, §36）。

② 海德格尔认为，有关生命的本质问题，尼采探究的不单纯是霍布斯强调的自我保全本能，而是有关个体之自我超越（self-overcome）的强化（enhancement）问题，甚至，我们可以说，自我超越的强化本身即是自我保全（Heidegger, 1987: 15）。这样的诠释相当有见地，但是，尼采似乎还是肯定着霍布斯命题所意图强调的前置性，以至于认为权能意志基本上乃与自我保全和追求快乐的动物本能无法完全脱离着（Nietzsche, 1999a: 99, I, §104; 112–116, I, §111）。

只不过是利己的一种转型表现而已[①]（参看Nietzsche, 1994, 1999, 2002）。再者，不同于其后之弗洛伊德的原欲本能观强调的是人作为有机体所具有之生理体质性的基础，尼采的本能（或驱力）观毋宁是以人具有之生理结构为基础所衍生的历史-文化特质作为论述的内容。根据阿苏的研究，这乃与尼采所处之时代与社会的文化表现模式有着密切的关系（Assoun, 2000）。

就西欧社会思想发展史的角度来看，在浪漫主义盛行之前，尼采所意图意指的本能与驱力二概念的核心意涵其实早已形成了。早在发生于1760年末至1780年初的狂飙运动（Storm and Stress, *Sturm und Drang*）[②]之时，驱力的概念已出现在德语里头，乃意指施及人类存在的实在世界（尤其体现

① 亚舜认为，尼采此一观点乃承继自17世纪法国的拉罗什富科（La Rochefoucauld）之人具自爱（self-love）与自利（self-interest）本能的说法（Assoun, 2000: 212-214, 注35）。

② 字面的意思是骚乱和紧急驱策。于1776年，克林格（Friedrich Maximilian Klinger）撰写了一本有关正展开之美国革命的剧本，即以此为名称，而首见于世。对抗着当时居优势的理性主义，作者于剧本中以极为强烈的语言描绘人类难以处理的情绪，并颂扬着个体性与主体性。总之，此一运动的特色在于针对启蒙运动所强调的理性（不管是来自理性主义、经验主义或普遍主义）予以反弹，特别是指向早期巴洛克时期强调理性调和的法国新古典主义。他们认为人的主体性，尤其是极端强烈之情绪与感情的经验表达，应当予以重视，而这表现在文学与音乐上面更是不可或缺。哲学家哈曼（Johann Georg Hamann）与赫尔德（Herder）是此一运动的重要理论家，歌德则是最著名的支持者。简单地说，此一运动可以说为德国知识界（包含文学与音乐）树立了特殊风格，并蔚成传统。直到歌德与席勒才把此一运动带入另一个新境界，与所谓的魏玛古典主义（Weimar classicism）接棒。

在有关文学、诗歌和音乐的论述，甚至政治领域[①]）时，所必要予以投注的一种动力机置（motor）。与此同时，本能的概念也被提出来，并与天赋（*genius*）的概念一起来看待（参看 Assoun, 2000: 63–67, 206–211 之注 27, 47, 52）。易言之，这些概念乃与浪漫主义作为一种对启蒙理性进行批判的反思运动有关。当时的欧洲（尤指德国）知识分子体认到，除了理性之外，人自身具有之激情感受的本性是不应当被否认的。因为本能、驱力、欲念等代表的正是人的自然状态，于是乎也就被用来作为证成人所具这样之激情特质的核心概念，尤其是涉及审美的范畴。翻译成为一般人的日常语言，最典型的说法即是：艺术（或文学）的天才是本能所天赋的特殊秀异表现。准此，尼采乃从伦理–审美的角度以具创造肯确的意涵来平准化这些表现着自然[②]之本能、驱力与欲念等的概念，因

---

① 如论及诸多政治制度（如共产主义、社会主义、自由主义下的民主体制等等）时，尼采总是喜欢拿古希腊的城邦政治体制所彰显极具艺术质性的所谓“希腊本能”［如重视生活艺术、文化素养、政治的明智能力（prudence）］来对比批判。于此，尼采除了同情古希腊人鄙视“工作”的态度之外，甚至认为，纵然奴隶制度是蒙羞，但却是必需的，有值得肯定的地方。同时，尼采更认为，倘若没有依赖国家来处理霍布斯所说的“人们彼此之间处于永恒战争”状态，社会是无法跨越家庭的范畴而发展，具有天赋的人也无以充分发挥其能力（尤其是文化素养的升扬）（Nietzsche, 1994c: 177, 178, 181, 182, 185; 同时参看 Nietzsche, 1999a: 161–178, 266–270）。

② 对尼采来说，人文性（humanity）并不是如一般所认为是脱离自然而孕生。正相反的，他主张让人文性镶嵌在自然特质之中，两者相互搓揉摩荡着。譬如，古希腊人既是具备残酷的特质，喜好老虎般的摧残（如亚历山大），但也有着细致的文化素养。于是乎，“人之最高、最细致的权能乃是其所具的自然（本能），并且能够把其所具神奇的二元性在其自身之中贯彻着”（Nietzsche, 1994c: 187）。

此是“人文化”[1]了自然的概念，使得自然成为人世界的事实，也是人的问题。显然的，这绝非单纯地等同于如弗洛伊德立基于生理官能的物质性功能立场（尤其是以“阙如”的角度）来实质化这些概念的。

既然自然与本能是同体异构，本能自身是一种源自人所具之生理特征自然引发的动能，那么，它基本上与意识是背对的，潜意识则可以说是本能最具代表性的特质，于是，本能和潜意识乃与自然挂搭上。这也就是说，在尼采的心目中，潜意识是比意识更加接近自然的，也因此在论述上更具有着优位[2]。总之，在尼采的心目中，“意识是有机体最近、也是最后发展阶段的产物，因此也是最不完备、也最不坚强的。意识带来无以计数的错误，导致动物或人模拟原本必然的提早面对着灭亡，……”（Nietzsche, 1974: 84, §11）。因此，“任何变成意识的只是一种终极现象、一个目的，带来的是空无；任何意识之连续而来的现象则是不折不扣的原子式样”（Nietzsche, 1968: 265, § 478）。在这样的情况下，变成意识的只是为展开和延展生命权能所添加的一种手段而已，不能当成最高的价值，因为最高价值来自具潜意识本能性的酒神精神（参看 Nietzsche, 1968: 376, §707）。

---

① 引自阿苏（Assoun, 2000: 74）。

② 诚如第 223 页注① 所指出的，早在前引之 1869 年以“荷马与古典语源学”为题的就职演说中，尼采即使用了本能一概念，而这其实即已意涵着潜意识的意思了（参看 Nietzsche, 1910）。在《悲剧的诞生》中，尼采更是一再地强调酒神狄奥尼索斯的精神，其所代言的其实即是本能、潜意识的力量（参看 Nietzsche, 1999b）。

然而，现实上，活在人群之中的人们，是不可能完全避免文化与历史传统的制约，意识的存在既是必然，也是需要的。对此，尼采主张，单就个体存有体本身而言，意识本可以不存在，它只存在于群聚的情境里。因此，单对独立个体的本质性来说，意识的存在是额外的（superfluous），它的敏感性与强度总是与人们的沟通能力成一定的比例关系，而此一沟通能力又与人的沟通需求有着一定的比例关系。准此，只有在沟通需求的压力下，通过符号（口语、姿势或文字等）的交换，意识才得以发展出来（Nietzsche, 1974: 297–300, § 354）。这亦即意味着，单独意识本身是不可能存在的，它是潜意识的衍生物，只不过，潜意识经常以隐形姿态呈现其自身，仿佛总是不在场一般。尤有进之的，意识（特别是道德意识）以各种名目把潜意识原有近乎无限的宽广可能性予以浓缩，挟持制造痛苦感受的种种道德律令与禁欲作为即扮演着这样的功能，特别是指向社会里的弱者[①]（参看Nietzsche, 1994a）。于是乎，审诸道德作为一种深具意识化的社会集体产物，潜意识作为人类这样之存有体的一种特殊心理机制，自然地是更接近纯洁的。

说得更具体一点，对尼采而言，任何的道德都是为了保护类属（species）之存在的群盲本能（herd instinct）所驱使，而且，诸多本能更是必得有着一定的协作，人才得以有足够能量应对环境［如反映着占有（possessions）本能的性

① 对尼采而言，怨愤是弱者对一切道德的反应，乃与弱者与生共俱的，只有勇者才是以意志克服万难来成就自我（Nietzsche, 2007b: 14）。

爱、贪婪等]，以免被消灭掉（Nietzsche, 1974: 74, §1; 84, §11; 88, §14; 174–75, §116, 117）。以至于所有的德性也只不过是被精致化的激情与被强化之身心状态的披挂，任何的道德评价于焉变成为只是一种注释（an exegesis）而已（Nietzsche, 1968: 86, §136; 148, §254）。无怪乎，尼采会认为，标榜利他的道德其实只是具核心本质（即利己本能）之不可分离个体（*individuum*）的一种分离混合个体（*dividuum*）表现而已，相当的吊诡[①]（Nietzsche, 1999a: 42, §57）。这也就是如同阿苏所评论的，人类原本具有之浮动的自利潜意识本能，总是被自称是解放，但实际上是以狡黠的意识化过程所掩遮、扭曲、变形（Assoun, 2000: 109）。因此，意识总是显出病态，而潜意识的才是健康的，或者，换个角度来说，"所有完美的行止是潜意识的，不必屈从于意志；意识是不完美的表现，经常是一个人的病态。……一个程度的意识使得完美不可能"（Nietzsche, 1968: 163, §289）。说来，这一切才正是作为"认识你自己"之生成本质（而非已成状态）的所有科学应当正视的地方（Nietzsche, 2007c: 85–89, §48–50）。

显然的，尼采高度欣赏着任何由潜意识所引发的本能行为，因为只有这样才是最为素朴而纯洁。相反的，被意识化的任何道德，尤其是所谓善的表现，都经过了人为有意的修饰，充满着虚伪与扭曲，这让人们总是戴着面具而从不可能说真话，以至于"不管谤世者能造成何种损害，但善人造成

① 看第 187 页注②。

的损害最为严重”（Nietzsche, 2009: 351, § 26）。无怪乎，尼采会“离经叛道”地说道：“毫无疑问的，当涉及发现真理的某一面向时，邪恶而不快乐的人们总是比较幸运，有着较大的成功机率（尚不论那些道德家不讨论那既邪恶又快乐的人种）”（Nietzsche, 2002: 37, §39）。

在这样的感知架构下，尼采并非完全否定道德存在的必要，而是否定了某种特殊道德的历史形式。尼采即明白地表示：“我否定道德，犹如我否定炼金术，那是因为我否定它们的前提。但是，我不否认有些炼金者相信这些前提，并且依此行事。我也否定不道德，不是因为有着数不清的人们感觉自己是不道德，而是有着任何的真实理由这么感觉着。除非我是笨人，否则，我不会否认许多被称为不道德的行动是应当避免与抗拒的，或许多被冠以道德的是必须做到与鼓励的。但是，我想，该鼓励与该避免的，应当有着不同于上述的其他理由”（Nietzsche, 1997: 103, §103）。这个理由是什么，无疑是重要的课题。

在此，需要特别提示的是，基本上，尼采并没有完全否认道德的现实价值，以及其所可能具有的社会意义。他无法认同的毋宁是那种具绝对支配性之道德论述的一些前提[①]罢了（Nietzsche, 1997: 103, §103）。譬如，诚如第二节之第二小节中所提示的，基督教道德即企图利用人类的群盲本能，

① 如来自怨愤或害怕等心理情结（参看 Nietzsche, 2007c: 140，尤其 Nietzsche, 1994a: 38-71）。

以罪与罚的概念为核心来经营“愚民”化的控制形式[①]（参看 Nietzsche, 1994a: 12–13, I, §2）。因此，不管以神圣神祇世界来驾驭世俗子民世界或以形而上（本质、自然）世界驾驭形而下（表象、文化）世界的二分说法来架出道德伦理意识，都是不恰当的，因为这些都是钳制人们之基本生存需要的精心设计，是残酷的。

显然的，尼采心目中想的是，人需要的不是上帝的钟爱和怜悯，也不是诸如社会主义者诉诸对弱者的宿命性怜悯的“人类苦难宗教”，而是形塑一种特殊的人格特质——有着旺盛的自信，由自己的心中来释放神圣崇高的精神，并只对自己的行为负责任，即使是要接受惩罚，也只是针对责任的一定归属认定而来（参看 Nietzsche, 1994a: 28–29, I, §13, 67–69, II, §21, §22; 2002: 22）。倘若借用伯恩斯坦（J. M. Bernstein）的说法，情形可以说即是，尼采无法认同的是具他律性的（heteronomous）道德，任何的信仰必须是来自于人的自我反思，乃是自律的（autonomous）（Bernstein, 1991: 196–198）。因此，人们必须学习的是态度的问题，懂得以不同的思维与感觉方式来面对道德伦理问题，而最为根本的即是回到人的实际日常生活世界，以超越善 / 恶以及此岸 / 彼岸的严格二分形

① 尼采认为，在远古时代，人是害怕孤独无助的个别生存状态的。当是时，立基于群盲本能的道德意识，基本上乃把个体训练成为只是群体的功能，也把价值形容为只是一种功能。在这样的情形下，人们是惧怕自由，视孤立自处为一种悲惨状态（Nietzsche, 1974: 174–175, §116, 117）。显然的，这样以群体为基础所塑造的道德意识，就其历史基础而言，是不同于由强者所定义之基督教的道德律令的。

式，审视人所以存在而予以珍惜的价值（或谓美德）。对尼采而言，这乃是通过道德的自我扬弃方式来重新引发人的激情以塑造美德，其中，有四种美德是重要的：正直（*Redlich*）、勇敢（*tapfer*）、宽恕（*großmütig*）与优雅（*höflich*）[①]（Nietzsche, 2007c: 427–428, §556）。

既然道德实际需要的常常只是欺骗，而人们又总是仰赖欺骗生活着，生命本身自然也就不应该是道德的产物，人们必须改弦易辙，学习以另外一种态度来经营生活。对尼采来说，这种另类态度即是以艺术品味来培养适当的德行（如前面提及之正直、勇敢、宽恕与优雅等四种美德），因此，如何形塑具自我特色的高尚品格是至为重要的（参看Nietzsche, 1974: 232–233, §290, 316–317, §361）。这也就是说，情形诚如雅斯贝尔斯所评论的，尼采所以极力抨击（某种）道德，并不是意图把“道德”完全逐出人的世界，而是为了创造某种更高尚的道德（Jaspers, 2001: 362）。尤有进之的，假若艺术态度的养成是一种意识活动的话，显然的，此一意识必须是立基于强化权能（而且是以潜意识本能推衍出来的权能意志）的基础上面（Nietzsche, 1968: 378–379, §711, 470, §880; 1999a: 6）。张伯伦即认为，当尼采企图以艺术的形式展现酒神狄奥尼索斯的精神时，他是怀有一种特殊的意涵，即理性不是解决悲惨与不理性的良方，因为这无需解释，也无以解释，有的只有升华，或减轻它们所可能带来狂暴的攻击。痛苦与不理性只能以生命

① 在另外的地方，尼采提及四种德行：勇气、洞识、同情与孤独（Nietzsche, 2002: 171, §284）。

力来面对，别无他途（Chamberlain, 2000: 59）。这也就是说，在尼采的眼中，生命的本身不是通过道德来保证，而是在于人力图谋求自我保全[1]与自我成长［或谓强化（enhancement）］，而这正是权能意志的表现，也是把世界当成艺术品以赋予它本身生命的关键（Nietzsche, 1968: 290, §534, 417, §796, 548-549, §1066）。更具体地说，人们的欲望和激情世界才是唯一被当成真实而给予的东西，因此，唯有兼顾了太阳神与酒神的精神来让艺术与权能意志充分结合，自由人才可能被创造出来（Nietzsche, 2002: 35-36, §36）。换个角度，借用雅斯贝尔斯的观点来说，尼采意图向人们提出的，即是创造一个兼具正派高尚品格、英雄气概和狄奥尼索斯心灵的人类（Jaspers, 2001: 367）。

以上的论述乃传递着一项重要的讯息，即立基于欲望和激情的意志运作才得以是一种具有着权能效应的起因[2]，"它相信'我'，相信我是存在，相信我是实体，并且把对于我是实体的信仰，投射到万物之上——它借此才创造了'事物'这个概念……"（Nietzsche, 2007d: 58-59）。即使是真理，它也不是绝对单一的，也不是先验预设的（不管以上帝或道德等之

① 在谈到他自己作为一种生物有机体时，尼采特别强调营养、居地、气候与休憩，认为这即是自我保全本能在运作着，表现出不折不扣的自我防卫本能。然而，在人的世界里，最需要的自我保全表现却是品味的养成，乃自我主义形成的根本（Nietzsche, 2007b: 30-31）。

② 在此，或许再提醒一次前面正文中指陈的一个论点是有必要的，那是：对尼采而言，意志只能作用于另一种意志，而不是对任何实质物质性东西（如神经）产生直接作用（Nietzsche, 2002: 36, §36）。

名）[①]，而是以价值的姿态浮现，其判准在于权能感的强化。尤有进之的，“真理尚不能算是价值的至高标准，更远不足以充当至高的权能”（Nietzsche, 1968: 452–452, §853, III）。在这样的理解架构下，假若我们接受生成是人存在的一种基本样态的话，这个生成只不过是一座桥梁，而非目的本身，因为它总是不断流动着（参看Nietzsche, 2009: 330）。因此，人生并没有一项被设定的终极目标（如基督教的救赎），人世间也没有什么绝对不变的真理，“真理是一种幻觉或错误”，但是，吊诡的是，它却又不能不存在着，因为若不是如此，“某种活生的存有体是不可能活着的”（Nietzsche, 1968: 272, §493）。对尼采来说，代表此一真理的至高价值是公正（justice），它扮演着超越善与恶的狭隘观点[②]以及施用于特定人物的一种全景权能（panoramic power）的功能，也是生命本身的至高养育（breeding）表现，而此一全景权能基本上即是一种自我宣称

---

① 对基督教与柏拉图主义笼罩下的哲学传统，尼采归纳出四个定律（Nietzsche, 2007d: 61）。但是，基督教与（柏拉图）哲学作为一种意识状态的基础是不同的。尼采认为，“古代哲人以理性之名要求人们远离情感，基督教却重新将这一情感归还给人们。出于这一目的，它否认哲人心目中的美德——理智胜过情感——有任何道德价值，全面谴责理性，同时以最堂皇和最强烈的形式表现情感：如上帝之爱、上帝之畏、上帝之狂热信和上帝之盲目望”（Nietzsche, 2007c: 94, §58）。针对此一对上帝的情感表现，尼采无法接受基督教把人所具有之作为行动的理想化原始动力的情欲（*Eros*）当成凶恶的魔鬼和幽灵，亦即将人类必然且经常持具的这种原始情感变成为承受着内在良知谴责的痛苦源泉，并视之为罪恶。对尼采而言，还有什么会比这更加可怕呢（Nietzsche, 2007c: 112–113, §76）？

② 特别指涉立基于过去之基督宗教与柏拉图绝对观念论的单一具形上学意涵的价值。

的权能意志（间接引自 Heidegger, 1987: 244）。从此角度来看，权能意志不只是一种具“能量”性质之“力”的展现，它的存在更是证成了人是一种具有自我诠释能力之主体性的存有体，生命本身必须通过人之权能意志的运作不断地予以诠释。说来，这正是“通过修养贞定来成就超克人”所以被认定是证成人之存在意义的基础（参看 Jaspers, 2001: 312–340），而维持孑然一身的孤独状态来进行自我反思的自律贞定功夫则是必备的要件（参看 Nietzsche, 2002: 163–166, §268, §269, 171, §284, 172–173, §289; 同时参看 Bernstein, 1991: 212–214）。

第七节　孤独、修养和超克人的形象

人的社会自我没有什么整体可言，有的只是不断的生成精进而已；连带的，无所谓世界既有的整体价值，所有价值都是人给予的。人要超越，不论就溯因或成果而言，永远是属于个人，而且是不断地在生成构作之中。这也就是说，在人的世界里，人是不应当，也不可能完全控制别人的[①]。然而，倘若生命本身无法通过道德（乃至真理宣称）来保证，那么，在面

① 这即是下面将提及之超克人的基本质性。回到尼采的著作《查拉图斯特拉如是说》中所提示的，情形即是：如果人们成为查拉图斯特拉的信徒，他就不是超克人；如果人们成为超克人，他们就会拒绝查拉图斯特拉，或者甚至变成为他的敌人。尽管这样的情形是相当具理想性，与现实的社会场景可能是脱离的，但是，就是在这样的情形之下，尼采才会暗示着，查拉图斯特拉顶多只是一个预言家（或谓镜子），而不是创造并企图垄断地主导一切假想与思想的上帝（Nietzsche, 2009: 152–156）。

对着种种永恒轮回的内在理路不断挑战时，情形或许就如尼采所宣称的，人只能把生命当成艺术品，运用权能意志来谋求自我保全与自我成长，并刻意地为生命本身创造出至高的意义。或者，换个角度来说，人既是被创造的物，但也是创造者，生命本就需要如以锤子敲打般地不断自我提炼。套用尼采的用语，这涉及的是精神的基本意志（fundamental will of the spirit），即如何从既有的东西之中注入新经验，而有着成长与增加强力的感觉（Nietzsche, 2002: 116–117, §225; 121–122, §230）。基本上，这是一项艺术经营的功夫。

尤其，一旦接受了“人的生命存在必然是要忍受种种的痛苦”这样的命题之后，我们就不能不设法去化解除苦楚的。若说苦楚是包围着人类的一种诅咒的话，诅咒并不是来自忍受苦楚本身，而是源于没有意义地忍受着苦楚。这也就是说，面对着生命的苦楚，人需要为自己寻找意义的出路。就此，尽管尼采一向以极尽刻薄的讽刺言词批判着基督教的禁欲理念，但是，他还是恳切地告诉我们，适当的禁欲理念可以给予人们生命意义的——至少是一种强过没有意义的唯一意义（Nietzsche, 1994a: 127, §28）。在尼采的心目中，适当的禁欲理念是指向许多通往独立之桥梁的道路，而这又恰恰是“哲学家”所特别乐于追求的，因为，对任何出现在他们眼前的东西，他们欣赏的是平和、冷静、高贵、保有距离且是过去的，亦即一些不会让灵魂被迫必须防卫与伪装自己，又可以让自己不必大声交谈的东西[①]。说得更加积极一点，如此的禁欲主义是一种出于良质意志所引发之衷心、坚定的弃绝，对塑造最高精神性的基本意志，可以说是最有利条件之一，也是最自然不过的结果（Nietzsche, 1994a: 80–89, §7–11）。基本上，它们至少具有着尼采所认定之禁欲的三种美德[②]（即贫穷、谦虚和纯洁）中的谦虚和纯洁。

很明显的，尼采强调禁欲三美德给了我们一项重要的提示，即追求存在意义本身即是一种极具艺术性的活动。尼采即说道，在追求人生存在意义的过程中，艺术家一向即比思想家较不具有着道德意识。纵然艺术还是脱离不了需要思想的滋养，但是，艺术在生命情景上面覆盖上的那一层思想，总是不那么清晰，以至于使得整个生命情景变得可以忍受。这一切之所以可能，主要是因为艺术总是仰赖情意感受（特别是忍

---

① 尼采称此一强调人之心理状态的禁欲描绘为美学生理学（Nietzsche, 1994a: 85, §8）。他即以如此的说法来定义禁欲理想：禁欲理想乃源于一个业已衰退生命的保护和疗愈本能。他企图使用所有的手段来维持自身并为自身的存在斗争着，而这意味着部分的生理状况受到压抑，并已耗竭。为了对抗这样的状况，生命中早已处于停滞之最深层的本能则继续地以新方式来斗争，禁欲理想即是此一寻求自我保全的方式之一（Nietzsche, 1994a: 93, §13）。显然的，尼采在此所说的哲学家特别指涉的是，那些以哲学作为指导生命（因而，生活）意义之经营的人们，而非时下专门经营抽象概念与诠释诸多哲学大师之著作的哲学教授。

② 参看尼采（1994a: 82, §7）。再者，在此，我所以有着这样的引述，用意不是意图证成禁欲主义对生命经营的至高正当性，而是禁欲主义所可能蕴涵的另一层深刻意义，即修养贞定的社会学意义。

受痛苦）所孕生的一时灵感来予以营造的缘故吧[①]（Nietzsche, 1999a: 80, §146; 82, §151; 83–84, §155–157）。于是，至少从行动的角度来看，当艺术以逼近比拟真理的神圣姿态出现在人们的日常生活世界时，特别是在具酒神狄奥尼索斯精神的激情本能冲击下，它是带有些许之准道德性的意涵的，因为它总是可以提供人们较清晰的契机来处理不断流动迭变之生命中苦楚的阴暗面向。

对着生命不断地流动迭变，尼采认为，人们只钟爱短暂的习惯，唾弃持久的习惯，因为只有前者才可能提供人们了解许多事物与状态的无价手段，但又不至于完全垄断一个人的认知和感觉（Nietzsche, 1974: 236–237, §295）。这样一项座右铭般的见解再次地提醒着我们，在不断生成（包含成长与削弱）的过程中，以艺术形式撑出的生命基本上就是需要一直保持着不断流变的样态，否则，就无以有所精进。同理可推，在这样不断缘便生成的过程里，我们更是没有理由特别抬高因果律的固定常轨效用，也没有坚实的理由需要对实在与表象之间予以严格区分，甚至不必承认人作为主体的自我有着完整的单一整体性。我们看重的毋宁应当是，在权能意志推动下，人作为行动主体所引发之行为的实际总效果到底是什么的问题（Nietzsche, 1968: 268–269, §485, 269–270, §488）。这样深具实

① 于是乎，对于他那个时代的艺术（包含音乐、诗歌、绘画等）所体现愈来愈知性化和象征化的现象，尼采始终有着微词，感慨着其中流失了具缅怀过去之节庆性的愉悦成分（Nietzsche, 1999a: 91–106）。无疑的，这样的感慨乃意味着，在尼采的心目中，愉悦的情绪感受始终是界定人之所以存在，也是文明所以展现的心理基石。

用主义色彩的立论，使得尼采对真理有着另外的看法，他说道："'真理'……并非可以寻获或发现的某种既在东西，而是必须经过创造并对此过程赋予名号的某种东西，或毋宁是一种本身并无固定目的之从事克服的意志——真理乃被视为是一个无止境的过程，一种不断进行着的积极决定——不是对某种本身是确定且被决定之东西的生成意识状态"（Nietzsche, 1968: 298, §552）。这样的真理观，看起来，与强调"初始状态"并由此引发生成过程的混沌理论，颇有着异曲同工的妙蕴，而这也正是阐明上述"艺术以逼近比拟真理的姿态"呈现之积极意涵的关键所在。

接着来的问题是，人们如何以艺术的姿态（通过禁欲美德的实践）来处理苦楚忍受的心理状态？要回应这个问题，就得回到前文中已经提到过尼采对他所处之欧洲场景有着怎样看法的课题上面。基本上，尼采对他所生逢那个时代之欧洲世界已经相当普遍民主化现象，一直持着保留的批判态度。他认为，在这样一个表面上看似平等的大众社会场景里，固然一切平准化了，但是，却使得强者必须比过去的强者需要更强、更富，因为一切平等而开放的表象使得人们需要更多的奋斗，才能够充分掌握机会；换句话说，只有为自己创造更多的有利条件，才有更好的生存机会。于是，尼采得到一个相当刺激性的结论：民主同时乃在（包含精神上的）暴君的培育中非自愿地运作着（Nietzsche, 2002: 132, §241; 134, §242）。

尼采更是一直诟病着自由民主所"启蒙"之人民（与大

众）“均值人”至上的作为[①]。他认为，这样的作为具有煽动的特质，使得政客们成为“气候制造者”（意即不时地预测民意的“气候”），而这终必导使人类普遍因循、堕落和低俗化的历史根源[②]（Nietzsche, 1999a: 161, §438; 164-165, §449）。他指

---

① 尼采即曾这么提到：“哦，在我看来，当今群盲丑角是何等悲哀！当今却是群盲的时代”（Nietzsche, 2009: 475）。同时参看《查拉图斯特拉如是说》一书第四卷中之《与国王们的谈话》一章（Nietzsche, 2009: 397-403）。他更揶揄他那个时代在民主社会里已获得了具至高权（sovereignity）特质的大众（人民），认为内涵在这种形态的本能［他称之为群盲本能（herd instinct）］乃不同于贵族社会的本能。借用数学概念来说，量度的单位决定了总和的涵意，因为前者一直是“零”，再多相加一起还是一样的，总和始终只是“零”，不会增多或减少的（Nietzsche, 1968: 33, §53）。同时，尼采在《不合时宜的沉思》一书中也曾有过这么的说法：

> ……群众仅仅在三个方面值得一顾：一是作为伟大人物的复印件，被印在劣质的纸上，而且是用磨损的雕版印的，其次是作为对伟人的阻抗，最后是作为伟人的工具，此外就让魔鬼和统计学把他们带走吧！什么，统计学证明历史中有法则？法则吗？是的，它证明群众是多么平庸和令人恶心地千篇一律：人们应当把愚蠢、模仿、爱和饥饿这些重力的作用称为法则吗？那么好吧，我们愿意承认这一点，但这样一来如下命题也就是确定不移的：只要历史中有法则，法则就是一文不值，历史也就一文不值的。但现在恰恰是这样一种历史学普遍受到欣赏，它把广大的群众活动当做历史上的重要的和主要的东西，把一切伟大的人物仅仅看做最清晰的表达，仿佛是看做洪水上面变得可见的小水泡。这样群众就应当从自身生产出伟大，混沌就应当从自身生产出秩序；最后，当然就对生产着的群众唱起颂歌了。……最高贵的和最高尚的东西根本影响不到群众……（Nietzsche, 2007a: 224, 第二篇 , §9）

② 尼采即引述伏尔泰的话，说道：“当暴众加入并添增了他们的声音，一切即丧失掉了”（Nietzsche, 1999a: 161, §438）。他甚至认为，假解救被压迫阶级为名的社会主义者，为的不是正义的问题，而是权力。其假正义之名的革命精神比明白地宣称为自己之利益者还更加危险，也更具反动的专制特质（Nietzsche, 1999a: 163-164, §446; 165-166, §451, 452, 454; 173-174, §473）。同时，尼采已注意到他那个时代许多欧洲国家（特别德国）所面对的政治问题——社会主义与民族主义的狂飙。这两种看似相对立的主义其实有一个共同的样态，即都以大众为考量基础，嫉妒与懒惰是两股动力。尼采认定，

出，在当代（当然指的是尼采那个时代）商业发达的时代里，大众喜爱刺激多于维持生存所必需的东西（如食物），这种喜爱“并不是民众中间土生土长的，它是一种移植植物，只不过在这里它长得更茂盛罢了”（Nietzsche, 2007c: 225-226）。总的来说，这是一个向群众媚俗的时代，也是让人“堕落”的时代。人们总是向着均值的思想靠拢，让群聚性的思想平准化人们的心智。于是，尼采谴责在他那个时代活跃的许多种人（如政府官员、商人、或学者），认为他们事实上只是奴隶，因为他们整天有四分之三的时间受到既有社会结构与价值系统（最重要的是来自职业结构）所局限，没有让自己的生活有着闲散的机会，以至于人们无法自由地体验生命（特别通过艺术）的意义（Nietzsche, 1999a: 132-133, § 283-286）。在这样的场景里，假若没有一种更高阶的文化来予以熏陶的话，人类将普遍丧失了探究真理的兴趣，只追求单纯的愉悦、幻觉与幻想等等，重陷野蛮状态①（Nietzsche, 1999a: 119, §251）。尼采这样的说法实即意味着，人必须学习超越，超越反映在均值人上面的群盲特质②。这样的超越首在于实践自我克服与自我

社会主义是尽可能少用手去做，而民族主义则是尽可能少用头脑去做。尤有进之的，前者使得社会里生产优质文化价值者的内在生活更加难以经营，也更形痛苦。至于后者，则是怨恨并嫉妒着卓越而有自我转型能力者，不愿意让自己参与生产社会大众效应的行列（Nietzsche, 1999a: 177, §480）。

① 尼采此一见解用来刻画当前符号消费社会的场景，还真可以说是相当贴切的。

② 尼采即认为，对当代只让群盲本能支配着的人们来说，他们顶多只有表象的品味，意志却是被稀释掉（Nietzsche, 2002: 107, §212）。这正可说明着，何以当代不需要哲学，只要艺术，而且只是搬弄技巧、取巧讨好大众之缺乏灵魂的小艺术——风尚。

精进，也就是成就超克人经营自我超克的修养贞定功夫。于是，超克人首先需要从道德意识的制约中挣扎而出，且必须又是凌驾超越其上[①]，才可能获得真正的自主与自由（Nietzsche, 2007d: 67）。

推到极端来看，显然的，让我再重复前面已经陈述过的论点，即所谓“自由人”是一个不断地以至高权能意志来成就自己的经验与感受生成[②]的个体人，绝非如英法自由主义者企图通过社会性的制度机制来保障（具法律质性）的外在自由[③]（不管是所谓的积极或消极自由）（参看Nietzsche, 2007c: 159-161, Ⅸ, §38）。尼采即曾这么说过：“不想属于群众的人，只需要不再对自己感到惬意，他追随自己的良心，这良心向他喊道：‘要是你自己！你现在所做、所认为、所欲求的一切都不是你’”[④]（Nietzsche, 2007a: 244, Ⅲ, §1）。“做你自己所是”并不是有个确定之本来的存有作为具“物自身”性质的典范来证成自我。尼采即明确地告诉我们，在生成的背后，并没有“存有”这样之更深层的层面，“在作为、其效果和所以生成的背后，并没有任何的‘存有’；‘施为者’（the doer）只

① 相对的，基督教却是以扭曲、压抑和折磨人的身体（如耶稣被钉在十字架上）来正当化其解说（Nietzsche, 2007c: 124）。

② 尼采特别强调，此一生成是一种发明、赋予意志、自我否定、自我克服。它不是臣服，而是行动，是一种自我安顿、创造，没有定型的因果规律（Nietzsche, 1968: 331, §617）。

③ 参看柏林（1986）。

④ 在《快乐的科学》一书中，尼采甚至以更直截了当的方式说道：“你的意识说些什么？ —— 你必须成为你是什么的那个样子”（Nietzsche, 1974:219, §270, 266, §335; 2009: 389, 第4卷，第1篇）。

是被创造出来的一种思想后的虚构物（an after-thought）而已——作为才是一切”（Nietzsche, 1994a: 28, I, §13）。于是乎，“做你自己所是”只是一种以具酒神精神的热爱方式迎接着命运，并且以缘便的态度进行着不断生成的作育过程——一种表现生命艺术的自我努力过程。在这样的过程中，人需要做的是以不断自我反思与克服的方式来“虚空”化既有的种种具体作为，以使得灵魂有着获致更多精进的契机①。这么一来，此一虚空（包含死亡）可以说是人生命历程中最精彩、也是最重要的永恒轮回状态。尼采不就这么叙说着查拉图斯特拉吗？——“‘这曾是——生命么？’我要对死亡说。‘那好！再来一次’”；“快乐希求所有事物的永恒，希求深沉的、深沉的永恒！”（Nietzsche, 2009: 509, 517）。

尼采以生理学（或谓心理学）还原论的立场来诠释自我精进的过程，而非让人的精神完全脱离其所依托的肉身官能作用。或者，稍微保守地说，他一再强调人所具动物性的自然表征对人的存在（包含道德现象）所可能彰显的隐喻性意涵②。

---

① 缘此说法，内哈玛斯以一向西方哲学传统肯确“存有”自身作为必然前提的立场，批评尼采此一具缘便生成性质的“做你自己”与其他相关的说法（参看 Nehamas, 1985: 第 6 章）。这样的论述无疑地忽略了“虚空”一概念在理解尼采思想中可能扮演的关键角色，因此，内哈玛斯所提出的种种批评着实值得进一步商榷。

② 在《朝霞》一书的普兹版注中编者指出，尼采发展一种生理学还原法，在其晚期作品《善恶的彼岸》与《论道德的谱系》中充分地运用着。对最高原则的观念、真理理念、伦理与美学的价值概念、逻辑、语法和风格等，尼采都追溯到身体与其体质、人种、本能以及特定之生命形式的保存原则上面（Nietzsche, 2007c: 65, 注 1 与 §26）。而且，与此一自我调节和生命维持一起产生作用的还有外在的条件，如饮食和金钱，甚至气候也可以成为道德性的

假若展现人文性的超克人是人存在的最高期待的话，人始终是有着野蛮但却是自然的动物性面向，因而，本能的释放是人存在的基本体质条件[①]。

于是，人正像一个行走于搭在野兽（自然）与超克人之间的钢索上的走索人，必须战战兢兢地走着。走索代表着战胜、超越与攻克，不只需要走出野兽的范畴，更是必须从“最后的人”[②]过渡出来以成就超克人（Nietzsche, 2009: 42, 前言, §5; 45, §6）。然而，人却总是游走在两者之间，行趑趄踌躇着。

没错，在尼采的心目中，人唯有能够突破种种传统籓篱的约束，才可能获得充分的自由，而只有心中没有最终固

（Nietzsche, 2007c: 162–166, §119; 249–250, §203; 307, §320）。普兹版注中编者进而指出，尼采这样的生物主义基本上仍然摆荡在概念和隐喻之间（参看Nietzsche, 2007c: 162–166, §119）。

① 诚如艾里逊所明示的，以通过所谓客观之因果律、理性逻辑思维与实验方法等等经营的科学研究所呈现的自然，并非尼采眼中的自然。对尼采而言，为了变成自然一些，人应当学习拥抱天真而素朴且是混沌而充满着必然性的“自然”（Allison, 2001: 105; 同时参看Nietzsche, 1974: 167–169, §109）。这也就是说，基本上，通过人之诸多冲动与本能所感知到的素朴经验才是自然的，而且，这样之混沌的自然状态总是一再循环地呈现着，如此之永恒轮回的自然状态，尼采称之具有着“至极的重量”（the greatest weight, *Das grösste Schwergewicht*）（Nietzsche, 1974, 273–274: §341）。

② 最为典型的是具坚定特定宗教（道德）信仰的圣者。推演来说，这也包含坚信科学至上的科学家。在《查拉图斯特拉如是说》第四卷中，尼采列举了一些人物，如国王，科学家（让水蛭吸血做实验的人）、魔术家、逊位的教皇、最丑陋的人（承受基督教洗礼的种种“高尚”人）、乞丐或所谓更高的人等，可以说均是指涉到这个“最后的人”（Nietzsche, 2009: 第 4 卷）。

定目的地的漂泊者才可能获得这样的自由[①]。然而，这样的漂泊者的自由精神只是形塑了代表开端的“晨间哲学”（the philosophy of morning），并非成熟的哲学（Nietzsche, 1999a: 108, §225; 203–204, §638）。因为此刻阳光一直是斜照着，所以，无论漂泊者走到那儿，总是有影子跟随着[②]；或者，具体地来说，这即意味着历史的影子始终相随着。然而，真正的漂泊者是没有固定的归属，他是超越特定历史的。就文化心态而言，他更是一个纯净，没有受到文化污染，也不必承担记忆之折磨的“婴儿”（参看Nietzsche, 2007a: 第二篇; 2009: 57–58）。因而，早已受到历史污染的人类需要学习遗忘（即成为“非历史的”，若套用佛家的说法，则是“舍”），才得以有机会让历史残毒渐渐消淡。在第三节中，我们提及尼采主张以非历史（或超历史）来解救各种历史质性加诸于人类（特别是欧洲）文明的毒害。他即曾提示着：“治疗历史学的对症药叫做非历史的和超历史的。借助这些名字，我们返回到我们的沉思的开端，返回它的宁静”（Nietzsche, 2007a: 235）。这也就是说，唯有依靠遗忘（历史）——不断地遗忘，不断地筛汰和过滤，

① 考量尼采的思想乃是针对他所处那个时代主导欧洲世界的种种道德、宗教与哲学传统而来，我们就很容易理解何以他对漂泊者有着一份充满着幻想的旖旎期待。

② 摆回尼采所处的欧洲情境，这乃意味着，种种的消极虚无主义鬼魅总是如影相随着，逃脱不了（参看 Nietzsche, 2009: 441–445）。在这样的情况下，漂泊者一直以孤独姿态与其影子不断地对话，直到以查拉图斯特拉当成影子，并在查拉图斯特拉之永恒轮回的“正午哲学”教诲下，人作为漂泊者才得以有所精进，成就了成熟的哲学——积极的虚无主义（参看 Nietzsche, 1999a: 第 2 卷，第 2 部分; 2009: 257–261）。

人的纯性才可能彰显，也才可能通过人所具有的潜能来成就人格。对尼采来说，在漂泊者身上最容易找到这样的契机，因为他们没有历史包袱的负担。于是，就在这样的感知架构下，尼采对处于正午时分的漂泊者有着极高的特殊期待。

在尼采的观念里，时间是循环着的，但是，对人们，正午可以说是阴影最短（或甚至没有阴影）的时刻，反映的是一个几乎等于“零”的小点，是最长久之谬误的终结。这是最佳的时刻，是人类的顶峰，也是人沦为野兽或成为超克人之分离路上的中心点——一个极其暧昧模糊的吊诡小点。尼采即认为，此时真正的世界与表象世界的界线模糊掉，真实与虚假分不清，也不必分清，以至于最终一切均成为寓言（fable）③（Nietzsche，2007d：62-64）。既然是寓言，一切自然就不必求证，也不必肯确，有的只是想象、感受、陶醉，带来之最为顶端的，当然是绝对孤独的自我欣赏和品味，没有牵挂的完全独立自主，更是一种回归自然的努力。对尼采而言，这一切代表的当然不是退步，而是一种提升，上升到崇高与自由的境界。

往前更推一步地来说，没有阴影（即没有任何加诸于上的传统）的正午是永恒，是最纯净、最光辉，也是决定新生命的当下此刻，正是洗炼人性的一个关键点（参看Heidegger, 1984: 79, 105, 139-140; Jaspers, 2001: 382）。洛维特即认为，在正午此一最高时刻，知识的太阳直接站在所有事物的头顶，乃意味着“漂泊者的自由精神已经让一种永恒浮现出来了”

③　在这儿，我们又见识到尼采思想所蕴涵丰富的想象力与洞识力，他预言了为图像化主导且符号中空化的“后现代状况”。

（Löwith, 1997: 31）。倘若我们借用博尔赫斯的说法，那就是："永恒是纯粹的今天，是无限的即刻和光明的结果"（Borges, 2002: 478）。那么，正午正是这样的最高时刻，而且，正是在这个时候，尼采让漂泊人怀着期待的心情迎接着他的朋友——查拉图斯特拉，成就了充满喜悦之超克人的生命境界①（Nietzsche, 2007d: 175; 同时参看Nietzsche, 2002: 178-180）。

进而，尼采以极为睿智的口吻开示着，正是在这个时刻，自然界的一切与漂泊者一样，都陷入沉睡之中，脸上呈现着永恒的表情，他没有任何要求，也无所困扰，心是寂静的，只有他的眼睛是活着的——这是睁着眼的死亡（Nietzsche, 1999a: 387, §308; 2009: 226-231, 446-450）。对此，洛维特再次地提出了相当具启发性的诠释：正午乃象征着直立不动、时间暂停与完美的最高时刻，但是，更重要的，它又意涵着最极端痛苦与危险的最高时刻，也是把人带入（上帝已死之）未来时必须自己做决定的中心关键点，因为，在此时，它不只促使人们致力于自我克服，也可能导使人们自我满足，端看人们自己怎样做判断（Löwith, 1997: 9-10, 44, 100, 104-105）。

无疑的，在实际的现实世界里，时间（清晨、正午、黄昏和深夜）一直是循环着，没有任何人可以逃避时间的永恒轮回。那么，我们如何在这样的现实永恒轮回之中保住正午时分而有着"睁着眼的死亡"感受呢？显然的，尼采的正午

① 但是，当黑夜来临后，光没有了，影子也就跟着与漂泊者一起消失无踪了，一切成空。

哲学并不是意图真的把时间冻结在正午，而是让人的精神状态永恒地轮回到正午样态，以成就超克人所具有的一种至高存在境界，即具有着不可分割之本质的“个体性”（即“不可分离的个体”），而不是如体现在道德中那样的只是一种“分离混合物”（即“可分离的个体”）[①]（参看Nietzsche, 1999a: 42）。

于是乎，在尼采的心目中，超克人基本上并不是实际存在着的，也不是一个生命形式的终极点，而是一种被塑造的理想个体性，乃指涉着人对自己之存在条件的认识与人性可能实践自我精进转型的能力表现（参看Allison, 2001: 119）。因此，超克人所展现之不可分割的“个体性”，并没有具终极且稳固之整体性的基础，只有不断突破的生成。这么一来，超克人的世界是一个安置着多元和自由的世界，也是使得人的存在充满着实验（或借用佛家的说法，即精进）性质的世界（Vattimo, 2006: 164）。在这样的世界里，人学习自己做选择与决定。于是，超克人是一种在经验价值时有能力主动地把它完全转化进入其存在自身的人。他是一种异于均值人的高贵类属——一种具有超越永恒轮回（而避免有着堕落的平庸性）的特殊人种。他有着更多的勇敢，得以让“一个人能够自我克制，于是离开，以便保存自己，以对付更堪匹敌的敌人”（Nietzsche, 2009: 346）。更具体地说，这种勇敢即表现在超克世俗引诱与

---

① 即前文中提到的 *individuum* 与 *dividuum*，参看第 188 页注①。

压力之不断自我创造的权能意志上面[①]。

进而，尼采认为，人们的自我肯定与不断超克必须是以缓慢渐进的方式来进行，如以小剂量但长期不断服用药物的方式来改善体质，或如宝石一般一点一滴慢慢地凝固、结晶而变坚硬，最后获得的才可能是欢乐、宁静与永恒，而不是像18世纪法国大革命以骤然剧烈的方式来改变体制，带来的是更多更难以应付的创伤（Nietzsche, 2007c: 403, 408）。准此，考虑到如今天这样之大众社会形态早已具体成型的历史场景，诚如瓦蒂莫所指出的，这样的超克人似乎必得是活在具平等要求的多元大众之中的一种大众超克人（mass overman）（Vattimo, 2006: 131–132）。显然的，这将只是诸多人种中的一种，顶多是比较高贵而已。然而，对西方长期以来肯定人作为独立个体的期待而言，这则是一种对着命运从事着具历史–文化反思性的创造所努力获致的文明结晶。这样的大众超克人如何自存？与身处19世纪现代化刚刚发皇之历史处境中的尼采所可能想象（与期待）的超克人是否有着不同的质地，在在值得让我们细思。为了回应这样的提问，让我们先对尼采心目中的超克人形象有着更多的认识，或许是必要的。

尽管尼采所企图呈现给我们的超克人是一种抒情的幻影，

---

① 瓦蒂莫通过19世纪以来发生在欧洲的先锋（avant-gardes）运动（不论是表现在艺文、哲学或政治上面）来检视超克人的概念。他认为，即使到了今天，这样之历史性的考察还是理解尼采此一概念的重要基准点（Vattimo, 2006: 83–95）。在此，我没有能力回应这样的立论，事实上，也非我讨论超克人此一概念的考虑面向。我关心的毋宁是在于成就自我完整性的个人面向，而这在当前高度被“个体化”的后现代场景里应当是更加具有着意义，也更显得贴切人们所关心的课题。

一种力图超越物种极限的完美期待想象，但是，这无疑地是对人自身存在所以可以肯定的一种最高、也是最根本的形式，必须落实在大地的，尼采即这么说道："……（超克人）必定是大地的意义"（Nietzsche, 2009: 35）。这也就是说，它不是某一个特殊先验理念的表现或成果，而是在充满腐败污泥与杂草丛生之踏实的土地上，人通过行动实践而孕育出来的一种可能成果。因而，人的情形与树一般，"它愈想升向高处和明亮处，它的根愈要猛烈地向下，向泥土，向黑暗处，向深渊——向恶"（Nietzsche, 2009: 82）。如此，超克人并非以扣除（subtraction）方式追求自我解放，而是一项自我形塑经营的艺术作品，具有着活鲜生动的完形（*Gestalt*）特质[①]。

话说到此，先让我们回到尼采自身的生命历程来看，作为一个思想上与主流背道而驰且勇于发声的异端分子，尼采的生命可以说是勇敢，也必然是孤独的。他自己即这么说道："错误（理想的信仰）不是盲目，错误是懦弱。……知识上的任何成就与任何往前推进的一步都是勇气、坚强地往自己迈进与对自己真诚的结果。……我不排斥理想，只是对着它们我需要有着自我保护"（Nietzsche, 2007b: 4）。人们经常以理性之名编织了一个无形的天蚕丝网往自己（更多是往别人）的身上罩，甚至因此自诩获得了自由与肯定，宗教如此、道德律令

① 瓦蒂莫从19世纪末以来之先锋艺术与文学运动获得灵感，并采取后现代的立场，认为尼采的超克人乃是力图以扣除方式追求解放，也是以滑动与飘荡的方式致力于从屈从中解放出来（Vattimo, 2006: 165-166）。依我个人的见解，瓦蒂莫这样对超克人的诠释，似乎是为了迁就尼采之以艺术来拯救人类的主张，抬高了19世纪末以来之先锋艺术与文学运动的历史存有论地位，以后现代人的"典范"表现来供奉超克人。这样的诠释是值得商榷的。

如此，科学亦复如此。然而，对一个强调学习独立自主之自我判断的个体来说，不断自我反省批判以及批判外在世界是需要的，而这不只是仰赖知识与见地，更需要拥有坚韧的心志（勇气）。这一切需要的是孤独的自我心灵支撑，因为只有它可以使得一个人不会任意地从众。尼采即说道："我所以隐退到孤独之中，就是为了不从众人饮水的水池饮水。当我生活在人群中，我的生活恰恰如他们的生活，我的思想也不像是我自己的思想；在他们中间生活过一段时间以后，我总是觉得，所有人都在设法使我离开我自己，夺走我的灵魂——我对所有人都感到愤怒，并且恐惧他们。因此，我必须走进荒野，以便恢复正常"（Nietzsche, 2007c: 383）。施及于超克人正也是一样的，他是一个现实上必须活在俗世之中但却有着崇高之自我形象的孤独灵魂，他的灵魂只有依靠自我的实践来形构，也才可能从原始的混沌状态中获得到（自我）拯救[①]。

尤有进之的，在尼采的心目中，超克人是相对着"人类"，尤其是那些永远不变的"最后的人"（或谓"末人"）[②]而来的（Nietzsche, 2009: 42）。他是偏离者、索群者，更是英

① 根据阿苏的综合整理，尼采对自我的拯救（或谓治疗），提出了六种方法：（一）以某种禁欲的方式消灭本能，这是最极端而激进的作法；（二）以组织化的规训机制来管理欲望满足；（三）让本能欲望无限制地满足，以产生有效的反胃作用；（四）把对某种危险的本能与某种不喜悦的思想相贯联，以产生不喜悦的感觉；（五）以只能透过某种艰困的劳动方式才能满足本能欲望的方式来转移本能的强度，或使之屈从于另一种新的愉悦感；（六）以最坚决的禁欲方式完全摧毁整个本能机制（Assoun, 2000: 172-174; 同时参看 Nietzsche, 1997: 109-110, §109）。

② 参看第 253 页注②。

雄，而当超克人是凌驾在芸芸众生之上时，他则是领导者，也是统治者[①]。于是，当此刻，他是在意俗人的，这样的崇高孤独带来的是寂寞与压迫，是承当、是忍受，不是自在潇洒而净脱。但是，当超克人是一个修道者，他则是隐埋在芸芸众生中的“平凡人”，毫不起眼。此刻，孤独是他存在的本质意义，是欣赏的质素[②]，尽管他需要朋友，但这些朋友不是乌合之众的人类，更不是已死的尸体（如从高空摔下的走绳表演者），却是代表太阳（亦即自然）底下最骄傲（并展示残忍之高贵）的动物——老鹰与最具狡猾与欺诈之智力（低级的智慧）的动物——蛇，它们是可以共同创造、寻找收获与欢庆的同伴（Nietzsche, 2009: 51–52）。尼采所以选择了鹰与蛇这两种动物来与他的超克人元型——查拉图斯特拉——做朋友，乃因自然赋予鹰与蛇的特质即代表着原始的品性，是人类难以超越的元性[③]。既然这是人作为动物所具备的一种元性，而人类又总是期待着生成长进，于是乎，骄傲和狡诈必然是永恒轮回般地不断蜕化着，而这就成为权能意志发功的基本指向或着力

---

① 在尼采的眼中，现实世界里的大众总是“无知、盲从、容易受煽动”的，于是，“民众不了解何谓伟大，就是说，不了解何谓创造。但民众对伟大事业的引献者和表演者，却颇有兴味”。这些“伟人”总是颠倒是非，制造混乱，他们只不过是市场里“充满庄重的小丑”，更是有如“市场的（毒）苍蝇”，总是喧闹地嗡嗡叫（Nietzsche, 2009: 96–97）。在此，我们可以看出，在精神上，尼采持有着贵族式之情操的神韵，对于民主社会里的主人——人民，则保留着一定的鄙视意思，至少是缺乏敬意的。

② 尼采在自传《瞧，这个人》中之《我为什么这么有智慧》中即曾提到，整部《查拉图斯特拉如是说》即是一部赞颂孤独的酒神颂歌（Nietzsche, 2007b: 16, Why I am so wise, §8）。

③ 参看第 221 页注①。

点了。

在尼采的心目中，自我克制是一种精神变形的功夫，需要经过“精神三变”的过程来予以成就（Nietzsche, 2009: 55-58）。首先，超克人并非只是忍辱负重地担起无比沉重之所有文化传统（当然包含道德）包袱，以“你应”忍辱负重的姿态走入荒漠的骆驼，而是像具掠夺性的勇猛狮子，与总说着“你应”之代表着主人或上帝的巨龙相搏斗着，并一再地颠覆着古老的戒律与价值，因为他说的是具创造新价值之自由契机的“我要”。最后，当人们以行动完成了这种具创造新价值之自由契机的“我要”动力后，登上舞台的是代表着“一个新的开始、一种游戏、一个自转的轮子、一种初始运动、一种神圣的肯定”之完美无邪的婴儿——即具崭新“我是”姿态的超克人问世了[①]（同时参看 Löwith, 2006: 261; Safranski, 2007: 324-

① 罗森对“精神的三种变形”，特别是有关骆驼（与沙漠）的隐喻，有着甚富想象力的细致诠释，其中的一些观点似乎相当夸张，令人难以完全信服（Rosen, 2003: 88-95）。由于本文的主旨并非在于对尼采之整体思想进行细部的文本分析，所以，在此存而不论。瓦蒂莫认为，尼采的精神三变刻画的是有关西方文明传统由古至今，以至于他所期待的未来的转变。骆驼反映的是强调自我强制之顺服的禁欲主义、柏拉图主义和基督教思想，而狮子代表的是过渡到现代性，有如黑格尔在其现象学中所提及的现代精神。至于婴儿指涉的则是尼采所期待的崭新人物——超克人（Vattimo, 2006: 176-177）。艾里逊则特别指出，尼采所以提出精神三变乃与他自己一直身处于有如沙漠一般的孤独处境有关，他需要的是对冷漠的现实坚定地对抗使然的（Allison, 2001: 139）。在之后的著作《论道德的谱系》之中，尼采即花了相当篇幅以“沙漠”为形容来讨论哲学家偏好禁欲主义的可能缘由（Nietzsche, 1994a: 80-85, III, §7-8）。对尼采而言，把这样以“沙漠”来隐喻人（特别作为哲学家）的心理状态摆回整个欧洲的历史来看，可以说确实是呼应着瓦蒂莫的见解，乃针对柏拉图主义与基督教道德观（甚至包含当代科学主义）而来之一种对于人之存在的期待。简

325）。诚如考夫曼指出的，这样的超克人具有着明显而完整的个体性，拒绝向单一规范顺从，乃对反着伪善与僵固，并不断地与自己的既有存在状态斗争着。因此，超克人是一个自我超越的人，其具有的权能本质上即是目的，尽管始终是未确定着[①]。呼应着前面曾经提及的，这乃意味着，人有如走在搭架在具野性之动物与具人文性之超克人两个峭壁间之深渊的绳索上面（Kaufmann, 1974a: 309, 310）。如此，"人类之所以伟大，是因为他是一种桥梁，而非目的；人类之所以可爱，是因为他是一种过渡，一种堕落"。因此之故，"我爱那为未来辩护并救赎逝者的人，因为他决意为今人而毁灭"。于是，超克人是"闪电"，闪耀在当下此刻的"现在"（Nietzsche, 2009: 38, 40, 41, §4）。准此，尼采高度推崇歌德，并视为超克人的典范。他认为，歌德是一个坚强、有高度修养、体态动作灵巧轻盈，具自制力、敬畏自身的人，充分运用了自由游走人间的绳索上面。"这样的一个实现了自由的英才，带着快乐和信赖的宿命论站在宇宙的中央，心怀信仰，唯独个体卑劣，而在整体中一切得到拯救和肯定——他不再否定。……可

单地说，第一变是要求人要有耐心来寻回自己的尊严，之后，第二变则是勇敢地突破所有具自我贬抑（特别指涉基督教的原罪观）之惯性的道德传统，让自己有了自我反省与思考的机会，并进而学习对自己负责，如此才可能让自我获得到自由。最后，人应当学习的是把一切虚空化，有着一个婴儿所具有的天真无邪与丢却传统包袱（innocence and forgetting）的特质，如此，才得以让人们有着创造新价值的重生契机，而这样之强调遗忘过去正是尼采以创造未来为导向之"未来哲学"的特点（同时参看 Allison, 2001: 141-153）。

① 海德格尔即认为，尼采的存有论基本上是一种道德性的解释（Heidegger, 1982: 69-84）。

是，这样一种信仰在所有可能的信仰中层次最高：我用狄奥尼索斯的名字为它举行洗礼”（Nietzsche, 2007d: 178）。总地来说，超克人不是一个拥有超乎一般人之能力的“超人”，更不是一个被塑造成型的特定理想人格典范，而是人可能发挥的潜在可能趋势，或者说，顶多是对“未来人”的一种期待而已（参看Ansell-Pearson, 2005: 167–172; Haar, 1985: 24–28; Pippin, 1988: 52; Lampert, 1987: 24）。

这样把人生看成是一条跨越着动物性与人文性两个峭壁间之深渊的绳索，而人们就像走索人一般，无疑使得尼采在勾勒人作为存有体的形象时具有着浓厚的实在感。他相当强调由肉体（而非精神）开始来引导人们的判断（也是信仰），并且深切地体认到，只有这样才得以让人们有着较丰富而多元的现象可供更清楚的观察（Nietzsche, 1968, §532: 289）。准此，超克人乃在观照人之基本需求的前提下，以肉体化的权能意志来圆满主体性，并以之作为在大地上实践超越的存有根源[①]。上面提及之如处在正午无任何阴影的状态，即是超克人显现超越来体现永恒原质的基本存在状态。于是，人们没有历史记忆的负担，对自己拥有了裁判权，没有更高的法庭在其上方宣判任何的“罪行”[②]（参考Nietzsche, 1968: 505, §962, 2009: 140–141）。

---

① 参看海德格尔（1987:225）。

② 尼采即假查拉图斯特拉向其信徒开示的方式说道：“请你们像我一样，把飞逝的道德引回人间——对，引回到肉体和生命：让它赋予大地以意义，人的意义”、“躯体要自觉清洗，要竭力用知识提升。对求知者来说，一切本能欲望均是自我圣化；对于升华者来说，灵魂将变得快乐”（Nietzsche, 2009: 140）。

特别值得提醒的是，在尼采的心坎里，超越只有被安顿在现实社会世界里（即大地）中，且以落实在肉躯之具自由选择机会的实践行动（而非仅只是论述而已）来贯彻，才是真挚的。因此，超越作为重生的一种表现，它是人以肉体作为根基在尘世大地从事以精神提升灵魂的一种自我战斗。上文一再提过，这样的战斗纯然属于个人（尽管具社会性），且必然是孤独的修养体验，绝非涉及制度体制的改革（或乃至革命），而且，这种的努力永远取决于“当下片刻”的大门，它不是过去的记忆，也不是未来的期待。但是，尼采意识到，人们其实经常把自己视为只不过是一座桥梁，而非目的本身，总是欣喜于接受他的正午和傍晚，以为是迈向一个崭新的美好朝霞，以至于人们总是无法充分掌握如此的场景——即生命总是在“当下此刻”的永恒轮回中被证成，只要你有着足够坚强的意志来创造与决定。结果，人们总是依循着惯性堕落而颓退地存活着，无法有着任何的超越（参看Nietzsche, 2009: 330）。

很明显的，为了不让过去的记忆（即历史）或未来的期待（基督教的救赎观念或柏拉图式的绝对形上理念，如理性）成为主导人的生命意识，唯有掌握“当下此刻”、经营“当下此刻”、也生活在“当下此刻”，才足以让人们有着主动而自主的契机掌握并证成人存在的基本生命步调。在“当下此刻”成就“正午哲学”于是乎成为造就超克人的基本要件。准此，接着来的问题是：如何掌握与证成呢？对此，尼采主张，在“当下此刻”以精神提升来让人心灵底处的灵魂获得超越性的重生，需得通过节庆的形式来完成，因为只有节庆的形式才能把酒神精神，尤其其所内涵之正负情愫交融的感受充分地彰扬出来。在谈论节庆所常彰显的正负情愫交融心理之前，让我先对前面已提过有关尼采经历的社会背景与他的思想之间可能具有的关系略微表示一点意见。

活在19世纪后半叶的尼采，是体认到“平等”已成为西方人之普世价值的“社会事实”的。不管他是否有意或是否有能力对抗这样的信念，至少他似乎是不得不贯彻他“热爱命运”的主张，接受这样的历史命运的。处在这样的历史格局里，人们自然是无法以古代的高贵人作为楷模来形塑多元道德观，必须要有着一定的调整。于是，在维持原有多元化之基本精神的情况下，尼采把整个期待主轴转到个体化上面，而这也正是他所以一直强调超克人的人格形塑的重要理由。我们可以从他对哲学家[①]的期待得到一定的佐证：

伟大的概念承担起（过去的[②]）高贵概念，（这乃）要求单凭自己，足以有所差异，自己单独撑着且独立地生活着。当哲学家们做底下的断定时，他们将把他们的一些理念显泄出来，这个断定是：一个人以最孤独、隐晦且不同的姿态超越善与恶，成为一个充满丰盈的意志且又能够充分掌握自己之德性的主人。就正因为他们的存有能够一再地展现出具整体性与充满着广袤丰富性，这才将被称为伟大（Nietzsche, 2002: 107, §212）。

① 在尼采心目中，这等同于古代的高贵人。

② 乃作者自加，以帮助读者有着更好的了解。

这也就意味着，对现代人而言，重要的在于成就个体[①]之人格的高贵，即成就超克人，而这过程必然是需要让人的心智意识与生命品味经过极为严酷的试炼，人们需要的于是乎是勇气（如尝试着诚实行事）（Nietzsche, 2002: 121-123, §230）。显然的，当道德（或绝对的形上理念）以一元化方式由上而下施加于人们身上的情况下，人们基本上是不必经过严酷试炼的，因为善和恶早已经被确立了。但是，一旦善与恶一起被悬搁起来而以正负情愫交融的方式被呈现的时候，内心情感的交错煎熬将使得人们的心智接受着严酷的试炼。此时，“我们要的是有一天不再有任何东西令人感到害怕”（Nietzsche, 2002: 89, §201）。再强调一遍：最能展现这样的正负情愫交融特质的即莫过于是具酒神激情特质的艺术家，而这也说明着艺术所以被视为是成就超克人的基本典范的根本原因（参看 Nietzsche, 1968: 419, §797, 432, §816, 539, §1048; 1974: 239-240, §299）。

在西方世界里，长期以来，正负情愫交融即被认定为是人存在的基本心理样态，尼采亦如是。譬如，他就这么说过：“爱与恨、感恩与报复、温柔与暴怒、肯确行止与否定行止乃相互归属着。某某是善良的乃以同时知道如何才是邪恶为条件；某某是邪恶乃因否则的话人们不知道如何才是善良的”（Nietzsche, 1968: 191, §351）。对尼采而言，问题的关键乃在于人们怎么处理这样的心理状态。诚如上文中所昭示的，基督

① 参看尼采（Nietzsche, 1968: 153-154, §269; 2007c: 166, IX, §41）。

教即以绝对互斥对绝的二分态度来区隔善与恶，以至于单元化了道德意识，缺乏了正负情愫的交融作用，而这正是尼采诟病的焦点。他即批评这样的道德意识展现的是“最拙劣的品味，也是一种无条件的品味”，它培养的只是奴隶意识（推衍到现代社会即是具群盲特质的均值人），“奴隶要的是无条件，了解的也只是道德上的暴虐东西而已”（Nietzsche, 2002: 44–45, §46, 同时参看199, §199）。准此。尼采之所以欣赏古代西方（特别希腊）的高贵人，并不是因为他们残忍，而是他们没有善恶绝对分明的一元化道德观，总是能在正负情愫的两极间找到一个交融的平衡点，得以体现出多元的价值观（Nietzsche, 1994a: 12–13, I, §2; 1999a: 35–37, I, §45）。前文中提到的“深邃思想”所以是深邃，可以说即在于善于处理正负情愫交融的存在状态。

在《查拉图斯特拉如是说》一书中，尼采提到，查拉图斯特拉在高山上向着深渊钓人鱼。按人世间的常理来看，这是极端荒谬的，高山与河边（或海边）原是不可化约或融通地相对反着，垂钓应当是在河边或海边，绝不可能在高山上的（除非刚好有个湖泊）。如今，尼采安排书中的主角——查拉图斯特拉在地理的一端——高山上，向着地理上的另一端——深渊钓着人鱼，让这样两个绝对对立的空间荒谬地融会在一起，无疑地是诡异，但却是有着深刻的意涵。说穿了，尼采特别想彰显表达的，可以说即是企图化解对人所常面临之正负情愫交融的存在状态所彰显的吊诡性，而且是带着嘲讽嬉戏的闪烁诡谲态度（所以是“玩笑”、是“行恶”）来面对着。

对此，尼采这么写着：

> 直到它们咬了我那隐藏的钓钩，不得不来到我的高处，这样，所有垂钓人鱼的人中，最恶毒的一位才会钓到那些色泽最绚丽的深渊之鱼。
>
> 根本上，我生来就是这样的人，拉起（钓竿），拉近，向上拉，拉上来，我就是拉拽者、培育者和管教的大师，当时我没有白对自己说：成为你所是的那种人吧！……
>
> 真的，我在山上善待我的永恒命运，因为它不催逼我，给我时间玩笑、行恶，所以，我今天登上这座高山垂钓。……
>
> 站在永恒的土地上，坚硬的原始石头上，站在最高最坚硬的原始山脉上，所有的风都吹向这里，犹如天气的分界线，风儿问道，在何方？从何来？向何去？
>
> 在这里，我那光明而健康的恶在笑，在笑！从高山扔下你那闪烁的嘲讽哄笑吧！用你的闪烁为我诱惑最美丽的人鱼吧！（Nietzsche, 2009: 389–391）

尤有进之的，查拉图斯特拉钓的不是单纯的鱼，而是与人类有某种相通特征的人鱼，而且，只有最恶毒的一位才会钓到色泽最绚丽的深渊之鱼，让“最恶毒”（而非最善良）与“最绚丽”此二一般人认为语意内涵完全对反的形容词紧紧地连在一起。同样的，在前面曾经引述之尼采的“诡论”——称呼具顶巅之“天”是“光明的深渊”(the abyss of light),实即意味着融合了光明与黑暗,突破了二元互斥对彰的惯性认知模式,这意图反映的亦即是正负情愫交融与暧昧模糊之存在场景的必然性。同样的,在这样之正负情愫交融的情况下,对尼采来说,正午与深夜具有着相同等的意义。

显然的,身处于这样之总是对反并存着的处境里,人是有着正负情愫交融的心理感受困境。对尼采来说,在任何人的生命历程中,这样的正负情愫交融永远循环而生,是人必须面对的命运。更进一步的,人们需得学会不仰赖上帝的意旨(或恩典)或任何特定形而上的信念,只依着自己的意志,于其所可能引发的矛盾感受困境当中谋求某种的融通,而这样追求自我承担的努力,可以说正是人最伟大的成就[①]。对尼采而言,这样的融通之所以可能与其之得以成就的必要社会机制即是通过节庆的形式,因为节庆是以欢愉乃至亢奋而出神的整盘情绪来迎接正负情愫交融的心理情境(如感受到生与死的交融)。在《查拉图斯特拉如是说》一书中,当尼采叙述着那些

---

① 针对尼采如何安顿正负情愫交融的现象,安塞尔-皮尔逊曾经这么说过:“当然,我知道尼采是一个因热爱自相矛盾而闻名的思想家,然而,这个本性的冲突对于尼采整个哲学规划的一致性以及我们对他的哲学的规划的接受来说,都是致命的”(Ansell-Pearson, 2005: 114)。安塞尔-皮尔逊这样的评论可以说是以为行为需具逻辑一致性、解释也必须是如是的典型见解,相当程度地反映着启蒙时期以来之理性思维的基调。因此,难怪,他会认为尼采的思想模式是“致命的”,我个人认为,以这样的认知模式来理解尼采的思想,才是真正的“致命”,无法掌握正负情愫交融现象所内涵之人类学上的深邃文化-历史意义。

更高的人在“觉醒”后而企图迈向超克人的境界[①]时，除了以对驴子此一动物膜拜来隐喻对一种等候永恒轮回之精神的高度向往之外，他们与查拉图斯特拉在一起“爱着大地”，即一再地强调节庆氛围的必要（参看Nietzsche, 2009: 502–517）。情形所以如此，乃因为节庆的氛围所经营的是在永恒轮回中孕育着是以产生超越痛苦之喜乐的酒神精神[②]，而这恰恰是整个人之精神状态的完全投入，绝非是理性所要求之片面人格以有分寸的分化选择性方式来涉入的。推到端点，精神状态的完全投入绝不是狂妄的虚脱，而是有如佛陀拈花微笑之“不可说”所蕴涵缄默的深意[③]。

---

① 尽管似乎并没有成功，因为他们最后听到狮子的咆哮声时就逃得消失匿迹了（Nietzsche, 2009: 521）。因而，查拉图斯特拉真正等待的并不是他们，他即说道：“可是，我还缺乏真正的人啊！”（Nietzsche, 2009: 519）

② 尼采即说道：“……她在梦中反刍自己的痛苦，这古老而深沉的午夜呀，更反刍自己的快乐。因为快乐，尽管痛苦深沉：快乐比心中的痛苦更加深沉”、“快乐想要它自己，想要永恒，想要复返，要一切永远相同”、“一切快乐都希求它们自己，故而也要心中的痛苦！……快乐希求永恒”（Nietzsche, 2009: 514, 515, 516）。

③ 参看菲格尔（Johann Figl, 1991）、胡林（Michel Hulin, 1991）、史培隆格（Mervyn Sprung, 1983, 1991）、格伦·马丁（Glen T. Martin, 1991）、薗田宗人（Muneto Sonoda, 1991）。基本上，尼采曾受到东方（特别印度）思想（其中特别是婆罗门教与佛教）的影响，其中，除了间接来自叔本华的作品之外，他对古印度思想的认识主要来自 Deussen，特别表现在《善与恶的彼岸》及以后的作品（Sprung, 1991）。薗田宗人即指出，尼采在 1884 年夏秋之际阅读杜森（Paul Deussen）与奥登柏格（Oldenberg Hermann）所写有关印度佛教的书籍，而此时与他之后撰写《查拉图斯特拉如是说》第四部（与前言）的时间有着一定的巧合（Sonoda, 1991: 227–228）。当然，影响到怎样的程度，则是可以斟酌的。至少，内涵在佛家思想之有关“禁欲”的智慧曾经吸引着尼采，他相当程度地推崇佛家的虚无主义精神，认为可以弥补基督教（尤其欧洲虚无主义）的失败，并宣称它所触的时代将是新佛教成熟的时刻。他即说过：“在佛

薗田宗人（Muneto Sonoda, 1991: 238）即指出，对尼采来说，缄默可以说是人们面对着正负情愫交融之永恒轮回存在状态的最佳策略，因为任何企图以理性方式回归“正”或“负”面的情愫与认知，都是线性的思维与行事理路，并不足以反映人类存在处境的基本特质，唯有以充满“非线性”意味的缄默作为一种沟通语言来同时接受“正”与“负”的心理感受状态，才是正道。意志不可能往过去施用，我们只能在现在“当下此刻”把过去施以意志的经验当“如是”地予以意志化来行事，让它与时间永恒轮回地推进，这或许与佛家所说的精进是相通着①。

家观念里，去除善与恶的严格区分看起来是核心的：它竭力地推敲着与完美的自性巧合着之道德的细致超越”。尼采甚至宣称自己将是欧洲的佛陀（间接引自 Hulin, 1991: 73）。然而，整体来说，我们并没有充分而明显的证据显示尼采对印度哲学有一定深刻的造诣，当然，这并不单纯是因为他对印度哲学的理解多有不当与误解的缘故。

① 薗田宗人相当看重尼采在《查拉图斯特拉如是说》一书中运用缄默背后所可能开显的意义，只是他特别重视的是因为缺乏适当的听众、或因为听众不够成熟、或言者的不够成熟、或思想意涵的暧昧、或无法以言语沟通等基于语言本身之虚构性与多变性的特质使然（而他认为这正是尼采所特别强调的）（Sonoda, 1991: 238）。然而，不管如何，更重要的显然是，这同时说明了何以查拉图斯特拉一直宁愿用“唱”，也不愿用“说”的缘由。所以这么说，那是因为“说”（尤其是“写”）基本上是线性的、逻辑的，预期的，也是精确、可名、可沟通的等等，尽管语言木身只不过是一种虚构的东西。但是，“唱”则既可以是非线性，也可以是非逻辑的，充分地超越理性，展现虚构的感应本性，可谓是不得已的作法。所以，尼采会认为，对初愈者，歌唱最为适宜，“歌唱于初愈者相宜；健康的人才可以说话。即使健康的人想唱歌，他想唱的歌曲也与初愈者迥异”（Nietzsche, 2009: 362）。易言之，在不得已的情况下，用唱的至少比用说的更加适宜，更遑论与用写的相比较了。只有健康者（如超克人）才可以使用语言，因为他们才懂得避免为语言的意义陷阱所残害，也才懂得体会语言之虚构暧昧中的隐喻精髓。其实，尼采这样特别重视“唱”乃呼应

第八节　结语

在1894年莎乐美女士曾为尼采的《查拉图斯特拉如是说》一书下了这样的结论：尼采所企图作为的是，为已死的上帝寻找另一个替代的自我神格化（self-divinization）形式（间接引自Löwith, 1997: 197）。就思想发展史的角度来看，这样的评论有着一定的意义，理由是：整个尼采思想的焦点首在对过去为柏拉图理念主义与基督教信念所完全垄断的欧洲思想传统进行批判，以上帝与耶稣基督为本的神格化宗教思想作为主导优势的思想核心，自然成为关心的焦点。因而，若说神格化是形构尼采思想的基本座架，应当是不为过的，因为尼采用来作为取代之这一部分的基本神韵亦复如是（即均具有宗教与伦理底蕴的色彩），只是做了某种特定的转移而已（如由上帝转至人自身）[①]。即使查拉图斯特拉，依旧是以使者的身份出现在信徒

着他早期在《悲剧的诞生》一书中通过酒神与太阳神所具有的分殊特性来分辨非造型的艺术形式（音乐）与造型艺术形式（雕塑）的基本态度——强调具音乐性的吟唱（特别回到古希腊的吟唱诗人）彰显了酒神所特有之激情与陶醉的生命意涵（参看 Nietzsche, 1999b）。

① 艾里逊认为，科学与技术的快速兴起以及宗教改革乃是促使尼采提出“上帝已死”之说法的两个最主要历史动力。他进一步地综合了尼采对“上帝已死”的见解，提出四点可能意涵的结果：一、去除了道德的普遍基础，它只是特殊历史－文化条件的产物；二、纵然“上帝已死”，但是，上帝以其他的姿态（如形上学、科学主义、对成长与进步的弥赛亚迷思等）继续出现在人的世界里；三、人类文明进入暧昧与过渡的时代，对文明的早期产生怀旧情怀；四、自由精神被创造出来，逐渐体认到新人类的诞生（如尼采自己强调的超克人）（Allison, 2001: 96-100）。

之前，只是以不同于基督教使者的姿态出现（不是代替上帝发言，而是“天”本身，且不具牧羊人的特质）而已。或者，更恰当地说，他是以宣扬“天”道的传道师角色出现在人们面前（参看 Stambaugh，1991）。

倘若上面所陈述的有点道理的话，那么，尼采的思想与整个西方主流思想传统，既是断裂，又是延续，在断裂中有延续，在延续中有断裂。这特别可以从他企图以具感性的美学取代具神性的宗教道德（甚至理性的哲学与科学）作为确立神圣性的基础这样的不懈努力中看出端倪。在这中间，尼采向我们展示了一个相当特殊的吊诡情形——“去神圣性即是神圣性”的吊诡性，而这恰恰即是所谓后现代性的基调。在这儿，我们看到人本的人文主义精神，也看到自由主义的多元化色调，但是，这样之人本的人文主义精神不是以人为至高中心之具征服性的专制独裁思想，而是从人身上出发且以回归自然为考虑的谦卑人文思想。再者，若说尼采有着自由主义的情怀，那也不是立基于以具政治意涵之外在权利形式来形构的自由思想（如英法自由主义的政治思想），而是关心着人之整体精神解放的自由思想，重视的是如何通过心灵的洗涤获得了具内在自由的灵魂解放。在这样的情况下，非（超）历史质性渗透进入历史质性，并且发挥着重塑历史质性的任务，相对的，历史质性作为支撑非（超）历史质性的现实生命质地，同时也是引发和确立存在超越的基本分离点。这也就是说，若说非（超）历史质性是永恒轮回着的话，历史质性即是轮回运作之实际场域的文化质地，更是轮回指向的目的。在这中间，平凡例行与非凡例外不断地相互搓糅摩荡着，灵性的精进也因而由中而生。

然而，就实际的论述内容而言，对反着强调平等且屈从于多数平凡例行化（人民大众）群盲之庸俗个人自由主义的时代潮流，尼采看重的是如何形塑非凡例外的人格特质（即超克人的基本精神），这着实带有着浓厚的贵族主义色彩[①]。这样抬高“非凡例外”的哲学必得是接纳着“多元化乃是具正当性的原则”作为前提，尽管可能特别推崇着所谓的高贵品质（不管我们如何界定它）。同时，它也必得是还原到人自身的存在处境，特别是强调当下此刻的作为来观照人的问题的，因为任何的行动只发生在当下此刻，不是过去，也不是未来，尽管过去的记忆经验与未来的期待展望可以影响到人在当下此刻的情绪、感情与认知。

从前面一路铺陈下来的讨论，我们已很清楚地看出，尼采并非一个以极端抽象化概念来架构思想的哲学家，事实上，这正是他所反对且不遗余力予以批判的。因此，他绝非一个始终在天上飞的哲学教授，相反的，他是一个在地上行走的实践哲学家。如霍布斯一般，尼采肯定自我保全是人所赋有的一项本能驱力，他也接受着人先天所具有的种种生理（与心理）特

① 诚如克洛索夫斯基所做的评论，尼采的贵族主义并不是对过去的社会阶层次序有着怀旧情结，也非诉求让经济条件倒退，而是承认经济对着情感（affects）有着不可逆的支配作用（Klossowski, 1997: 150）。在这样的前提之下，尼采认为，人类文明不应一直以朝向经济发展为目的，尤其是均值人以平等的口号来推动，这终究会带来灾难的。人类需要的，毋宁是足以提高个人生命品质的训练（training）与选择（selection），而非单纯之制度性的驯化（taming）功夫而已（引自 Klossowski, 1997: 152–153）。

质具有着决定人之行动的作用，但是，他并不像霍布斯关心的是人类如何从动物性跳跃到人文性，而是在接受动物性是不可避免的前提下，思考人文性是（也应该）如何被经营，才可能使得人的存在意义被证成、精神得以被提升。

在这样的认知命题催动下，对尼采而言，若是人生有恶魔的话，它不是来自需求和欲望本身，而是来自对于权力的爱好。尼采的理由是：即使给人们所有东西——健康、食物、住所、娱乐，他们还总觉得不幸和不痛快，因为权力的魔鬼始终是不满足，但却仍然还要求着满足（Nietzsche, 2007c: 285）。因此，人所面对的问题基本上即在于安顿权力的课题上面，而正是他所以强调权能意志（或谓权能予以意志化）的关键所在。这即宣告着人类所面对之问题的根本症结不在于人身外的制度结构本身，而是人自身可能有的应对态度（特别是生命态度）。

在此，我不敢遽然论断隐藏在尼采之权能意志后的“力”概念，在概念史上，乃与霍布斯的基本概念分享着共同的历史想象，有着一定的关系，但是，此一夹缠着生理能量意涵的“力”概念[①]，无疑意味着，在人性当中，存有一个潜在的可能，即“力”的量与质是可塑的，随制于人的因缘际会，其强弱至少部分地取决于人本身所可能引发之权能意志力道的大小。因而，如何灌溉和滋养权能意志的力道乃是尼采重视的课题，也是后人所以认定尼采采取的是心理学观点的关键所在，

① 不过，海德格尔则以古希腊之亚里士多德的概念（如 *dynamis*、*energeia*、*entelecheia* 等）来解读尼采的“力”概念，尽管他自己承认如此作法相当松散、未确定（Heidegger, 1979: 63-65）。

更是他用来经营超克人之作育的根本动力基石。

这样把整个人类文明的问题予以“心理学”化可以说是尼采之观点论的自然衍生产物。其所涉及的无关正确与否，也绝非是否经得起经验实证证据考验的问题，有的只是，对理解当代人与当代社会，是否有着激发足够之想象力、感受力和启发空间的问题而已，而这也恰恰是尼采之锤子哲学的精髓所在，其特色即是以实际行动来实践，目标指向的是未来。

其实，马克思的社会理论也一样地具有着这样目标指向创造未来的实践理论特点，称之为另类锤子哲学，应当是不为过的。然而，对他所处那资本主义日渐兴盛的西欧世界，尼采并非如马克思一般地以无产阶级作为历史主体对资本主义社会的异化交换价值进行严厉批判。尼采确实是看到了他所处那个时代之欧洲世界中工人无产者的工具化处境，但是，他不认为交换价值被异化是整个问题的关键，问题的核心毋宁是，在像资本主义社会这样拼命而疯狂地追求外在（物质）目标的一般情形下，人们的内在价值（*inneren Wertes*）严重受损。以这样的认知作为前提，尼采于是乎并不像马克思一般地承认，就人性的体现来说，资本主义社会具有着结构性的邪恶特质（如压迫、宰制与剥削着无产阶级），并接受成为讨论人之存在意义的核心问题。

在尼采的心目中，固然贫穷、快乐与受奴役三者可以不悖逆地相对着，贫穷、快乐与独立自由却是可以并行（Nietzsche, 2007c: 254）。就西方社会思想史的角度来看，这样的见解乃意味着，尼采并不同意功利主义者［特别是边沁的享乐主义（hedonism）］所持有的道德观——贫穷是社会的耻辱。相反的，在尼采的眼中，贫穷既非耻辱，甚至不具有任何更为深刻的道德伦理意涵。这也就是说，施之于探讨人的存在（尤指自我保全）意义的时候，深具功利主义意味的道德信念，并没有足够的正当性用来作为判定公平正义原则的最终价值依据——不管这是否可以归咎于结构性的理路。令人感到特别有趣的是，尼采甚至主张，可以让四分之一的人口从欧洲迁出（尤其迁往新大陆的美国与加拿大）去过着“解放”的生活（Nietzsche, 2007c: 255）。空出的这些人力不足的空间，可以招来大批中国人充当劳工，因为“他们将带来与工作蚂蚁相适应的生活方式和思想方式，他们或许还会有助于为这忿忿不平和躁动不安的欧洲注入某种亚洲式的平静和沉思以及——也许是最需要的——亚洲式的坚忍”（Nietzsche, 2007c: 256）。就以主张“人生而自由平等”之自由主义为本的人道精神而言，尼采这样的主张显得是乖戾的，许多人是无法接受的。

显而易见的，尼采主张以这样的方式化解欧洲人所面对的社会问题，乃意味着问题的根本症结并非在于社会制度本身内涵的结构性缺陷，而是在于选择适当价值观来安顿人性的妥当性问题上面。易言之，譬如，贫穷被视为是奴役、压迫、宰制与剥削等的结果性状态，也会导使人们不快乐，可以说是向肯确物质需求具优位性之享乐主义价值倾斜的论证结果，对贫穷是一种诅咒，也是一种亵渎。难怪，尼采会认为，贫穷、快乐与独立自由可以并行不悖。总地来说，在此，所以引述尼采如此的论点，目的不在于对其社会思想从事总体性的评论，更不在于“驳斥”其对中国人的“不当”看法（或甚至是致命的侮辱），或质疑其以反讽的手法赞赏贫穷的“冷酷”心态，而是企图借此进一步地指出他对人（尤其现代人）之处境予以价值评估的基本参照点何在的问题。很清楚的，尼采强调的是有关以身体为本之自我意识觉醒与实践的权能意志经营，也就是以人之欲望情感本能表现于身体为基础之人文性的细致经营课题。这样的心理学主义自然是难以与肯确批判，并谋求具体社会体制之结构性变革的社会学主义[①]相容的。

既然尼采终生所宣扬的是人作为存有体的最重要价值是通过具自发、进取性的反省批判来超克现实的种种压迫、诱惑、规训以完成精神的精进，生命的存在与推进于是乎就并非在于谋求如何适应外在的环境，而是人自身以强烈的权能意志作后盾主动地从事不断的精神创造努力（Nietzsche, 1994a: 56）。对此，尼采发现，在远古时代里人们常处于恐惧之中，比较能够忍受悲惨的际遇，因而经营出一套处理悲惨的知识（如重视修养术）。但是，由于整个环境缺乏创造极端恐惧经验的条件，现代人基本上并不知道怎样做才得以适当地安顿悲惨际遇的。其结果是，处理悲惨际遇的秘诀即在于“悲惨”自身，而且，因为不知怎么处理自己的苦楚，以至于把它转化成为悲痛的感受（the feeling of distress），并且把别人的悲痛涂绘在墙上，一直表现出需要着别人、无法接受孤独的喜悦

① 在尼采的眼里，在后者这样的情境中，我们“再也看不到道德的任何身体影响可以证明某一道德命令，道德已经逃到‘理想’中”（Nietzsche, 2007c: 50, 注 1）。

（Nietzsche, 1974: 112–113, §48; 118, §56）。

针对着这样的历史情境，尼采认为，对现代人而言，精神的经营与转进，不应是对着单一固定信念有着无条件的信奉，而是必须学习懂得伴随着事件与情境的转变来谋求精进。因此，生命的深度不是来自对抽象性原则的一再肯确，而是生命的直接实践体验。诚如张伯伦所做的评论，尼采的困境即在于徘徊于自我客观化、权能意志与内在生命涅槃之间，表现着一种激进的谦逊。在笛卡尔以“我思故我在”之自我为中心的西方思想传统中，这样的思想模式是相当新奇的，创造出极为独特的后基督艺术观，尽管因为尚无法完全逃脱基督的束缚而显得有点不够透彻（参看Chamberlain, 2000: 140, 147, 169）。不管如何，总结一句话，在尼采的眼中，人只能通过克服自己，才可能克服虚无主义，而这正是铺陈永恒轮回之预言（也是成就超克人）的先决条件。这也就是说，永恒轮回的预言通过自我克服的（永恒）努力来回应虚无主义面临的危机，而它展现的是把任何事物带到突开点的“最高时刻”之际（即前面提到的“正午”）。

然而，当意义（与价值）以一再流失的方式永恒轮回着的时候，虚空是一种永恒的存在形式。此时，人们更加难以绝对真理的形式来支撑，只能把一切主导权回归人自身上面，以克服自己来成就虚无的克服（参看Nietzsche, 1974: 342–343, §380）。尼采进而以为，此时，人自己以虚空悬搁一切特定价值来决定自己的前途，并进而证成了具“一再回归永恒的绝一存有”[1]，且对虚空进行着不断自我超克（不断地进行价值的重估与设定）的热爱命运要求。于是，意志的双重作用表现是同一的：其所克服的与克服的人是同一，追求的是把否定转化成为肯确而合一，像查拉图斯特拉一般，让峰顶与深渊合一成为永恒，正负情愫交融的永恒轮回于是塑造了超克人的基本体质。在此，永恒轮回的教诲涉及了两方面：一是人作为追求目的实现的意志执行者；另一则是世界之非目的性的不断轮转（参看Löwith, 1997: 63）。这样的意志与命运不断地交集会结着，就人作为行动的存有体而言，需要的或许正是佛家所说的，通过修养贞定的洗炼，从心灵底处引发充分的觉悟（不管是渐悟或顿悟）（参看Nietzsche, 2009: 262–268）。

在尼采的世界里，人总是以带着影子的漂泊者姿态漫步在虚空的边缘，渴求着自我的精进。之后，他以亦是漂泊者的查拉图斯特拉当影子，进而再让酒神替代了查拉图斯特拉的位置，成为所有灵魂的导师，并跨越了善与恶的边界（而非好与坏）（参看Löwith, 1997: 25–26; 同时参看Nietzsche, 2002: 176, §295）。“于是，在尼采的热爱命运的训诲下，让永恒轮回着之绝一存有的自我肯定，得以与一个人自身的存在对整个绝一存有有着永恒的肯确相结合在一起”（the self-affirmation of eternally recurring Being thus unites with an eternal Yes of one’s own existence to the whole of Being）（Löwith, 1997: 26）。在此，让我特别引用一首出现在洛维特之著作中的诗来为“肯

① 就尼采而言，其原神可以说即是酒神狄奥尼索斯。

确”予以肯确。

> 必然的盾牌！
> 绝一存有（Being）的至高星星！
> ——在这儿，没有获得什么愿望，
> 也没有任何的“否定”（No）来玷污，
> 绝一存有的永恒“肯确”（Yes）
> 我永远是你的“肯确”：因为我爱着你，喔！永恒！

（间接引自 Löwith, 1997: 26）

既然人是以带着影子的漂泊者姿态漫步在虚空的边缘，那么，针对着情操不断进行着严峻的自我考验与追求精进，自然就成为一个人为了安顿自己的存在时必要不断琢磨的功课，而这正是尼采毕生关怀的志业。尼采以激情与孤独取代了柏拉图所重视的节制与正义，追求的美德则是对自然冠以高贵的名号，让高贵的自然取代了神性的自然，而这得由少数哲人带头来加冕（Nietzsche, 2002: 77–79, § 188, 171, §284; 同时参看 Strauss, 2002: 50; Lampert, 2009: 4）。

诚如雅斯贝尔斯所提出的评论，尼采一生贯穿着一个必然的矛盾，“即在于他作为一个人想要做什么与他作为自身使命的承担者想要做什么之间的矛盾。例如他抱怨孤寂却又希望孤寂，忍受自己缺乏一切人之常情的东西，似乎想要改善这种情况，却又有意识地去领略例外者的生活”（Jaspers, 2001: 87）。显然的，就现实来讲，基于一些因缘际会的生命遭遇，尼采让自己一直处于正负情愫交融的心理感受状况之中，这无形之中构成了他在挣扎的困境中有着不断寻求挣脱、超越的基本动力（参看Jaspers, 2001: 101–104）。然而，不管怎么说，诚如前面已提过的，穷其一生，尼采深刻地体味到，孤独是让人产生自我反思之动力的生存状态[①]。在必然承担命运之死亡警讯的情况下，它让人们可以孕育出智者的活生动能，迸发生命的火花光芒。孤独状态下迸放出来的生命火花，不是狂热得令人眩晕的众声喧哗，而是安详宁静中剔透热情的生命修养贞定。修养贞定是一种宁静的冶铸砌积，要的不是真理，是具有良意的美感。此时，人有的，已非狂热的酒神精神，而是带着甘醇的微醺醉意——怡然自得的清淡茶醉，非意乱情迷的浓郁酒醉。针对着正负情愫交融的境遇，酒醉是对必然痛苦挣扎困局的麻痹抗拒，可是，茶醉带来的则是悠然净涤的成熟升华作用，总是有着一份淡然随缘的无比喜悦，一切在不执着，但诚恳地用上心的缘分中流动着。

最后，让我们以最简扼的方式来勾勒西方文明的演化过程，以便证成超克人对现代人所可能彰显的社会学意义。至少，从19世纪以来，具聚合性质的生产面向被视为是形塑历史质性的主轴，由此所衍生的诸多特定社会认同意识（诸如节

---

① 尼采即这么说过："如果说认识就是生活本身，则孤寂就在于认识的实质：'如果人们有权说，生命的意义在于认识'，认识则包含有'异样、陌生感，或许还有冷漠感'"（间接引自Jaspers, 2001: 89）。就现实来讲，尼采所以处于孤独状态之中，若说身体状况是重要因素的话，那么，具有着追求"与同一水准的人来往"之曲高和寡的性格，可以说是另一个重要的关键因素（Jaspers, 2001: 89–90）。

俭、储蓄、再投资等代表着资本主义的精神）乃被认定是用来刻画自我之主体性的最佳效果特征。于是，（被安顿在生产体制中之）劳动（与工作）被赋以几近绝对的神圣意义[①]。然而，对身处在今天这样一个以个体化为结构主轴之消费社会的现代人而言，人的处境是离散的，强调独立和自主的个体意识成为最主要的集体意识，两者有着极为吊诡的微妙关系：前者缓慢地侵蚀消融后者，让它产生着自我内耗现象，以至于让它的作用达到最低临界点。当然，个体永远无法以绝对孤立的单一体呈现在这个世界上的，现实上，人类一直就是过着具社会性的共同生活。在这样的现实条件下，一则，如马费索利（Maffesoli, 1996）所说之具高度流动性的新部落（neo-tribe）共同体形式或许即是当代人所经营之共同社会生活情境的最低临界面。二则，在此社会形态下，具主动而积极性质的人类"类型"或许可以说即是尼采一再提示之具自我创造能量的新人类——超克人了。

在尼采的心目中，无疑的，体现在超克人身上那种微醺醉意（特别是来自茶醉而非酒醉）散发出来的甘醇喜悦，正是身处在高度个体化之结构形态中的现代人特别需要的。格伦·马丁即认为，尼采的思想乃企图提出一套适用于现代人的炼金术以成就超克人的生命境界（Martin, 1991: 95）。在1888

① 最为典型的莫过于是马克思的理论，又，涂尔干的分工论亦如是，至于韦伯对新教伦理与资本主义精神之历史亲近性的阐述分析，更是另一个最具代表性的例证。诚如在上文中多次提到的，尼采认为，如此地看待人的存在，乃把人牢铸在一种社会机置当中，乃是对本质不可分离的个体性（*individuum*）的一种严重侵蚀（Nietzsche, 1997: 174, §173）。

年写给布兰德斯（George Brandes）的一封信中，尼采就曾经这么说过："炼金者是所有存在之人们中最有价值的一种人：我意思是说，他可以从少量无价值，甚至是可鄙的东西之中创造出有价值的东西，如黄金。他一个人即丰富了世界，而其他人则只是从事交换而已"（间接引自 Martin, 1991: 95–96）。这意思是说，尼采是从人之可能、可为、甚至必须如此的立场来勾勒人的生命图像，强调通过自我克服的"修养贞定"炼金术来浓缩凝聚对人所具有的存在意义，其中最为重要的精神要素即是具塑造具酒神特性的诗人质素与婴儿的纯朴感知，而这本质上是一种本身即是目的（即具无任何其他目的）的游戏（play）形式（Nietzsche, 1968: 419, §797, 434–435, §821, 549–550, §1067）。

尼采真的是一位惊世骇俗的异类先知——先是查拉图斯特拉，尔后是酒神狄奥尼索斯，最后是一个纯洁天真朴实的婴儿，不是吗？

本章参考文献

Allison, David B.

2001　*Reading the New Nietzsche.* New York: Rowman & Littlefield Publishers, Inc.

Altizer, Thomas J. J.

1985　" Eternal recurrence and kingdom of God," in David B. Allison (ed.) *The New Nietzsche: Contemporary Styles of Interpretation.* New York: Delta Books, 232–246.

Ansell-Pearson, Keith

1991 “Nietzsche and the problem of the will in modernity, ” in Keith Ansell-Pearson (ed.) *Nietzsche and Modern German Thought*. London: Routledge, 165-191.

1994 “Introduction: Nietzsche’s overcoming of morality, ” in *On the Genealogy of Morality*. Edited by Keith Ansell-Pearson. Translated by Carol Diethe. Cambridge: Cambridge University Press, ix-xxiii.

2005 《尼采反卢梭——尼采的道德-政治思想研究》(*Nietzsche contra Rousseau*)。(宗成河等译) 北京：华夏出版社。

Assoun, Paul-Laurent

2000 *Freud and Nietzsche*. Translated by Richard L. Collier Jr. London: Continuum.

Bataille, Georges

1992 *On Nietzsche*. Translated by Bruce Boone. New York: Paragon House.

Berlin, Isaiah

1986 《自由四论》。台北：联经。

Bernstein, J. M.

1991 “Autonomy and solitude, ” in Keith Ansell-Pearson (ed.) *Nietzsche and Modern German Thought*. London: Routledge, 192-215.

Borges, Jorge Luis

2002 《博尔赫斯全集I》(*Obras Completas I: 1923-1949*)。台北：台湾商务印书馆。

Chamberlain, Lesley

2000 《激情尼采——漂泊在杜林的灵魂》(*Nietzsche in Turin: The End of the Future*)。(李文瑞等译) 台北：究竟。

Danto, Arthur C.

1965 *Nietzsche as Philosopher*. New York: Macmillan.

Deleuze, Gilles

2006 *Nietzsche and Philosophy*. Translated by Hugh Tomlinson. New York: Columbia University Press.

Derrida, Jacques

1979　*Spurs: Nietzsche Styles.* Translated by Barbara Harlow. Chicago, Ill.: The University of Chicago Press.

Edmundson, Mark

2007　《弗洛伊德的最后岁月：他晚年的思绪》(*The Death of Sigmund Freud: The Legacy of His Last Days*)。(王莉娜、杨万斌译)上海：华东师范大学出版社。

Figl, Johann

1991　"Nietzsche's early encounters with Asian thought," in Graham Parkes (ed.) *Nietzsche and Asian Thought.* Chicago, Ill.: The University of Chicago Press, 51-63.

Forbes, Ian

1991　"Marx and Nietzsche: the individual in history," in Keith Ansell-Pearson (ed.) *Nietzsche and Modern German Thought.* London: Routledge, 143-164.

Giddens, Anthony

1979　*Central Problems in Social Theory.* Berkeley, Ca.: University of California University.

Haar, Michel

1985　"Nietzsche and metaphysical language," in David B. Allison (ed.) *The New Nietzsche*: *Contemporary Styles of Interpretation.* New York: Delta Books, 5-36.

Hadot, Pierre

1995　*Philosophy as a Way of Life*: *Spiritual Exercises from Socrates to Foucault.* Oxford: Blackwell.

Heidegger, Martin

1979　*Nietzsche. Volume I: The Will to Power as Art.* Translated by David F. Krell. New York: Harper & Row.

1982　*Nietzsche, Volume IV: Nihilism.* Translated by Frank A. Capuzzi; edited with notes and an analysis by David F. Krell. San Francisco, Ca.: Harper & Row.

1984 *Nietzsche* , *Volume II*: *The Eternal Recurrence of the Same.* Translated by David F. Krell. San Francisco, Ca.: Harper & Row.

1987 *Nietzsche*, *Volume III: The Will to Power as Knowledge and as Metaphysics.* Translated by Joan Stambaugh, David F. Krell & Frank A. Capuzzi. San Francisco, Ca.: Harper & Row.

Horstmann, Rolf-Peter

2002 "Introduction, " in Friedrich Nietzsche *Beyond Good and Evil.* Edited by Rolf-Peter Horstmann & Judith Norman, translated by Judith Norman. Cambridge: Cambridge University Press, vii-xxviii.

Hulin, Michel

1991 "Nietzsche and the suffering of the Indian ascetic, " in Graham Parkes (ed.) *Nietzsche and Asian Thought.* Chicago, Ill.: The University of Chicago Press, 64-75.

Jaspers, Karl

2001 《尼采——其人其说》(*Nietzsche*: *Einführung in das Verständnis seines Philosophierens*)。(鲁路译) 北京：社会科学文献出版社。

Kaufmann, Walter

1974a *Nietzsche: Philosopher*, *Psychologist*, *Antichrist.* (4th ed.) Princeton, New Jersey: Princeton University Press.

1974b "Translator's introduction, " in Friedrich Nietzsche *The Gay Science.* Translated by Walter Kaufmann. New York: Vintage Books, 4-26.

Klossowski, Pierre

1985 "Nietzsche's experience of the eternal return", in Allison, David B. (ed.) *The New Nietzsche: Contemporary Styles of Interpretation.* Cambridge, Mass.: The MIT Press, 107-120.

1997 *Nietzsche and the Vicious Circle.* Translated by Daniel W. Smith. London: Athlone Press.

Krell, David F.

1982 "Analysis, " in Martin Heidegger *Nietzsche*, *Volume IV: Nihilism.* Translated by Frank A. Capuzzi; edited with notes and an analysis by David F. Krell. San Francisco, Ca.: Harper & Row, 253–294.

1984　“Analysis, ” in Martin Heidegger *Nietzsche*, *Volume II: The Eternal Recurrence of the Same.* Translated by David F. Krell. San Franscisco, Ca.: Harper & Row, 237–281.

1987　“Analysis, ” in Martin Heidegger *Nietzsche*, *Volume III: The Will to Power as Knowledge and as Metaphysics.* Translated by Joan Stambaugh, David F. Krell & Frank A. Capuzzi. San Francisco, Ca.: Harper & Row, 255–276.

Lampert, Laurence

1987　*Nietzsche's Teaching.* New Haven, Conn.: Yale University Press.

2009　《尼采的使命——〈善恶的彼岸〉绎读》(*Nietzsche's Task*: *An Interpretation of Beyond Good and Evil*)。(李致远与李小均译) 北京：华夏出版社。

Le Bon, Gustave

1921　*The Crowd: A Study of the Popular Mind.* London: T.F. Unwin.

Löwith, Karl

1997　*Nietzsche's Philosophy of the Eternal Recurrence of the Same.* Translated by Harvey Lomax. Berkeley, Ca.: University of California Press.

2006　《从黑格尔到尼采》(*Von Hegel zu Nietzsche*)。(李秋零译) 北京：三联。

MacIntyre, Alasdair

1981　*After Virtue: A Study in Moral Theory.* Notre Dame, Indiana: University of Notre Dame Press.

Maffesoli, Michel

1996　*The Time of the Tribes*: *The Decline of Individualism in Mass Society.* Translated by Don Smith. London: Sage.

Martin, Glen T.

1991　“Deconstruction and breakthrough in Nietzsche and Nãgãrjuna, ” in Graham Parkes（ed.）*Nietzsche and Asian Thought.* Chicago, Ill.: The University of Chicago Press, 91–111.

McDougall, William

1908 *An Introduction to Social Psychology.* London: Methuen & Co..

1912 *Psychology: The Study of Behaviour.* London: Williams and Norgate.

1920 *The Group Mind.* New York: Putnam's Sons.

Myerson, George

2008《尼采与查拉图斯特拉如是说》（*Nietzsche's Thus Spoke Zarathustra*）。（沈春花译）大连：大连理工大学出版社。

Nehamas, Alexander

1985 *Nietzsche: Life as Literature.* Cambridge, Mass.: Harvard University Press.

Nietzsche, Friedrich

1910 "Homer and classical philology," in Oscar Levy（ed.）*The Complete Works of Friedrich Nietzsche.* Translated by J. M. Kennedy. New York: Edinburgh.

1968 *The Will to Power.* Translated by Walter Kaufmann & R. J. Hollingdale. New York: Vintage Books.

1974 *The Gay Science.* Translated by Walter Kaufmann. New York: Vintage Books.

1994a *On the Genealogy of Morality.* Edited by Keith Ansell-Pearson. Translated by Carol Diethe. Cambridge: Cambridge University Press.

1994b "The Greek state," in Keith Ansell-Pearson（ed.）*On the Genealogy of Morality.* Translated by Carol Diethe. Cambridge: Cambridge University Press, 176–186.

1994c "Homer on competition," in Keith Ansell-Pearson（ed.）*On the Genealogy of Morality.* Translated by Carol Diethe. Cambridge: Cambridge University Press, 187–194.

1997 *Daybreak: Thoughts on the Prejudices of Morality.* Edited by Maudemarie Clark & Brian Leiter；translated by R. J. Hollingdale.

Cambridge: Cambridge University Press.

1999a　*Human, All Too Human.* Translated by R. J. Hollingdale. Cambridge: Cambridge University Press.

1999b　*The Birth of Tragedy and Other Writings.* Edited by Raymond Geuss and Ronald Speirs; translated by Ronald Speirs. Cambridge: Cambridge University Press.

1999c　"The Dionysiac world view, " in *The Birth of Tragedy and Other Writings.* Edited by Raymond Geuss and Ronald Speirs. Translated by Ronald Speirs. Cambridge: Cambridge University Press, 117–138.

1999d　"On truth and lying in anon-moral sense, " *The Birth of Tragedy and Other Writings.* Edited by Raymond Geuss and Ronald Speirs. Translated by Ronald Speirs. Cambridge: Cambridge University Press, 139–153.

2002　*Beyond Good and Evil.* Edited by Rolf-Peter Horstmann & Judith Norman, translated by Judith Norman. Cambridge: Cambridge University Press.

2004　《历史的用途与滥用》(*Vom Nutzen und Nachteil der Historie für das Leben*)。(陈涛、周辉荣译)上海：上海人民出版社。

2005　*The Anti-Christ, Ecce Homo, Twilight of the Idols.* Edited by Aaron Ridley & Judith Norman. Cambridge, England: Cambridge University Press.

2006　《希腊悲剧时代的哲学》(*Die Philosophie im Tragischen Zeitalter der Griechen*)。(李超杰译)北京：商务印书馆。

2007a　《不合时宜的沉思》(*Unzeitgemäße Betrachtungen*)。(李秋零译)上海：华东师范大学出版社。

2007b　*Ecce Homo.* Translated by Duncan Large. New York: Oxford University Press.

2007c　《朝霞》(*Morgenröte*)。(田立年译)上海：华东师范大学出版社。

2007d　《偶像的黄昏》(*Götzen-Dämmerung*)。(卫茂平译)上海：

华东师范大学出版社。

2007e 《瓦格纳事件 / 尼采反瓦格纳》(*Der Fall Wagner/Nietzsche contra Wagner*)。(卫茂平译)上海：华东师范大学出版社。

2009 《扎拉图斯特拉如是说》(*Also Sprach Zarathustra*)。(黄明嘉、楼林译)上海：华东师范大学出版社。

2010a 《尼采著作全集(第12卷)：1885—1887年遗稿》。(孙周兴译)北京：商务印书馆。

2010b 《尼采著作全集(第13卷)：1887—1889年遗稿》。(孙周兴译)北京：商务印书馆。

Pippin, R. B.

1988 "Irony and affirmation in Nietzsche's Thus Spoke Zarathustra, " in M. A. Gillespie and T. B. Strong (eds.) *Nietzsche's New Ideas.* Chicago, Ill.: University of Chicago Press, 45-71.

Rosen, Stenley

2003 《启蒙的面具：尼采的〈查拉图斯特拉如是说〉》(*The Mask of Enlightenment*)。(吴松江、陈卫斌译)上海：华东师范大学出版社。

Safranski, Rüdiger

2007 《尼采思想传记》(*Nietzsche: Biographie seines Denkens*)。(卫茂平译)沈阳：辽宁教育出版社。

Schacht, R.

1988 "Nietzsche's *Gay Science*, or, how to naturalize cheerfully, " in R. C. Solomon & K. M. Higgins (eds.) *Reading Nietzsche.* Oxford: Oxford University Press, 68-86.

Scheiffele, Eberhard

1991 "Questioning one's 'own' from the perspective of the foreign, " in Graham Parkes (ed.) *Nietzsche and Asian Thought.* Chicago, Ill.: The University of Chicago Press, 31-47.

Small, R.

1983 "Eternal Recurrence, " *Canadian Journal of Philosophy* 13 (4): 585-605.

Sonoda, Muneto（薗田宗人）

1991　“The eloquent silence of Zarathustra,” in Graham Parkes（ed.）*Nietzsche and Asian Thought.* Chicago, Ill.: The University of Chicago Press, 226–243.

Sprung, Mervyn

1983　“Nietzsche's interest in and knowledge of Indian thought,” in David Goicoechea（ed.）*The Great Year of Zarathustra（1881–1981）*. Lanham, Md.: University Press of America, 166–180.

1991　“Nietzsche's trans-European eye,” in Graham Parkes（ed.）*Nietzsche and Asian Thought.* Chicago, Ill.: The University of Chicago Press, 76–90.

Stambaugh, Joan

1991　“The other Nietzsche,” in Graham Parkes（ed.）*Nietzsche and Asian Thought.* Chicago, Ill.: The University of Chicago Press, 20–30.

Strauss, Leo

2002　《注意尼采〈善恶的彼岸〉的谋篇》，见刘小枫与倪为国选编《尼采在西方》。上海：上海三联，26–50。

Strong, Tracy B.

1975　*Friedrich Nietzsche and the Politics of Transfiguration.* Berkelry, Ca.: University of California Press.

Weber, Max

1949　*The Methodology of the Social Sciences.* Translated and edited by Edward A. Shils and Henry A. Finch. New York: Free Press.

1978　*Economy and Society: An Outline of Interpretive Sociology.* Edited by Guenther Roth & Claus Wittich. Berkeley, Ca.: University of California Press.

Valadier, Paul

1985　“Dionysus versus the crucified,” in David B. Allison（ed.）*The New Nietzsche: Contemporary Styles of Interpretation.* Cambridge, Mass.: The MIT Press, 247–261.

Vattimo, Gianni

1992 *The Transparent Society.* Translated by David Webb. Cambridge, England: Polity Press.

2002 *Nietzsche: An Introduction.* London: The Athone Press.

2006 *Dialogue with Nietzsche.* Translated by William McCuaig. New York: Columbia University Press.

Zuboff, Arnold

1973 "Nietzsche and eternal recurrence, " in Robert Solomon (ed.) *Nietzsche: A Collection of Critical Essays.* Garden City, N. Y.: Doubleday, 343–357.

第四章 “大众”云团的氤氲雾霭与液化的共同体

在我们这个时代里，“群众之人”（mass-man）[①]是社会的引导者，是他在做抉择，做决定，……在普选权力底下，群众并不作任何决定，他们只是支持少数人或其他的所做的抉择与决定，这是他们在社会中所扮演的角色，这也是他们所必须表演的“节目表”……。事实上，现在，这张节目表就是集体生活的节目表；于其中，群众却是决定者，是主角（Ortega, 1989: 71）。

第一节 前言

任何社会学家使用的概念都受制于特定的历史条件，反

① 基于尊重译者的用语，此处所说的“群众的人”的群众即本文所指的大众。奥特加（Jose Ortega y Gasset）所谓的“群（大）众的人”乃意指具有着大众的特质或由大众所引导而行的人。但是，就其讨论之大众的内容来看，奥特加企图意涵的似乎包含（甚至是侧重）群众（crowd）现象的（参看 Ortega, 1989: 102–103）。

应着一个地区的人们在一段历史进程中的特定认知需求和感受样态，总是有着特殊的文化意涵。就人作为被研究的对象，尤其是从行动主体[①]的立场来看，源起于19世纪的西方社会学探索一开始即隐含着，由带着浓厚政治（特别是革命）意涵的“人民”（people）概念来反映“人”作为社会存有体的特质。借用吉登斯（Anthony Giddens, 1976）的说法，情形即是，自从19世纪社会学问世以来，社会学家的研究对象——社会（society）指涉的，最为重要的其实就是民族国家（nation state）。具政治意涵的人民一概念，无疑地是构成此一重要社会实体的基本元素（即“人”）最具体而微的历史指涉形式，也是社会作为实体企图意涵并展现的核心概念对象[②]。在这样的情况下，呼应着马克思的论述，资产阶级与无产阶级作为新兴且接续着的历史主体，社会学的思考一开始可以说即是以政治社会学为主调，或更恰确地说，是古典政治经济学的衍生知识体系。

① 譬如，此处所说的“主体”概念就反映着西方世界（特别是自启蒙运动以来）对人之存在的一种期待性主张与认知模式。

② 基本上，“人民”一概念是18世纪美国革命与法国大革命之后才真正被人们提出来。它乃环绕着至高性（sovereignty）而被形塑着，成为一个带有着浓厚政治社会学意涵的概念（参看 Morgan, 1988）。在法国，由于此一概念被提出时，正是处于革命动荡的时代，此概念于是乎乃与大众，甚至群众与暴众相连地看待着。或许，由于有着这样的历史背景，马费索利即认为，人民的概念是一个被定义得相当蹩脚的大众实在，其内涵软趴趴的，既无行动性，也非逻辑的，更是缺乏坚实的经验基础（Maffesoli, 1996a: 156）。当然，情形是否可以如此看待，实有讨论的空间，在此，暂且不论。不过，不管怎么说，使用至今，相对于人民作为具政治社会学意涵的概念，大众则有着彰显文化社会学的意思。有关的讨论，参看叶启政（2005a：92—100；2008：29—39）。

经过一段时间，特别是转换到美国社会学的论述场域，在实证主义方法论（尤其是运用统计概念的量化社会学）的催化下，自20世纪50年代以降，（美国）社会学者逐渐企图以被认定为具中性、表象化且可予以变项化的人口（population）一概念来经营研究之最重要的概念对象①。这无形中逼使“人民”这个概念作为经营社会学分析之核心对象的地位大大地降低，也因此削减了“政治”在整个社会学研究中一向彰显的至高意涵。只不过，虽说政治在社会学中的论述地位容或有被贬抑（或至少是扯平）的趋势，但是，古典政治经济学中“经济”的意思却依旧保有着核心地位，在整个社会学的思维中一直扮演着重要的角色。情形所以如此，或许是与资本主义之经济体制的发展与持续发皇以及作为反制思想之马克思主义的风行，有着密切的关系而使然。

在这样的概念转折发展过程中，随着彰显时空之特质的更迭，在19世纪已浮现的“大众”（mass）概念，今天似乎则是更加被发扬光大，广为社会学家所重视，且成为时尚的名词，尽管这个概念本身缺乏明确的主体能动意涵，并无法用来

---

①　有关此一概念在美国社会学中发展之历史性的简扼讨论，参看叶启政（2004：135-147）。在此，附带地提出，活动在20世纪前半段的法国社会学家哈布瓦赫（Maurice Halbwachs），通过其著作《人口与社会》（*Population and Society*）（1960）一书，对美国社会学家致力于从“人口”一概念出发来进行社会研究，甚具影响。科塞（Lewis Coser, 1992: 2）即指出，虽然哈布瓦赫的最重要贡献在于有关集体记忆的研究，而且后来也被英语世界的社会学家所承认，但是，在一开始，他为美国社会学家注意到的却是有关人口的论述。科塞认为，这是因为当时的美国社会学重视的是都市与人口的问题，因而，在选择了解对象时有了偏好。

展现当代西方社会学特别看重“人作为行动主体”这样之命题的基本内涵[①]。不过，不管怎么说，伴随着大众此一词汇而来的诸多现象，诸如大众社会、大众文化、大众消费、大众传播媒体等，遂成为社会学家研究与讨论的热门课题。

第二节　对“大众”概念之生成的简扼回顾

大众与其有关的现象所以成为社会学研究的热门课题，自有一定的历史条件作为后盾。对此，既有的社会学文献讨论者堪称汗牛充栋，没有理由在此再进行更多的论述，否则，就显得只不过是野人献曝的作为而已。但是，对大众与相关现象所以产生的社会与历史条件有所交代，毕竟有益于我们了解底下将进行讨论的课题。况且，就知识社会学的角度而言，即使单纯地针对大众的概念内涵适当地予以厘清的立场来说，这样的交代更是具有着一定的实质意义的。因此，在这儿，让我首先通过过去已有的一些论述来为大众现象所以产生的历史背景与其在社会学上的基本内涵进行简单的阐述。

卡内提（Elias Canetti，1984）曾提示，群众（crowd）[以及暴众（mob）]一概念指涉的，基本上是一群在空间与时间上以特殊方式紧密接近的人们。然而，依当代的习惯用法，作为一种具总称指涉性的概念，大众此一概念则不同，它涉及的是一群在空间上（乃至在时间上）可以是分离开的人

① 其实，也正因为如此，大众的现象才成为社会学家更加关心的课题。

群，他们的身体是否直接接触或乃至是相互接近着，并不是定义此一概念的必要条件[①]。毋宁的，既无形状且又无以区分着（something amorphous and indistinguishable）的特质，才是确立大众此一概念的核心意涵[②]（Williams, 1983: 159）。

尽管，就上述如此之概念设定的内涵本身来看，显然的，大众与暴众之间在概念上有着不可跨越的鸿沟，然而，根据威廉斯（Raymond Williams）的意见，从历史的角度来说，一开始，大众一词却是由暴众转衍出来的新词汇（Williams, 1963: 287，同时参看Williams, 1983: 158-163）。这样的说法原有着照顾西欧社会发展所彰显的特殊历史意义的意思；简单说，它乃企图对18世纪末法国大革命后（特别在法国社会）由人民发动之一连串具革命性的暴动历史有所反应，而在概念上进行着具演化意涵的一种具选择亲近性的连接。无疑的，这确实是有着显著的社会学意义的。譬如，法国的勒庞（Gustave Le Bon）在1895年出版了《乌合之众》（*The Crowd*）一书，即有意识地企图反映当时法国社会所承受之历史经历累积起来的社

① 有关西方政治思想史中对群众与暴众的讨论，参看麦克里兰（John McClelland, 1989）。

② 威廉斯认为，大众尚有另外一个特征，即稠密的聚合（dense aggregate）。以本文企图意指的内涵而言，此一特征显然是难以当成界定大众（如电视机前的观众、网络上的网友或消费者）的必要条件。对此，鲍德里亚（Jean Baudrillard, 1983: 4, 5）也分享着作者这样的看法（这将在下文中论及）。依我个人的意见，威廉斯所以也把"稠密的聚合"特征当成界定大众的要件，应当是基于底下将提到之此概念与群众和暴众二概念在欧洲社会发展过程中有着历史亲近性的考量吧（同时参看 Williams, 1983）！或许，他意图以大众作为具通称性的概念来涵盖"群众"和"暴众"等相关现象。

会现象[①]。

当然，当法国社会进入19世纪（特别中后叶）之后，纵然群众暴动现象尚时有发生，但是，却已不再频仍屡现了。倒是大众作为一种日渐浮现的现象，变得更加明显，且普遍存在于西欧世界里，于是，更加具有着时代意义。延续至今，这个现象甚至可以说是变本加厉，更形重要了。

回顾西方社会发展的历史进程，威廉斯指出，大众现象的浮现与19世纪以来之产业革命的兴起有关，其中有三个社会趋势是重要的：（一）工业城镇中的人口日益集中，形成都市化的现象［即群体聚集（mass meeting）］；（二）工厂的林立，尤其机器生产的形式，促使工人必须集中以进行集体生产［即大量生产（mass production）］；（三）具组织化且是自我组织化的工人阶级形成为一种具社会与政治行动意涵的群聚体（massing）［即群体行动（mass-action）］（Williams, 1963: 287）。在这样的背景下，很明显的，大众指涉的对象一开始实际上即是属于工人阶层的人们。但是，单就英国来说，1730至1740年间出现大量的中产阶级，特别在19世纪中识字率一再提高以后，就文化消费的角度来看，他们形成为诸种出版品（如小说）的广大读者群。此时，大众意谓的，已不能仅仅局

① 勒庞对此即有简扼的分析（参看 Le Bon, 1969: 7-15）。在勒庞的眼中，除了本能（instinct）之外，促成群众现象的浮现，乃来自整个社会情境所引发的感染（contagion）与暗示性（suggestibility），它使得人们的责任意识丧失。在几乎同时期（1890）里，塔尔德（Tarde, 1903）则提出模仿法则（the law of imitation）来解释群众现象。

限于工人阶级，应当包含更为广泛的人口了[①]（Williams, 1963: 288, 295–296）。

顺着这样的历史脉络来看，如何有效地掌握大众的概念，乃成为不能不特别需要予以关心的课题。对此，让我借用威廉斯的见解来开题。在其著《文化与社会》（*Culture and Society*）一书中，威廉斯曾经说过这么一段话：

> 我并不把我的亲戚、朋友、邻居、同事、认识的人当成大众；我们没有人可以这么做，也不会这么做。大众经常即是其他人，是那些我们不知道，也不可能知道的其他人。然而，如今，在我们这样的社会里，人们却总是恒常地看到无数类别的这样其他人，并且身体邻近地站在他们的身边。他们就在这儿，而我们也与他们一起在这儿。正是我们与他们一起，是整个关键的所在。对其他人，我们也是大众，因而，大众即其他人。如此一来，事实上，根本没有大众自身，只有种种将其他人视为大众的看法而已（Williams, 1963: 289）。

换句话说，不管大众是不是身处我们可见或可触及的四周，他们都是陌生人。威廉斯这么说并没有错，然而，却似乎无法把我们身处的这个时代对大众此一概念所可能展衍的意涵

---

① 在分析民主与大众的关系时，威廉斯即就历史发展的角度指出，把大众的议题等同于“不能流畅地等于大众的大多数”以及等同于暴众的议题，是不能忍受的作法。同时，包含工人与低层的中产阶级的大众，更是不能与暴众混为一谈（Williams, 1963: 289, 296）。

显露出来。就此，依我个人的观点，倒不若转个角度来说，可能会显得更为贴切些：大众一词乃用来泛指具某种特质的人口（如听众、观众、消费者等）；简单地说，即是他们分享着具某种特殊质性的社会生活情境，而共同受制于具结构性的社会力量。基本上，正是这个结构性力量的制约在人们的身上所可能蕴涵（与衍生）之因果权能（causal power）的效应特质，成为关注（也是定义）大众现象时必要追问的课题。至于，作为大众的每个个体人的实际认知模式与反应会是如何、彼此之间是否有着互动的关系等的问题，并非界定大众此一概念的基本内涵时绝对必要考虑的了。因此，对大众一概念的分析，基本上即是一种有关结构理路内涵之因果权能的效应特质的剖析，在一般的情况下，这往往有赖社会学者（或相关学者）提供说法来予以厘清与诠释。

活跃于20世纪前半叶的西班牙思想家奥特加曾经指出，相对于过去的12个世纪，从19世纪中一直至1930年代（即奥特加提出此说的年代），欧洲人口骤增。尤其，科学技术发展、自由民主政体与工业资本主义的生产形式等崭新的社会形式浮现，造就了一群有着安逸物质生活之中产阶级的人口。基本上，这些人即构成为大众的主体，形塑了所谓的“大众形态的人”（mass-man）[①]。前面提到威廉斯所说“只有种种将其他

① 如本文一开始所引述的文字中提到的，此书之中文译者把此一名词译为“群众之人”，在此，我所以没有援引此一用语，乃因认为“大众形态的人”应当会是更贴切作者所欲表达的意涵。为了简化表达，底下，“大众形态”一词乃被视为等同“大众形态的人”。

人视为大众的看法”这样的说法，事实上就是呼应着奥特加所说之这个“大众形态的人”的概念，描绘的正是那群被同一样之社会结构条件所制约而彰显相同“命运”样态的陌生他人。在此，需要特别指出的是，奥特加所指出之以中产阶级为主体的“大众形态的人”，无疑地更强化了前面威廉斯提到大众的对象由工人扩及中产阶级之具历史发展性的说法。

正是在19世纪这样一个受着革命洗礼的时代里，大众的形态特征不但形塑了足以涵盖地刻画大多数人的集体人格，甚至，也同时意味着少数的精英人物（如民主体制下通过选举而生的政治人物、媒体明星乃至学术人）亦必得是分享着同样的历史性格特质。更恰确地说，少数的精英分子经常需要在迎合（与掌握）大众的典型品味、态度、价值、视野等的一般情形之下，才得以脱颖而出。易言之，倘若获取诱人的种种社会资源——经济利润、政治权力、社会声望等乃是形塑精英的现实社会基础，而其正当性又是来自于居多数之大众“均值人”（average man）[①]予以肯定的时候，诸如顺乎民意、或谓迎合大众口味、态度与价值等的作为，乃成为少数精英分子必须学习的功课。就此，倘若我们说他们亦是大众形态的产物，应当不为过的。只是，大众形态之特质的形成总是使得芸芸众生在其所处的日常生活世界里以“无名”的沉默姿态展示着，而少数的精英分子却总是以特殊例外且经常是极其喧哗的“有名”方式展现（或披露）其自身。除此之外，不管有名与否，人们

① 有关此一概念将在随即而来的下文中提到。

其实展示着本质上相同的东西（与意涵），其所展示的基本上是具有着表象性之“有”[①]的符号形式（如体诸于地位、声望、财富、权力、容貌、身躯、衣饰、举止等上面的符号）。在当代的世界里，这形构出一幅看起来极其丰饶而多变的有趣世俗浮世图。

顺着这样的思维理路来看，大众此一概念的核心内涵显然地乃在于大众形态所可能开展之结构性的特质为何的问题上面，而正是这样的特质可以看成是现代人共同承担之优势文化的典范（Ortega, 1989: 72−73, 78, 80），甚至，可说是一种历史命运。于是，大众概念只能通过大众形态之具结构性的文化（与心理）特征来捕捉并予以定性，除此之外，别无他途。情形若是如此的话，那么，大众形态实际意涵的文化（与心理）内容到底为何，成为不能不追问的课题了。

第三节　大众形态乃具“受体”意涵之“均值人”的一种表征典范

在回答大众形态可能彰显的文化（与心理）典范特质为何的问题之前，或许，我们必须先对它内涵之一个最根本的结构特质有所提示。简单说，这个结构特质就是隐藏在其背后之具多数的意涵的“均值人”概念了。

在现代西方的社会思想里，“假定人是理性且有着相当

① 此一“有”乃以具外塑且外控性之诸如拥有、享有、据有、占有、持有等等的形式来表现与证成。有关的讨论，参看叶启政（2004：483—491）。

近似的资质禀性，尤其，他们总是有条件采取独立自主而主动积极的态度来行动，而且，甚至必须是如此的”这样的说法，一直是一种潜藏的意识形态。对人的行为进行分析论述时，这样的命题，在认知上，被认定具有着一定的本真性。尤其，这样的理性（与同质性）被认为可以普遍地在一般人们的身上看到。显然的，这样的命题把以个人持具（individual possession）为本之自由主义对“人”的理解与期待的一种普全信念——即“均值人”[①]的概念偷渡进来，假定着人人（只要是所谓的正常人）具有一样的能力、契机，而且是各自独立自主地存在着。单就政治面向来说，这意味着人人生而自由且平等，权利（与义务）基本上是一样的。就欧洲的历史发展进程来看，这样之“均值人”概念的文化有效性，则因诸如18世纪末之法国大革命有机会让所谓“人民”这样的多数人口发挥了实际的动员力量、随后而来之工业化与都市化带来了甚大的同质群聚的人口现象以及以选举制度落实以人民为本的民主政治理念等之历史事实的支撑，更加予以证成与强化。

然而，除了如此一般地特别接受着19世纪之道德统计（moral statistics）的加持之外，人民（以及相继而来之大众）的概念内涵，尚承受着特定社会机制的结构制约而蕴生出来。对此，假若允许我们说“人民”与“大众”这两个概念都是针对“人口”此一意涵较广泛且在历史－文化意义上具中立性之

① 有关此一概念的社会学意涵，参看叶启政（2005a：第1章；2008：第2，3章）。

概念的一种特殊指涉的话，那么，这两个概念有一个共同的特点，即均指涉着相对于某一种制度性之社会机制介体的受体对象。以当代社会所呈现的一般状况来说，人民是一种承受着特定政治体制（特指民主的宪政体制）作为介体之具政治性意涵的受体对象，而大众则是依附在大众传播媒体（在此特指电视）作为介体之下的一种具文化与心理意涵的受体对象。因此，不管人民或大众的概念，诚如上述的，基本上都是反映着它所承受之介体的结构理路内涵的因果权能的效应特质。这也就是说，无论是人民或大众的概念，其所欲表达的，是根据介体之结构理路的因果权能性而演绎出来的可能效应特质，因此，它为介体结构所内涵（connotative）[而非外延（denotative）]着，我们只能从介体的特质来衍生此一受体的基本属性。尤有进之的，以某个（些）特定外显属性搭架的"均值人"概念之所以能够作为现实的指涉称谓，且被认为可以有效地运用来勾勒人民或大众的概念意涵，其实即建立在这样之介体的结构理路的因果权能所内涵的效应作为判准的基础上面。

以上述的论点作为基础来衍生鲍德里亚的说法，或许可以让我们对人民与大众二概念的分殊获得到较为清晰的认识，也因此有助于我们确立大众的基本内涵。根据鲍德里亚的意思，就政治体制作为机制介体的立场来看，人民（阶级亦然）的概念有着具体表征性的主体权威依托着（如行使选举权、受法律保障等），因而可能发生异化（alienation）[①]的问题（Baudrillard, 1983: 22）。这也就是说，若说人民是具能动性（agency）的行动主体的话，这一特质本质上乃内涵在政治体制作为机制介体的结构理路之中，以至于让人民有着社会学的实在（reality）作为依靠，其意涵或指涉的特质可以有效地施用于定义下的任何人[②]。但是，就其所承受之大众传播作为机制介体的结构特质而言，大众的概念则不然，它缺乏人民一概念所彰显的这种特质。情形是如此的话，那么，在大众传播作为机制介体的前提下，大众到底体现着怎样之“均值人”的典型结构特质呢？

与前面曾经引述的学者分享着类似的看法，意大利社会学家费拉罗迪（Franco Ferrarotti）即曾宣告过：过去恒见之作为人与人之间自由交易区域的小团体已不复存在，如今有的只是平扁化、无形状、无以区分、看起来温顺、软糖般地柔软的使用者大众浮现着（Ferrarotti, 1988: 33）。针对着大众所彰显的如此一般特质，借用前面鲍德里亚的说法来衍生，或许会更具有启发性。诚如他说的，既然，大众一词不同于人民，乃缺乏一个概念（concept）本身所具有的实在基础，它于是乎经常成为只不过是人们从事政治煽动的一种言说托词的

① 假若我们非有此一说法不可的话。

② 显然的，鲍德里亚这样的说法与注三所提示之马费索利的见解：“人民的概念是一个被定义得相当蹩脚的大众实在，其内涵软趴趴的，既无行动性，也非逻辑的，更是缺乏坚实的经验基础”是有出入的。在此，我个人比较支持鲍德里亚的立场，不主张把人民的概念化约成为大众此一概念内涵的一种次类型，而当成是在指涉上相互独立的两个概念。

主调，有着柔软、黏稠、缺乏分析性的意思（lumpenanalytical notion），并没有明确而特定的“正面”属性、述辞、品质与指涉对象。因此，固然大众立基于一个个可以名状之实际的独立个体人，但却是缺乏具体而固定的社会关系可以用来作为固着概念的坚实后盾。尤其，它更因为没有可以明确指涉的真正人口母体（population）、身体或特定的社会聚体（aggregate）来予以表现与保证，以至于找不到一个具社会学意义的具体实在可以充当妥帖的依靠。于是乎，这最终导致大众一词本身即是其定义，或更恰确地说，它本身就是极端地缺乏定义（Baudrillard, 1983: 4, 5; Ferrarotti, 1988: 33-36）。

无疑的，大众所彰显之如此一般的特质，反映的其实正是大众传播（特别是电视）作为介体机制的基本结构理路所衍生的因果权能效应。这些效应、也是大众作为一种受体概念所意涵的，我们可以使用三个特征来表达：（一）构成大众此一受体概念的成员彼此之间本质上具有着缺乏互动的陌生人特质，他们是同质（即具同一性）且各自独立而自主的。（二）对大众传播作为介体而言，大众受体的成员几乎没有足以产生有效的反馈能力与契机；或甚至可以说，此一能力与契机并不是从大众传播作为介体出发来界定大众的基本结构要件；（三）就大众传播作为介体的结构理路而言，大众一概念没有引发主体能动性、更无产生集体动员之契机的任何意涵，否则的话，就成为（诸如进行抗议示威的）群众（或乃至暴众）了。或者说，构成大众的成员是否具有主体能动性，并不是由大众传播作为介体的结构理路所衍展出来的必要特性[①]。

准此，从大众传播作为介体的立场来界定，大众可以说是以无真正表征作为依托的无指涉姿态存在着，是一种完全丧失明确指示对象的模拟（simulation）[②]。依鲍德里亚的说法，它更是“社会的”（the social）[③]被剔除后的剩余物，其本质是被动而冷漠的（passive and apathy），只能以进行着诸如民意调查时运用统计概念所释放的拟像（simulacrum）形式（“均值人”即是典型的代表）来构作其样态（Baudrillard, 1983: 4, 5, 20, 31）。晚近，呼应着统计学的集中趋势与离散度这两个概念，库珀（Robert Cooper）即援引本雅明（Benjamin, 1970）与瓦蒂莫（Vattimo, 1992）视大众为易变、不定型地呈现与沉隐的见解而指出，我们只能借着特定事件（event）所产生之集合－离散（collection-dispersion）的现象来架搭与成就大众此一概念的核心意涵（Cooper, 2001: 19, 21）。简言之，既然大众是一种无真正表征作为依托底蕴且指涉对象为虚隐的概念，我们于是乎只能以迂回而委婉的折射方式予以显像（当

① 尽管，就个别个体本身而言，这些大众形态的特质并不是恒定地体现于所有的情境，而有着不变的实际意义。甚至，就个别个体人来说，即使处在面对“大众传播媒体”的情境，他还可能展现主体能动性，有着具某种形式之主愿性的反应（如拒看电视或转台）。对此一问题，在下文中，将提出简扼的讨论。

② 至少相对人民的概念而言，情形是如此的。

③ 根据鲍德里亚（Baudrillard, 1990a, b）的意见，所谓“社会的”意指的是，一个具有着可相对明确指涉（如阶级、地位、权力、制度、社会关系）的实际社会对象，乃由特定价值信念来导引且形塑成为具极化（polarity）之终极性（finality）的社会形式。因而，它的社会理路基本上是线性的，有着起点，也经常有着终点（至少是具演绎性质的，譬如现代性所意涵的即是一例）。

然，只是虚像)，同时，更是需要以特殊的具体事件作为显剂，并利用某种社会机制作为菱镜来加以定性，之后，再通过某种介体来析透，大众形态的特质才得以显现出来。在此，让我重复地再说一遍：在现代社会里，大众传播媒体即是最主要的介体，而民意调查则是对事件所产生的“离散”现象进行“集合”(即分别以统计学中的离散度和集中趋势两个概念来表达)之最常见的一种具社会制度性的显影机制。

假若整个现实的社会操作过程是如此的话，显然的，以前面提过之特殊的大众形态的表征形式来为大众的拟像进行社会性的定性显影，只是一种单纯以某种社会构作的模式实在(reality of model)而已，并非企图对某种真实予以忠实刻画的实在模式(model of reality)。借用布尔迪厄(Bourdieu, 1988)所称呼的，它基本上只是展现一种特定科技制或知识制的观点(technocratic or epistemocratic vision)。一般，这是学者为社会世界勾勒的完全图像，通过统计学所建构的“均值人”概念来予以证成，则是最典型的经营方式。其中，常态分配(normal distribution)则因被视为是人之经验世界中的一种普遍现象，更是经常用来作为支撑此一概念得以具经验正当性的有力基础，刚才提过的所谓民意调查被用来作为实际的经验检证机制，恰恰可谓是其中最为典型的迷思作为[1]。因此，大众的特质，是以机遇的概率方式，在“均值人”概念的支撑下，对特定社会生活情境内涵的结构特质可能反映在人身上的一种具心

① 尽管实证取向的社会学家与政治学家经常也是以统计学的“均值人”概念来表现(或披露)人民(尤其是人口)的内涵。

理与文化意义之因果权能效应力的适当估量。它涉及的是对人们的行动具有因果作用力之具结构化性质的可能效应潜势，并无涉于是否必然内涵于每个人的行动里头，或是否足以（或必须）普遍有效地施及每个人等等的问题。

第四节　大众传播媒体作为形塑大众形态之介体机制的政治经济学意涵[①]

以上的分析提示着，倘若大众一概念有着社会学意义的话，关键乃在于个体人以大众形态的姿态来呈现自身，或大众形态作为一种基本社会表征而牵带出来的拟像上面。在这样的情形下，被视为大众的个体人所以经常被认为是沉默的，并不是他们不说话，而是保持着拒绝以其名（即假大众之名，而事实上也无法以此为名）来说话的沉默，或是他们自身的发声微弱得被忽略了[②]。或者，更具体地来说，在社会制约的作用

① 作者深切地意识到，在网际网络现象已相当普及的今天，至少对某些特定人口（如壮、青少年）而言，此一现象所内涵的结构理路已经非本文所描绘的“古典”电子大众传播媒体所能涵盖，而有着一定的逾越特质。至少，本文所界定的大众就并不完全适用了，必须另定辞汇来指涉。再者，由于网际网络此一后来的现象方兴未艾，尚未形塑出定向（因而，定论），更因本文所选择的对话对象是立论已确立为“典范”的一些西方社会学者，又，“古典”的电子大众传播媒体在今天的社会里尚具有一定的作用与意义，所以，把讨论局限在“古典”电子大众传播媒体的体系形式所内涵的结构理路为大众形塑出来的可能效应与衍生的社会意义。

② 事实上，诚如上面提到过的，因为大众是虚隐的，所以，根本就没有论断其自身是否沉默的问题会发生。诚如鲍德里亚（Baudrillard, 1990: 94）指出的，既然大众是一种拟像，它就无所谓被压迫或操纵的问题，也没有被解放的可能与必要了。

下，“均值人”此一统计概念意涵的“人人是同质且等值”的本身，在自我指涉的意义体系驱动下，沉默地产生了强而有力的象征概念性效果，把人均质化，也把意义掏空。一方面，它把个体的主体能动性予以剥离；另一方面，它则有效地渗透进入个别个体人的人形结构当中，形构着人们的感知模式与想象图样，以诸如消费者、阅听人、观众、读者等具虚拟之迷思性质的全称方式来统摄个体人的一切呈现。尤其，当这样的全称拟像为一种具真实感的社会性操作[①]予以转化确认之后，它原本所具无明显指涉之社会体且缺乏肯确意义的虚幻模拟面貌会被悬搁起来，且经常被认为足以形成为一个具自生自衍能力且能量不断释放的虚拟实在（virtual reality）[②]。于是，大众在语意的形式上所创造的拟像被实体化，而这也反过来强化了大众的幻象，让人们有着可以感受到其为“真”的作用。

倘若统计学塑造的人为“均值人”概念是确认大众具体实然性的认知基础的话，那么，隐藏在统计学背后严肃之科学理性的终极神圣性，则是以一层漆黑而厚重的不透明布幕把学术本身作为一种技艺蕴涵之仪式性作为（特指逻辑、科学方法与研究程序本身）的迷思特质给掩遮住，甚至予以撤销。于是，科学有了绝对权威基础作为确立整个文明之导向的依托。

① 如通过民意调查的方式来确定广告的效果，进而决定广告的价码，或通过民意调查来确认所谓的民意背向，并进而决定施政方向。

② 所有鲍德里亚使用来形容大众的概念可以说都溢出了传统西方社会学所惯见之具实质性的概念。这无疑地呼应着前面所提到鲍德里亚的论点：过去承继自 19 世纪之欧洲历史场景，且建立在具具体而实质之表征性的“社会的”概念已经变得无效了。

然而，这毕竟只是人类自我创造的一种狂妄举止，说它有了依托，其实是等于没有依托的，因为，至少，就存有论的角度来看，所有的依托都必须是以特定的哲学人类学存有预设作为基础，其中，自有一定的基本信念与迷思作为后盾。职是之故，一旦人们对此一依托现象的社会特质缺乏以谦虚的态度来进行自我反省，都将会导使一种狂妄的认知暴力现象产生出来，而这将注定使得人类的文明在志得意满与趾高气昂的飘然感受中逐渐“堕落”。

准此立场，当我们（特别通过所谓民意调查的操作）把大众的拟像予以实体化为神圣托体之后，在统计学披着科学的神圣外衣的庇荫下，它是取得了证成与理解“社会事实”的正当性。但是，在这样的情况下，人本身作为个体的独特与自主性却是被撤销掉，至少变得迟钝，在社会学的认知架构中产生不了实质的作用与意义，因为人们既然变得同质且均等（相当符合民主原则），自然是难以看出隐藏在日常生活世界四周的个别危机与应对处方，更是难以显现其对个体存在所具有的个别特殊意义，尽管这层的特殊意义正是个体人的存在所不可或缺的。

况且，纵然有些个体人的感觉依旧是敏锐的，但却也因为大众形态之“均值（质）”的人种意涵本身所彰显的混浊胶粘力量实在太大，以至于难以使之化解，更是无法让它清净透彻。因此，就概念的内涵而言，大众本身是显得相当无力、无助的，它甚至进一步地麻痹了整体人类行止的能动性（尤其，其可能呈现的多元与多变性）。难怪，在鲍德里亚的心目中，大众不是良质的导体，乃带有着具中性特质的惰性，像癌细胞一般，不断快速地增生着，以至于成为只是不断吸纳的沉默多数（the silent majority）（Baudrillard, 1983: 2–3; 1990b: 13）。于是，它有的只是让内爆（implosion）[①]现象持续地发生，因为，此时，有关个体之主体能动性的议题原则上是被架空掉的。

德·塞托（Michel de Certeau）曾经批评鲍德里亚这样的说法，认为这容易让人们感觉到大众只是一群几近完全被动的惰性人[②]（Certeau, 1984）。在德·塞托的眼中，作为大众的个体人本身其实并不是完全沉默的惰性人。毋宁的，在其日常生活世界里，作为大众的个体人往往会"沉默地"以各种间接而迂回的方式（如怠工、假公济私、消极抵制、拒看、转台观看、私底下咒骂甚至进行破坏等）抵抗体制来展现主体能动性。但是，诚如上述的，当我们以"不断吸纳而产生内爆的沉默多数"来刻画大众时，我们意图呈现的，实际上只是内涵在个体人身处为具大众形态之社会生活处境（如面对电视屏幕）的结构理路所可能衍生的因果权能效应作用而已。这样的效应性并不是人本身可能体现之主体能动的质地（即德·塞托特别

① 根据鲍德里亚的意思，内爆乃意谓着，把一个端点吸纳进入另一个端点，使得意义本可能具有分化之体系的端点间产生短路，原本可能（如在媒体与实在之间）的明显对彰性被拭除，因为一切无法有着明确的解读（Baudrillard, 1983: 102–103）。

② 德·塞托这样之对鲍德里亚的批评是有失公允的，因为，事实上，鲍德里亚早已注意到一般大众在其日常生活世界里所具有的主动反抗能量的（Baudrillard, 1983: 38–43, 108）。只是，这并没有成为他继续发挥论证的课题而已。

强调的部分)。因此,还是同样一句话,“沉默的多数”的说词,乃是针对大众作为“均值人”承受某种特定社会机制内涵之结构理路的作用力时,所可能牵引出来的一种潜在因果权能效应的描绘而已。易言之,它只是意图指出,导致多数人沉默乃是这种社会机制的结构理路所内涵之因果权能作用力可能发挥的潜在效应而已,不多,也不少。固然这可以通过人们的经验予以概率性的检验与论断,但是,在此,它意图论证的,是结构理路内涵的可能性,不是实然呈现的必然性。当然,这样之对大众的结构性特质的概率说法,是刻意把人作为个体可能彰显的主体能动性予以忽略,这自然容易引起人们有着“宣告人的灵魂死亡了”的疑虑。

就政治经济学的立场来说,诚如前面提及到的,大众一概念之所以有了从事社会学探讨的意义,乃拜19世纪以来特别展现在欧美世界里之安逸与舒适生活场域的持续而广泛出现所赐。当然,欧美世界的安逸与舒适情境所以产生,有着诸多历史因素交错作用而促成的,其中,科技的发展催化了生产效能,可以说是至为重要的关键之一。但是,因为这并非此处关心的议题,所以予以悬搁而不论。在此,就当代社会的基本结构表征而言,我们需要特别观照的毋宁是这么一个命题:因应着大众传播媒体科技的发展,大众一概念才显得特别有着社会学的意义。

从权力施放体系的角度来说,大众可以说是一个社会里某些人(特指产品造业者或政治野心家、大众传播媒体的经营者、广告制作群等等的联合共谋体)通过大众传播媒体,运用种种技巧（如提倡时尚），以予以骄纵与安抚的操弄方式来形塑并予以营销之典型“人”（尤其，品位人）的形象。所以说是“典型‘人’的形象”，其意涵让我不厌其烦地重申一遍：这只是人们对大众传播媒体作为一种社会机制内涵的结构理路所衍生出来的一种“人”的理念型图像，基本上是有关因果权能之可能效应性的论断说法。准此，底下论述（其实，也包含着诸多前述的）指涉的，均是这样以“均值人”为典范形构之“人”的理念型图像，而非（所有的）人们在日常生活世界中实际体现的情形。

在这样的场景里，就形塑其结构理路之机制的历史形式而言，大众乃是依附在以大众传播媒体为介体之权力体系中的在权者意图宰制与操控的（假想）对象，尽管它或许只是一大片覆盖在一个个之个体人身上的虚拟阴影（shadow）[①]而已。但是，吊诡的是，如前面所说的，人们却经常肯确地认为，大众的结构理路自身有着无比的魅力，可以如鬼魅一般地附灵在人们的身上，促使人们不断吸纳着讯息，也不停地让讯息产生内爆［或谓内卷（involution）］，并形成一股迅速气化的虚拟漩涡，不断往下沉卷。而且，当讯息愈是膨胀（inflation），意义就愈紧缩（deflation）着（参看Baudrillard, 1983: 48–49, 96）。这也就是说，当今的大众传播媒体作为沟通或传递讯息的介质，生产了过多的讯息。这些过多的讯息把意义给消融（或至少稀释）掉，让它在空气中任意飘荡，以至于无法为一

① 而且，仅止于是阴影，不会变成为实体的。

般人们带来有效“社会化”的定型作用。鲍德里亚即说过，这正是致使过去具实质价值（如使用价值）之线性意义的“社会的”一再遭受到无可阻挡的破坏，并内爆于大众的拟像之中，以至于产生自我消融（与解体）的关键所在。尤有甚之的是，不只讯息在媒体中内爆，媒体本身在现实中也产生自我内爆，以至进而催化了所有的一切也均产生内爆，并消逝在纯粹由符号以武断但多变的姿态推砌起来之超实在（hyperreality）世界的星昙之中（Baudrillard, 1983: 91, 100–101）。无疑的，这段引述鲍德里亚之观点的说词乃意味着，就其结构理路而言，大众传播媒体带来的任何符号有着未确定性，它使得过去坚实之经验可证的“社会实在”磐石不只是松动了，甚至完全被粉碎掉。结果是，一切看似实体的东西，可以立刻变成为具高挥发性的气体，飘荡在虚幻的符号氤氲雾霭之中。

于是，针对人们曾经面对的种种困惑与疑难，当代大众传播媒体本身的任何发展基本上并无法带来任何合乎逻辑的解答，有的，或许只是一种逻辑上的恶话与灾难性的答案而已（Baudrillard, 1983: 106）。那么，化解的可能答案在哪里呢？基本上，这还是得从被归类为大众的个体人身上来寻找。对此，诚如上述的，尽管在态度上是有所保留，鲍德里亚还是承认作为大众的个体人还是有反抗的能力与意愿的，而其情形正如德·塞托提示的，最常见的形式乃是以沉默的姿态反抗着。然而，显然的，这样沉默反抗的情形毕竟有如人们面对着镜子时一般，他们并不能以“正面”的方式把意义吸纳进来，而只能以反射的方式把（媒体）体系自身的理路反弹出去而已。因此之故，人们还是无能力把大众传播媒体传送出来的讯息予以完全消融、破坏或销毁的。准此现实的情况，鲍德里亚告诉我们的，或许值得深思。他认为，这样之反应策略（假若这还算是策略的话）的说法，顶多只是多少掌握了大众的潜意识面向而已，但却赌上了人作为历史主体追求自由、解放、与自我振兴时应当浮现的清澈意识，因为人们仍旧依着体系的理路而行，或者放任体系理路猖狂嚣张地运行着，并没有改变体系本身所带来的意义过度生产和再衍生的强制性现象（Baudrillard, 1983: 108-109）。

活在这样一个大众传播媒体通过煽情与迷惑方式来操纵符号以"蛊惑"人们之情感与认知的历史场景里，鲍德里亚所提出的另一个评论，似乎显得更是有着道理。他说："在一个时间里，我们是生活在无反应、也不必负责任的时代里"（Baudrillard, 1981: 170）。譬如，在这样一个以强化基本人权的民主体制来成就"人是独立自主而自由"的时代里，人们用选票选出国家的领导，但是，他们却往往没有充分意识到需要对自己所行使的政治权利负责，而是在大众传播媒体所输送之美丽词藻与画面的"蛊惑"下，经常轻率地把"神圣的一票"投了下去[①]。况且，就现实情况来说，他们更是有着不用（事实上，往往也无能力）对自己的行为负责的权利，因为，在权

① 这个例子显现出的是，尽管历史场景让人民与大众有着交错纠结地作用的机会，但是，现实上，却使得个体人作为具主体能动性之理性的人民的期待，在冥冥之中，被大众作为一种拟像所吐纳的氤氲雾霭稀释掉了。于是，人民彻头彻尾地为大众所绑架。

力的正当性乃来自选票累积后的"多数"数字的前提下，整个选举情境让选民对选举结果所可能带来之种种后效现象的责任归属被分摊、也被稀释掉，自己甚至可以有着不在场的证明，以至于不会（也不必）有着必须承担任何实质责任的意识。至于被选出来的领导精英更往往只知玩弄权力，一味地以足以保证掌握着"多数"的伎俩来迎合他们自认的大众口味和期待。责任伦理或贯彻公义的基本信念，成为一种工具性的口号，只在需要时，拿出来虚张声势地宣示一下，以作为维持（或巩固）权力基础的符号。他们要求的只是，这个符号有着令人炫惑的华丽能指（signifier）就行了，不必要有永恒稳固的所指（signified），更不需要有坚实的指涉对象（referent）。于是，一切端看能够在大众"均值人"当中产生多少的"蛊惑"效应来定夺，尽管这往往仅是通过民意调查的机制所形塑的拟像来表现，有的只不过是一种超实在的幻象而已，然而，至少在表象上，经常却是管用的。

于是，处在大众传播媒体充斥的历史场景里，人们（如记者）企图塑造公共意见，并以抽象而普全的命题方式来报道事件，然而，其实，这只是以捷径短路的方式对事件的推进强施一种突兀而无限制的发展状态。在这样具几近线性的社会理路架构里，人与人之间的关系被抽象化，甚至被架空，缺乏象征互惠性的单纯互动机会所可能彰显的丰富多元、坚实又能够令人感动的神圣意义。难怪，除了接受之外，构成大众的个体人只有以诸如拒看或转台的方式来表示抗议与不满的最后权利，而正是这样的间接迂回的拒看或转台，成为人们用来回应大众传播媒体之结构理路的“屠杀”最常见的策略，尽管这中间有着数不清的无奈[①]。

第五节 只有公共意见，却无伦理意涵的大众

根据奥特加的见解，大众被形塑出来的社会特质不是克制、禁欲、修养，而是宣泄、纵欲、任性甚至是桀骜不驯[②]（Ortega, 1989: 92）。这样的说法直接运用在暴众身上应当是相当恰切的，但是，施用在大众，特别是诸如消费者、读者或阅听人的身上，似乎有待更细致地予以分殊的必要。

基本上，倘若大众具有着展现宣泄、纵欲、任性、桀骜不驯的潜在能量特质的话，这样的能量，并不是如我们在暴众身上看到之直接暴发奔放出来的情形，而是以前面一直提到之沉默、潜沉而迂回的方式慢慢地释放出来。因此，大众内涵之宣泄、纵欲、任性，特别是桀骜不驯的能量力道，无形之中总是不断地被掩饰、挪移甚至让渡着，而且，经常只是以潜势的匿名姿态默默地隐藏于过程之中，以至于有着被稀释掉的情形发生。不过，尽管情形可能是如此，大众内涵之宣泄、纵欲、任性，特别是桀骜不驯的特质毕竟还是存在着，可以找到它的

---

① 显然的，当我们把网际网络的现象考虑进来的话，情形自然可能会有所不同。但是，基于第 311 页注①提示的理由，在此悬搁不论。

② 奥特加所以以这样的方式来描绘大众或许是因为有着当时（20 世纪 30 年代）欧洲社会的历史背景（如布尔什维克主义和法西斯主义的兴起）的考量，以至于必须把诸如群众与暴众的概念范畴一并予以涵盖着（参看 Ortega, 1989: 92）。

轨迹。这个轨迹最为明显的莫过于是，刚刚在前面所提到鲍德里亚的说法：大众作为历史主体的时代，是一个人们不必负责的时代。

当人们讲求道德伦理时，必然是要求具有着相对明晰的责任义务与服务意识，而且，在某个程度上，是膺服某种特定的终极理念。然而，这些要件基本上都是依附在大众之中的结构理路自身所无法开示而呈显出来的，情形甚至是反过来予以压制着。于是，在这样之结构性特质的导引下，既然大众具有着宣泄、纵欲、任性，特别是桀骜不驯的能量特质，那么，一旦个体人隐藏在大众所庇荫的符号氤氲雾霭之中，他自然是不会、也不必承担任何的道德与伦理负担，因此，其行为是不必负任何责任的。换句话说，“不必负责任”正是彰显大众具宣泄、纵欲、任性，特别是桀骜不驯之能量特质的一种具体表现方式，尽管这样的表现可能是相当迂回而和缓。

说到这儿，让我援引奥特加所提出一个看似相当诡异，但却极为有趣，也值得深思的说法来进一步引申。他认为，体现在现代社会之大众身上的宣泄、纵欲、任性、桀骜不驯的潜在特质，导使大众反叛了它自身的命运（Ortega, 1989: 152-154）。依我个人的意见，这样的说法是根植于欧洲之特殊历史进程的一种评论性描绘，极具深刻的社会意义。

就欧洲过去封建时代的历史传统而言，具备高尚的情操与自觉的勇气始终就被认为是身居领导者必要的条件。在奥特加的心目中，大众基本上是缺乏高尚的情操，也没有自觉的勇气与客观条件的，因此，他们没有条件宣称有权利为所欲为，而是必然要被别人导引着。尤其，在不具备有伦理与道德性的前提下，他们除了缺欠需要负责的客观条件外，更是没有可以进行追究责任的任何有效机制作为牵制后盾。于是，一旦他们被供奉成为确立权力或论说之正当性的来源，同时也成为行动主体来决定整个历史的趋向（如法国大革命的场景）的时候，无疑的，这样的大众是一匹脱了缰的怪兽，几乎无以驾驭，因为人们所能做的，只是根据他们所被认定（或想象）的意向，尽量地讨好他们。顺着所谓公共意见的符号氤氲雾霭经营起来的气体化拟像，于是具有着一定的神圣性，被认为正是（特别人民）大众之意向的正统表现形式，尽管此一神圣性经常是短暂、弱化，并且不时地遭受着亵渎。

审视当今的自由民主社会，我们不免会发现，在诸如人民至上、主权在民等迷思的庇荫下，尤其环绕着统计学的“均值”概念，为“多数”此一数字概念营造了神圣的意义，大众的公共意见拟像也因此被供奉成为裁夺公共事务与臧否公众人物的终极判准。它超越了一切的道德名目与伦理信念，自身转而成为确立道德与伦理的终极形式，神圣不可侵犯，尽管，现实上，它经常是被操弄、包装甚至亵渎着，尤其是通过大众传播媒体。易言之，隐身于媒体背后的诸多幕后主使才是操弄着公共意见的真正主角，他们以婉转、迂回而隐晦的方式形塑着大众的公共意见，成为展示和证成大众之行止的正当性依据。以诸如这样的方式来营造公共意见拟像的至高性，除了证成大众的公共意见拟像是提供终极判准的神祇之外，更重要的，这恰恰正是让当代的大众有着“不用负责任”之正当性的强而有力基础。对隐身于媒体背后有着操纵能力的诸多幕后主使，他们当然更是不用负任何责任，因为他们始终就有着不在场的铁证。况且，隐藏地依附在操控背后的利益、认同、意识形态等，总是可以让他们编织出太多令自己相信的正当性来捍卫自己的行止，其中，自信但却轻率地假科学具客观性与价值中立的迷思，正是为自己卸责最佳的借口。在这样的情况下，他们自然更加是不必问及道德或伦理上的责任问题，而且，人们更是不会、也不可能追究。

或许，有人会说，在当今的大众媒体世界里，我们看到了某种形式的回馈反应（如报纸的读者投书、电视上谈话节目的“叩应”）是存在着，在某个程度里，这多少可以弥补单向垄断所带来的“不良”现象。纵然这样的说法是可以接受，但是，毕竟，这样的回馈反应是有限、迂回、匿名而隐形。对绝大部分作为大众的人们来说，他们始终还是沉默的听（观）众或消费者（因而，大众形态的样态依旧）。准此，总地说，一个以大众形态作为显性特质的时代乃意味着，就具内涵的结构理路而言，大众基本上是仅具反应性的，在绝大部分的场合里，他们并不主动引发刺激，经常也无能引动刺激的，听众如此，观众如此，读者如此，消费者亦复是。尤其，他们经常是被动地被引导而进行着快速的更动（如通过时尚的机制）。甚至，我们已经无法确知明天会发生什么，而且，也无所谓，更是不必坚持。于是乎，一切成为“可能”，也同时是“不可能”，有的，只好委诸“天命”的机遇。

情形显得特别的是，一旦大众传播媒体所呈现的这样垄断现象被推至极致，它的威力原则上并不是来自其体现在技术层面所衍生的结构理路，而是其所内涵之言说的特质本身（Baudrillard, 1981: 182, 注31）。就此而言，大众传播媒体所表述的整个言说，基本上缺乏具有可以使得正负情愫交融的象征交换互动产生不断逾越的共感共应回荡特质，而只是呈现着单向的讯息传递，若多有的，顶多是一种对反（opposite）情愫的接续回流撞击而已。因而，大众传播媒体总是难以让人们彼此之间形塑深刻而纯净的共体感，假若这是需要，也是人们所期待的话。

依循着前面的论述脉络往前推衍着，大众一概念涵蕴着消费的成分是多于生产的成分的，而且，文化的意味又凌驾于政治，尽管经济的幽灵一直缠绕着不放[①]。因此，大众总是与文化消费作为一种状态相联在一起，在当今，更是与一种具特定历史意涵的文化消费现象——消费文化结成为不了缘的亲家。

在我的观念里，当大众一概念与文化消费现象相联在一起而被提出时[②]，它原本即意涵有神圣性之游戏（play）形式的意思，并赋予一种极富原始性的神秘色彩[③]。然而，一旦大众被消费文化征服而成为消费大众之后，尽管游戏的痕迹或许仍

---

① 相关的讨论，参看叶启政（2005b）。

② 显然的，当大众总是以诸如观众、听众、阅听人（尤其，消费者）等等的身份呈现其自身时，它基本上即是以文化消费者（非文化生产者）的姿态来界定的。尤其，当它处于庞大而强劲之消费文化体系的阴影下时，大众所具有的文化消费属性更是不言而自明了。

③ 有关把文化（消费）活动的本质看成是一种游戏的形式，参看赫伊津哈（Johan Huizinga, 2000）与皮柏（Josef Pieper, 1952）。

然依稀可见，但是，依附在资本主义之市场机制的商品逻辑之下，消费文化商品化背后所依托的体系化理性，却总是导使原始的神秘色彩荡然无存，或者，也因被商品化之消费文化的生产体系进行着逾越性的转化，导使在传统社会所常见之游戏的神圣元神尽失，无法产生集体共感共应的“社会连带”效果。再者，这样的商品逻辑甚至使得启蒙运动以来所倡导之具自我反省与自我批判的严肃“理性”彰显的有效性，更是遭受到严厉的挑战。这一切总是促使大众以被引导的方式来带动着时代巨轮往前转动，理想不是被创造，而是经常被遗忘，顶多，只是以廉价的方式借着“自然”之名予以安顿。难怪，奥特加会说，“大众人”是一种原始人，他们相信一切文明都是像自然一样，自动自发地自我生产着，一切来得那么自然。基本上，这些人是具野蛮形态的人，是一种置身于文明世界中的自然人（*naturmensch*）（Ortega, 1989: 112, 121）。于是乎，它们是一群没有高贵情操的新贵族，趾高气昂地享受着丰硕、富饶且自认为是“文明”的生活。

行文到此，基于为底下所将进行的讨论铺设论述的基底，我们似乎有必要为上述的论说提出具阶段性的总结批判说词。简扼地说，情形是：以统计学的“均值”搭架“多数”的绝对神圣来展现所谓的公共意见，基本上乃把人们之个别意见中诸多分歧、暧昧、矛盾等之无形复杂的个别质量成分完全剔除，经常仅留下以“是”或“否”之简化两分选择的回应形式来定义结果样态，并且以为这即是真实的实际状态。无疑的，以这样的简单二分的回应形式来形塑的公共意见拟像，亵渎了被视为具大众形态之个体人的意志、认知与判断能力，也践踏了个体性可能具有的社会学意涵，更是扼杀了具共识共感性之伦理或道德情操背后应有的神圣性。说来，这样的情形正是诸多西方社会学家关心并企图予以化解的关键所在，前面提到的威廉斯与奥特加的论说即是明例，纵然鲍德里亚的立场可以有所保留着。

第六节　两个有关对共同体有所期待的论述

自从西方社会学问世以来，追寻社会里的成员们具整合协作且有着相当程度之亲密感的共属意识的社会秩序基础，一直就是许多社会学者梦想完成的思想任务。他们甚至以欧洲中古世纪之共同体形式的社会体作为典范来作为构思的基础，滕尼斯（Ferdinand Tönnies, 1988）的区分共同体（*Gemeinschaft*）与社会（*Gesellschaft*）类型的秩序样态，就是一个典型的范例。齐美尔（Georg Simmel, 1950）更是以人与人之间具社会性（sociality）特质作为哲学人类学的存有预设来确立人类社会得以形成的初基基础。涂尔干（Durkheim, 1995）分析初民社会之人们在节庆时所呈现的集体亢奋（collective effervescence）与因此形成的集体意识，以及莫斯（Marcel Mauss, 1989）强调具全面性报称（total prestations）的互惠互动等等的说法，在在均说明着，期待人们有着具整合协作性质的社会整体感并共享着一些共同的感应、价值、态度与信念等，乃构作理想社会的基本要件。因而，对具上述种种特质之大众社会的来临，许多的社会学者莫不有所担忧，以为需要谋求补救与改造。

在此，让我首先引述安德森（Benedict Anderson）对国族（nation）形成的一些说法作为进一步讨论的分离点。当安德森指出国族是一种想象的共同体时，乃意味着国族是一种以认同方式被想象出来的意义体现，“因为即使是最小的民族（按：即国族）[①]的成员，也不可能认识他们大多数的同胞，和他们相遇，或者甚至听说过他们，然而，他们相互连结的意象却活在每一个成员的心中”（Anderson, 1999: 10）。

从上面的讨论，我们可以很清楚地看到，安德森所铺陈的“国族”此一概念，显然是无法直接移植到大众上面来的，而且，大众的核心意涵更是不同于安德森所想象的共同体概念。退一步说，纵然大众可以被宣称是共同体，他们也只不过是一种共受体而已，人们彼此之间既未必有（而且，往往是没有）相互共感共应的情形，更说不上分享有共同想象的认同意义（尤其，强烈的集体情绪）的。大众有的，顶多是个别地感受着意义，而这往往只不过是因为人们具有着共同的“类”（species）属性（即“人类”），所以，有着共享类似的情绪与认知模式的情形发生。正如马费索利所说的，大众有的是一种具拟情的社会性（an empathetic sociality），表现在一连串社会给予的感觉与情绪氛围（ambience）当中，顶多让人们彼此之间产生了一种有机的投献感（organic sense of

① 使用此译词，乃尊重所引用中文版本之译者的原有用词。

commitment），形成了具部落主义（tribalism）特质的一种情绪共同体（emotional community）（Maffesoli, 1996b: 11, 27）。再次地使用马费索利的用语，这也就是说，大众顶多分享有由社会性引生出来的生机意趣（*puissance*）[①]，但却缺乏我们在初民社会所看到那种具共感共应的仪式性（rituality）[②]，而这体现在当代消费导向的社会尤其明显。

显而易见的，当马费索利（Maffesoli, 1996b）企图以强调具生机意趣之氛围的"部落"概念来刻画当代的大众作为一种共同体形式时，除了分享着伯格森（Henri Bergson）主张生命具生机性的基本哲学立场之外，无疑地乃承继了涂尔干肯确且强调集体意识的社会思想中所意涵之哲学人类学的基本存有论立场，即以为酒神狄奥尼索斯的精神乃人类所具有的基本内在品质，而这体现在具超越且神圣意涵的集体意识里头，并在人们的日常生活世界里（尤其节庆时）以不同的转化形式呈现出来。施用于当今（特别是在大众传播媒体导引下）的大众身上，这样的生机意趣仅仅只是让人们具有着类似"众人一体"（being together）的情绪感受而已[③]。运用马费索利的说法，这即意味着：当代社会乃以美学作为塑造情境伦理的基础，它以

---

① 法文中的 *Puissance* 一词企图表达的是人们所具有的一种具生机性的内在能量，乃与制度化的权力（*pouvir*）一概念相对反地使用着。马费索利使用此一词汇作为分析与理解"大众"的核心概念，基本上乃呼应着伯格森之生机论（vitalism）的哲学观。

② 有关的讨论，参看鲍德里亚（Baudrillard, 1990a）。

③ 有关涂尔干对此一现象的论述，参看涂尔干（1995），同时参看叶启政（2005a: 第 2 章 ; 2008: 第 2, 8 章）。

种种转化的形式体现在人们的日常生活惯域（habitus）里，形成为特定的“生活方式”，并因而产生了具备着情绪共同体特质的所谓“部落”（如“邓丽君歌迷后援会”）。在这样的场景里，过去重视契约性价值信念之政治经济组织的“社会”形式退了位，取代的是重视情感成分的大众社会现象抬头了。这样的情绪共同体，借用鲍曼的说法，基本上则是一种具审美意涵的美学共同体（aesthetic community）[①]，乃随情境的转移而不停地流动变易着。情形有如人们使用剧院的衣帽间一样，看戏前，把衣帽寄挂在那儿的挂钉上，看完戏，就拿走。对此，鲍曼称之为衣帽间共同体（cloakroom community）或挂钉共同体（peg community）[②]（Bauman, 2001a: 71; 2001b; 2002: 176; 2004）。

情形若是如此的话，那么，在“社会”死亡“人民”一概念的有效性也跟着阵亡之后，我们如何供奉“大众”此一

① 对鲍曼来说，另一种共同体形式是以道德作为基础，他称之为伦理共同体（ethical community）。基本上，这乃是传统所认定、也是法定意义上的个体（the individual *de jure*）认定与追求之共同体的基本形式。因有着制度化予以规划之可预期的保证，这样的共同体具有一定的长期承诺、且有着不可异化的权利与不可撼动的义务，对成员更是具有兄弟般的共同承担感情。这些特质正是只具“事实上之个体”（the individual *de facto*）性质的美学共同体所缺乏的（Bauman, 2001a: 72-73; Bauman, 2001b）。显然的，鲍曼所认定且认为是当代人应当追求的，是某种具伦理共同体意涵的社会形式（Bauman, 2001b: 112）。

② 或者，如在另外的一个场合中，鲍曼指出，购物中心（shopping mall）乃是人们远离平凡而单调的例行日常生活，而得以例外而多变地“共同”享受着梦想且让自己显得有了自由选择的非凡场所。他称呼这样的场所乃是为人们营造幽灵共同体（phantom community）的原型地点（archetypal site）（Bauman, 2001b: 106）。

概念神祇，才可能恰切且具启发性地彰显它所可能衍生的意涵呢？这无疑的是一个值得追问的课题，而对这样的一个课题，从过去西方社会学家企图以共同体的“优质”形式来挽救大众的“低俗”、“颓废”甚至是“堕落”的论述出发，可以说是一条具历史意义的进路。在这进路中，再度让某种形式的“社会”与“人民”概念复活，顺理成章地成为关键的课题。在此，让我选择在当代西方社会思想发展史上具有一定之代表性的两位英国社会学家的看法来略加讨论。这两位社会学之一是前已论及的威廉斯，另一位则是鲍曼。

针对着大众的现象，威廉斯即曾经企图以共同体的“小”、具反应性与“优质”文化来对抗大众内涵的“大”、被动性与庸俗文化（Williams, 1963: 301–305）。他认为，其中最关键的因素，乃在于资本主义体制下掌握大众传播媒体以谋求利润的少数施为者（agents）所持有的意识形态（如强调自由选择）。对威廉斯而言，这意识形态基本上违背了民主社会为大多数人谋福利的基本信念（Williams, 1963: 301–302）。他指出，假若人们关心着价值的建立，那么，在强调参与民主的社会里，追寻一种经验的共同体是形塑这种价值标准的必要基础，而这涉及的是有关以服务（service）与连带（solidarity）为本之共同体的社会关系形式的重建，以及经由具共同体意涵的生活来创造文化（Williams, 1963: 306）。

在威廉斯的眼中，文化是针对着自然的成长予以照料（the tending of natural growth）的一种隐喻表现，而照料本身则是一种社会实在的形式（Williams, 1963: 311, 314, 320）。于是，“任何文化，在其整个过程中，是一种选择、一种强调、一种特殊的照料。一个共同文化（a culture in common）[①]的特异地方，即在于选择是自由的，且亦是共同被制造、再制造出来着。照料是一个根据共同决定带出来的共同过程，因而它本身即明白生命与成长的各种实际种类”（Williams, 1963: 322）。对此一说法，费瑟斯通（Mike Featherstone）的评论颇值得参考。他指出，威廉斯接受他所处之时代的发展现实，深知一般大众的（共同但却是平庸，乃至低俗）文化是必须正面对待，但是，却又得注入一些具选择性的“高级”文化传统，以形塑一个具有生命活力的“优质”文化（Featherstone, 1991: 130）。因此，在威廉斯的心目中，共同文化的经营乃在于人们的整体生活方式，它不只是构作较高尚的价值，而且是尊重与接受一般人的日常文化，重点在于营造一个具有共同体感的文化，以对抗体现在较高阶层中的个体化文化（引自 Featherstone, 1991: 134）。

晚近，鲍曼则采取另外的角度，从个体的社会性要求立场切入来重塑共同体的当代意义。首先，他以自由（freedom）与安全（safety）[②]作为两个并重、但却吊诡地对立着的轴线来看待现代人与社会，并以之作为经营和观照共同体的核心概

---

① 不过，根据费瑟斯通（Featherstone, 1991: 133）的说法，威廉斯在其后的著作中几乎不再提到这个概念了。威廉斯（Williams, 1979）自己即点明，当初所以在《文化与社会》一书中讨论共同文化的议题，自有着时代背景上的需要，而如今（指 1979 年左右）已不那么有所相关了。

② 对贝克夫妇（Ulrich Beck & Elisabeth Beck-Gernsheim）而言，则是自由与关爱（care）的问题（Beck & Beck-Gernsheim, 2002: 212）。

念。在他的眼中，共同体乃是

> 一个温暖的地方，一个安逸而舒适的地方。它像一具遮顶，让我们可以躲避豪雨，像一座壁炉，让我们可以在一个酷寒的日子里暖和双手。然而，在其外，在街上，却潜埋着种种的危险；当我们外出时，我们必须保持警觉，无时无刻地戒防着我们谈话的对象和与我们搭讪的人。在这儿，在共同体中，我们却可以放松——我们是安全的，在黑暗的角落里，绝无朦胧浮现的危险（诚然，几乎没有任何角落是黑暗的）。在共同体里，我们彼此都相当了解，可以信赖我们所听到的，而且，在绝大部分的时间里，我们是安全的，不会有困惑或感到反常意外。我们彼此从来就不会是陌生人，……在共同体里，我们可以依赖彼此的良意（good will）。（Bauman, 2001a: 1–2）

从这段话，我们可以清楚地看到，除了威廉斯所未曾明显注意到存在于现代社会的风险（risk）现象之外，鲍曼基本上是分享着威廉斯的意见。他承认威廉斯所指陈之大众现象内涵的种种“致命伤”，如无形状、无以区分、被动、冷漠、陌生等等，而这成为他转而肯定共同体的形塑对当代人之所以重要的关键所在（Bauman, 2001a: 26–27；同时参看Bauman, 1998）。只是，对当代人这样的处境，他有着更进一步的观察，对问题的关键所在提出了更深一层的描述。对此，简单说，他认为“安全”才是核心的问题。

在鲍曼的心目中，安全是人们生存所绝对需要的心理要素，也是社会条件。特别，面对着当前整个世界高度地都市化以及人际互动的流动快速、变易大且又高度区隔化的情景，陌生人的特质确实是充斥在人与人之间，社会里也处处布满着危险的陷阱，以至于人们有着不确定和不安全感，几乎可以说是无以避免的实际状况（诸如，人们不知何时会遭受到陌生人攻击，也不知何时可能发生车祸或意外）。尤其，固然科学技术发达为人们带来甚多的便利或乃至安全保证，但是，却也同时带来了更多让一般人未能充分理解与掌握的风险（譬如，我们不知所吃的食物或使用的器具是否有碍健康）。总之，凡此种种的风险无时无刻地存在于我们的日常生活当中。因此，假若我们可以建立一个人人可以信任、事事可以安心的社会形态，无疑地应当是相当理想的状况，而共同体的样态正是许多西方社会学家心目中的理想形式，鲍曼自也不例外。

理论上，共同体所可能提供的安全，相当程度地可以稳定地修补了人们因追求最大的个体自由可能经历的风险、孤独与挫折等等现象，进而使得自由与安全的吊诡关系获得到一定程度的缓和性平衡。鲍曼认为，即使有权势与事业成功者（特别是在全球到处走动、居住的“新阶级”精英）经常埋怨着共同体所加予的约束，但是，他们也都感受到，生活在缺乏共同连带且充满风险的不确定世界中，一切还是显得不尽满意，甚至是令人感到惊恐的。因此，他们也共同肯定共同体的营建是必要的，尽管，他们认定与期待的共同体的意涵和基层弱势者心目中所存有的形象之间，确实是有着一大段的距离[①]（Bauman, 2001a: 59–64）。

鲍曼说的或许是对的，他告诉我们，面对着这样多元、多变之高度分化的社会，我们是不能如一些社群主义者（communitarianist）所主张的，以简化的方式来营造共同体的，因为，这样的作法其实只是把人们的种种差异区隔开，窄化人们彼此沟通的范围与降低相遇的机率而已。它带来的是使得某种人与另外一种人保持距离、隔离、区分开，并无法解决当代人类文明中最根本的问题——难以保全的不安全焦虑（Bauman, 2001a: 148–149）。于是，鲍曼认为，在今天这样一个高度个体化、却又同时全球化的社会里，假若我们需要一个共同体的话，“它只能（也需要）是一个由分享与共同关怀编织起来的共同体；一个对有着平等权利作为人类（to be human）来予以关怀与具有责任且对此权利又有着相等能力之作为的共同体”（Bauman, 2001a: 149–150）。然而，在尊重具多元而差异之个体性的前提下，我们如何能在广袤邈阔而分歧且又让大众形态的特质猖狂嚣张地彰显着的世界里，编织此一具伦理意涵的心理特质，且又能广为披及于人群之中、并让人

① 根据鲍曼的意见，这些精英所强调的是以身份认同为基础的流动共同体，生活风格是其中重要的指标。譬如，为了自身的安全、也为了得以有自由行动之机会的利益考虑，他们着重种种保全设施，以隔离方式来保护其住所，形成了所谓的住所共同体（如台北市仁爱路上的帝宝大厦）（Bauman, 2001a: 117–118）。甚至，他们要求公部门对种种足以威胁他们身心与财产安全的犯罪予以严格管控，尤其预防发生，而一旦发生了，则主张严格制裁。如此一来，这些精英可以尽可能地同时拥有了自由与安全。

们同时保有平等与自由机会的共同体呢？无疑的，这是一个相当棘手的课题。

第七节　共同体化解得了大众氤氲雾霭云团的“毒性”吗？需要吗？（代结语）

在此需要特别提示着，鲍曼采取“自由／安全”两难的角度来审视（也是重建）共同体，基本上，乃是接受“个体化乃当代社会的基本结构原则”这样的命题作为不可避免的前提。同时，在长期推动个人主义之信念的历史背景下，强调个体性的证成已经根深蒂固地成为当代人的基本信念。人们想当的是有具体脸面且有特定姓名的单一（自然也就是少数的）个体人，而不是没有脸面也没有姓名的多数大众。因而，如何在已经被“大众化”的社会结构里，让人们尚能有效地保有具特定姓名且有具体脸面的个体人形象，自然成为俗世里之人们关心的重要现实课题（Bauman, 2001b）。

鲍曼这样的考量，可以说是从个体人立场出发之一种极具实用主义性格的观点。依我个人的意见，采取这样从个体自身出发的实用主义立场来思考当代的共同体议题，并谋求化解人类所面对之困境的出路，基本上是可以接受的，甚至，应当可以说是一条具有启发性的必要途径。我的理由是，既然个体化作为当代社会的基本结构原则乃是不可避免的趋势，那么，以追求最大自由来证成个体性，且“社会”本身也以提供最有利的制度性条件来协助个体成员证成这样的价值，遂成为可以理解、也是必须接受的基本前提。显然的，在这样的历史场景里，从个体人的角度来构思共同体的问题与提引重建的契机，应当是极为顺理成章的主张，有着一定的妥帖性。如此一来，整个问题的关键只是在于如何切入？或者，转个更为实际而具体的方式来说，即在接受其进路立场的前提之下，鲍曼所提出的化解策略是否适宜？

毕竟，在前面引述之鲍曼所提出的“……由分享与共同关怀编织起来的共同体；一个对有着平等权利作为人类予以关怀与具有责任且对此权利又有着相等能力之作为的共同体”这样的构想，只是一种深具期待性的理想。在当今的现实世界里，这样的理想共同体是否能够实现，还是难以意料的。其中有一个类似“解铃还须系铃人”的问题存在着；简单说，这个问题是：社会的体系结构性问题是否可能通过个体的努力成就来化解，还是只能通过体系自身之结构性的自我改造才得以完成？

采取着贝克（Beck, 1992）的观点，鲍曼即认为，至少，难以保全（insecurity）原就是有着社会体系性的结构因素（如充满着不确定的风险机会）使然的，乃内涵在当代风险社会的结构里头，是无法完全克服的。只不过，今天，整个问题的关键并不在于人们已经体认到这样之不可抗拒的事实，而是处在社会结构本身日渐个体化的时代里，人们却以为这是纯属于个人的问题，可以、也必须仅仅依靠着个人的力量来解决（Bauman, 2000: 148; 2001a: 144; 2002: 69–70）。尤其，在自由民主的社会里，当拥有最大的自由被视为是证成个体性的最佳要素时，社会的权威对个人私领域基本上乃以尽可能不介入为原则来运作。再者，在今天的许多社会（特别西方社会）里，消费面向逐渐取代了生产面向，成为人们在日常生活世界里实际予以重视的课题。于是，人们以过剩的消费（我们经常称之为“富裕”）作为彰显自由的基本内涵，并且蔚成潮流，而这无疑地取代了传统以规范约束来保证人们有着自由的种种作为（Bauman, 2001a: 125; 同时参看Bauman, 1992）。此时，人们之互动关系的基本典范，乃是以非整合性的个人自愿窝聚（swarms）模式来进行协作（coordinated），而非如过去以具线性指挥体系的纵队（marching columns）模式来予以强制约束（Bauman, 2001a: 128）。于是，在如此之个体化、私人化日趋明显的社会里，假若安全保障是重要的话，对个体而言，它经常变成一种仅能谋求自助（do-it-yourself）的功课[①]。鲍曼即以希腊神话中坦塔罗斯（Tantalus）遭受致命惩罚的故事刻画这样的现象，称为坦塔罗斯的致命苦楚（agony）[②]（Bauman, 2001a: 12）。

尤有进之的，假如平权主义（egalitarianism）是任何民主社会的基本信念的话，那么，它体现在像今天这样的所谓后现代社会里的，并不是让体现在人们彼此之间的差异现象予以完

① 吉登斯（Giddens, 1991）则称这样具自我选择性质的自助个人经验为反身传记（reflexive biography）。

② 坦塔罗斯因泄露天机而被罚站在深齐脖子的水中。当口渴难忍而低头喝水时，水却流走。尽管他的头顶上悬挂着香甜的水果，但是，只要他想伸手去抓来解饥渴时，总是有一阵风把这份珍品吹走。共同体就是如同这样的，可望不可及。

全削平或乃至消失，而是肯定各种不同社会类别（如表现在种族、性别、性取向、宗教等）的差异具有相等的正当性，应当同等地被接受。在当代的民主社会里，这更是展现“政治正确”的基本模式，人们期待的，是对趋向多样多元的诸多文化表现形式（包含生活方式）予以相同的尊重。如此一来，人们不必要为了追求平等，让彼此之间显现的差异消逝，当然，更是不需要因此予以撤销[①]。相反的，在这样社会格局里，“差异”与“无差异”产生了一种极为吊诡的相互辉映关系。简单说，差异本身被人们以（也被要求“必须以”）一种无差异的平等方式供奉着，这就成为“多元”的基础。正如在前面提示过的，在现实社会里，这样多元而（理念上）平等的状态，却总是让归属不同社会类别的人们得以以相互隔离的方式各自生活着，彼此之间基本上是互相不闻问的。显而易见的，在这样的场景里，对芸芸众生来说，他们既无追求与肯定威廉斯所强调之具社会整体意涵之共同文化的必要，甚至可以说已无此可能了。人们追求且看重的毋宁是，他们所认同之特殊社会类别的非共同文化，尤其是庶民通俗文化（参看Collins, 1989; Bauman, 2001a: 135）。

然而，情形一再显得吊诡的是，诚如鲍曼告诉我们的，任何的共同体均有阻止其成员做出自由地自我选择的必要，也必须有此力道。因此，在以个人主义作为基本典范信念的现代民主社会里，如何在同时尊重个人（或某种次群体）有选

① 否则的话，情形将变得相当吊诡，因为，追求完全“无差异”的平等，毋宁倒反而会成为一种不可原谅的一元专断论。

择权与承认共同体具有阻止个人选择的压力（即具某种形式的共同文化）之间找到一个平衡点，乃是一项有趣的严肃课题（Bauman, 2001a: 164）。对此，费瑟斯通提出了一个说法。他认为，共同文化若是必要的话，它指涉的不是内容的层次（如高级精致，而非低俗粗鄙的），而是形式的层次。如涂尔干所强调之文化内涵的共同道德情操部分（如爱与关怀或平等与自主）可以说即是典型的形式，尽管它可以衍生出许多不同的社会表征样态，但却必须是分享有一些共同、且相对恒定而持续的意涵（Featherstone, 1991: 143）。因此，这样的共同体本质上不是随着时空与人事而不断流动转移的所谓美学共同体[①]，而是具有深度伦理意涵、且指涉恒定持续的共同体（譬如揭橥着爱与关怀作为信念），尽管它们两者分享着同样的社会元素——即情绪的成分绝不可缺少（也就是说，都得具备着情绪共同体的基本特征），但是，情绪的社会内涵显然是不一样[②]。

总之，倘若前面所提到费瑟斯通的见解可以接受，又如鲍曼认为的，社会结构性的问题终究还是需要依靠结构层面的改造来解决的话，那么，通过某种社会力来经营某种共同文化形式以缔造共同体，无疑是化解当代人类困顿之历史际遇的途径，甚至是唯一的途径，而别无选择。然而，情形显得吊诡的是，大众形态的浮现本身也是某种特殊历史条件所形塑出来之具结构性的结果。一旦我们接受“此一条件乃内在衍生着特定

① 当然，更不是鲍曼所说的挂钉、衣帽间或幽灵共同体。

② 由于这并不是此处关心的课题，所以，存而不论。

之结构性的因果权能效应”作为必要的前提，我们自然是无法期待，任何形式之共同体的经营有着足以取代或消灭大众形态的可能，纵然，我们（如许多社会学家一般）可以承认，共同体与大众社会作为两种社会形式，在人类文明发展的历史进程中，具有着时序接续之演进意涵的关系。所以如是说，乃因为纵使演进的接续关系本身或许意味着后来的大众形态有着取代或消灭（至少威胁或削弱着）过去的共同体形态的现象发生着，但是，倒转历史的潮流而让过去的（伦理）共同体元型回来夺取大众形态的魂魄以重振昔日荣景，基本上是相当难以令人想象并予以期待的。

撇开彼此之间是否具有着历史演进意涵的接续关系不谈，共同体是不同于大众形态（或谓大众）的另类结构形式，两者之间有着不可共量性，既无法相互取代，也不可能相互消灭，除非我们预设（或有充分的现实证据证明）着它们彼此之间在结构上有着具历史毁灭性之意义的取代关系①。然而，发展至今的种种历史迹象都不足以让我们有着充分的现实证据来支持情形是如此，同时，也没有足够的论证基础可以让我们提出这样的预设。易言之，就现况来看，共同体与大众仍然是分

① 纵然这样的关系是存在，严格来说，也只有后来的大众形态取代过去的伦理共同体形态，而难以让历史发展潮流倒转，使得后者的完全形式得以复苏。或许，正是这样的缘故，尽管鲍曼对传统的伦理共同体形式有所心仪，却也只能默许着种种新现的共同体形式（诸如挂钉、衣帽间、居住或幽灵共同体等）。至于现代人应当有所归属之共同体的具体理想图像到底为何，他并没有明说，只提出一些原则性的宣示而已（如强调关爱、平等等）（参看 Bauman, 2001a, b）。

属（或指涉）两种不同的社会情境范畴，它们必然是同时存在着。顶多，只是，它们对人们有着不同强度的效应作用力，以至于人们对它们有着不同的期待与渴求态度而已。因此，在处理它们之间的问题时，有的只是个体人以怎样的方式发挥主体能动力来面对的“偏好”或“适当地予以确立”的课题。

准此，以威廉斯与鲍曼为范例的西方社会学家期待以经营具共同文化形式的（伦理）共同体，或通过共同体为个人在自由与安全之间安排一个平衡点，以来“拯救”概如前述之种种大众社会所呈现的“症候”，无疑只是企图在两个结构上不可共量的社会范畴之间确立出一定的伦理阶序，而让自己成为一个具有代表性的伦理发言人而已。无疑的，这样一个深具伦理性的期待作为，当然是反映着知识分子一向关怀社会与文明发展的古典风格，但是，若说用来矫正、甚至消灭大众形态的现象，那将只是脱离了现实的浪漫梦想，是行不通的，固然其展现的努力精神令人敬佩。所以这么说乃因为，在大众传播媒体的威力几近全面笼罩、且向符号消费导向极端倾斜的资本主义体制乃是一时不可能更动的结构形态的前提下，大众形态现象所内涵的因果权能效应是一股绝不能忽视的力量。现实上，这股力量绝非任何伦理共同体可以予以消灭、甚至只是稍加弥补的，纵然此一共同体确实是具有着一定的威力。在现实世界里，两者之间多有的，总是相互忽略地擦身而过，图的仅是和平共存而已。

纵然退一步来看，假如当代的社会需要伦理共同体的话，它也将不会是如前述之涂尔干与莫斯在初民社会里所看到的那种源自人们自然孕生之共感共应而来的先赋（ascribed）共同体（如宗亲会），而毋宁是靠着人为努力来形塑的成就（achieved）共同体（如慈济功德会）。显而易见的，要成就这样之人为努力以致的共同体，我们是不能不考量社会里既有的优势文化模式，并以之作为基础来设想。以今天人类文明发展的趋势来看，理性化与个体化即是我们不能不接受的优势文化模式。在这样之优势文化模式的主导下，人类所成就的共同体（即此处所谓的成就共同体）具有一些基本的特点，是不能不予以观照的。

依据涂尔干与莫斯的见解，概如前面提过的，在初民社会里所发现之那种源自人们自然孕生的共感共应情绪，对社会的形成与持续运作，是具有着绝对重要的意义的。对他们而言，这是人类社会所以形成的哲学人类学源起状态，更是任何社会形式得以"顺利而有效地"运作的必要条件。这样的共感共应情绪是确立社会成员之间产生神圣性（sacredness）的基础，更是人们互动时彼此予以互惠（reciprocal）的象征内容本身，而别无他物。借用鲍德里亚（Baudrillard, 1975, 1981）的说法，这样的互惠即是纯粹的象征交换，并无任何的附加价值。尤有进之的，这样之具神圣性的情绪，基本上经常是在非凡而例外的场合经营出来的，所谓的节庆（festival）即是最为典型的场合。在这样的场合里，人们共聚欢乐，引来集体亢奋的现象，以至于使得人们容易在冥冥之中感应到神圣"神祇"的存在，涂尔干（Durkheim, 1995）认为，这其实即是"社会"的化身。

在20世纪里，涂尔干与莫斯这样的见解形成为法国社会学的传统，影响左派的思想尤其明显。其中，通过列斐伏尔，继而历经凯卢瓦（Roger Caillois）、巴塔耶与莱里斯（Michel Leiris）等人所组织的“社会学学院”（*the College of Sociology*）、德波（Debord）等人所领导的所谓“情境主义国际”（*the Situationist International*），而至列斐伏尔的学生鲍德里亚，可以说均分享着这样的基本立场，以至于使得他们致力于推动（特别是无产阶级）“革命”（或谓社会改造）时，莫不重视如何在人们的日常生活世界里经营类似节庆的情境，希望通过这样的准“共同体”情境来唤醒（或建构）人们的集体情绪以达成社会改造（或革命）的目的[①]。然而，在现代社会里，显然的，整个情境的经营显得是事与愿违，因为，以个体化为基础所经营起来的（特别是强调工具性的）理性化在在地“阻碍”了这样之集体情绪（因而集体意识）的形成与经营。在样样强调以理性来架设（并实现）个人价值的历史场景里，内涵在涂尔干以降之法国社会学论述中有关节庆所具有之相对确定而严肃的集体神圣性流失掉了，这同时使得形塑共同体的连带系链不够坚实，也不够恒定持续，人们并无法以整个身心状态投入来积极参与的，有的往往只是以具有特定利益价值或兴趣指向作为归依的功利主义态度主导着，并且，仅是以部分的自我来投入，而这成为经营成就共同体的社会与心理基础，也正是前面提到鲍曼所指称，且具马费索利强调生机意趣之美

① 有关作者对此一议题之更多、但简扼的讨论以及有关文献的介绍，参看叶启政（2008，第8章）。

学情绪意涵的挂钉、衣帽间、幽灵或居住共同体等所彰显的基本特质。它们的形成与存在（也是人们所以参与的动机），基本上是基于个体化的特定信念、价值、利益的（特别是后者），其本质是理性（而非感性）的，因而是后设，而非前置的。同时，其所展示的象征意义尽管可能是对反的，但是，却是二元对彰并立的对反（更替），缺乏初民社会的人们进行象征交换时所常见正反情愫交融纠结错综的搓揉现象（如爱恨情愫或生死意念的纠结错综并存）。换句话说，现代社会里这样被理性化后的意义对反更替现象，有的只是二者之间具相互排斥性的取代与更替①。

行文至此，让我补上艾利斯·杨（Iris M. Young, 1990）从不同的立论角度来切入，但却分享着相类似的见解来充作为结论的注脚。他指出，当今的文明人既不可能完全避开滋生陌生人性格之城市生活的基本结构形式，也无法摆脱由个人主义信念所衍生的“差异政治”（politics of difference）作为一种具政治正确性的标杆。在这样的现实条件下，传统强调“面对面互动”“有着某种程度的相互认同感与同构型”“同处于一个特定的时空范域之中”“彼此之间显现出一定的同一性”等属性的理想共同体，事实上是不可能存在，更是难以刻意加以形塑的。因此，推到极端来看，共同体是消逝了，固然我们不能确知是否将会是永远的“死亡”。

---

① 譬如，现代人把死亡完全排除在“活生”之外，人们期待的只是无限衍生之永恒的活生状态。于是，人们才会感觉到需要让意义不断地翻转并展示着，而且，对死亡也才会感到焦虑与恐惧。

显然的，在这样的历史条件下，人类是无法期待过去在初民社会（乃至欧洲中古世纪）里所看到的先赋共同体有着复现的机会。尤有进之的，尽管被个体且理性化的成就共同体与大众现实上是共享着相同的历史宿命，但是，在结构理路的铺陈上面，它们却有着不可共量性。我们是无法期待以共同体（尤其，让过去之伦理共同体复魂）来完全取代（或消灭）大众社会的形式。看来，现代人只能让主体能动性在这样的结构夹缝之中寻找自己的出路，假若让主体能动性发挥作用依旧是生活在个体化社会里之人们的一种共同期待（因而，共同文化）的话。（原文刊登于《社会分析》第1期，第51–96页，2010）

本章参考文献

叶启政

2004 《进出“结构–行动”的困境——与当代西方会学理论论述对话》。（修订二版）台北：三民书局。

2005a 《观念的巴贝塔：当代社会学的迷思》。台北：群学。

2005b 《现代人的天命：科技、消费与文化的搓揉摩荡》。台北：群学。

2008 《迈向修养社会学》。台北：三民书局。

Anderson, Benedict

1999 《想象的共同体：民族主义的起源与散布》（*Imagined Communities: Reflections on the Origin and Spread of Nationalism*）。（吴叡人译）台北：时报文化。

Baudrillard, Jean

1975 *The Mirror of Production.* Translated by Mark Poster. St Louis, Mo.: Telos Press.

1981 *For a Critique of the Political Economy of the Sign.* St. Louis, Mo.: Telos Press.

1983 *In the Shadow of the Silent Majorities.* Translated by Paul Foss, Paul Patton and John Johnston. New York: Semiotext (e).

1990a *Seduction.* Translated by Brian Singer. New York: St. Martin's Press.

1990b *Fatal Strategies.* Translated by Philip Beitchman and W. G. J. Niesluchowski. New York: Semiotext (e).

Bauman, Zygmunt

1992 《自由》(*Freedom*)。(楚东平译)台北:桂冠。

1998 *Work, Consumerism and the New Poor.* Buckingham, England: Open University Press.

2000 *Liquid Modernity.* Cambridge, England: Polity Press.

2001a *Community: Seeking Safety in an Insecure World.* Cambridge, England: Polity Press.

2001b "On mass, individuals and peg communities, " in Nick Lee & Rolland Munro (eds.) *The Consumption of Mass.* Oxford; Blackwell, 102-113.

2002 *Society under Siege.* Cambridge, England: Polity Press.

2004 *Conversation with Benedetto Vecchi.* Cambridge, England: Polity Press.

Beck, Ulrich

1992 *Risk Society: Towards a New Modernity.* London: Sage.

Beck, Ulrich & Elisabeth Beck-Gernsheim

2002 *Individualization: Institutionalized Individual and Its Social and Political Consequence.* London: Sage.

Benjamin, Walter

1970 *Illumination.* London: Jonathan Cape.

Bourdieu, Pierre

1988　“Viv la Crise: for heterodoxy in social science, ” *Theory & Society* 17: 733–787.

Canetti, Elias

1984　*Crowd and Power.* New York: The Noonday Press.

Certeau, de Michel

1984　*The Practice of Everyday Life.* (translated by Steven F. Rendall) Berkeley, Ca.: University of California Press.

Collins, Jim

1989　*Uncommon Cultures: Popular Culture and Post-Modernism.* London: Routledge.

Cooper, Robert

2001　“Interpreting mass: collection/dispersion, ” in Nick Lee & Rolland Munro (eds.) *The Consumption of Mass.* Oxford, England: Blackwell, 16–43.

Coser, Lewis A.

1992　*Maurice Halbwachs on Collective Memory.* Chicago, Ill.: The University of Chicago Press.

Durkheim, Emilé

1995　*The Elementary Forms of the Religious Life.* (a new translation by K. E. Fields) New York Free Press.

Featherstone, Mike

1991　*Consumer Culture and Postmodernism.* London: Sage.

Ferrarotti, Franco

1988　*The End of Conversation: The Impact of Mass Media on Modern Society.* London: Sage.

Giddens, Anthony

1976　“Classical social theory and the origin of modern sociology, ” *American Journal of Sociology* 81: 703–729.

Halbwachs, Maurice

1960　*Population and Society.* Glencoe, Ill.: Free Press.

Huizinga, Johan

2000 *Homo Ludens: A Study of the Play-Element in Culture*. London: Routledge.

Le Bon, Gustave

1969 *The Crowd: A Study of the Popular Mind*. New York: Ballantine Books.

Maffesoli, Michel

1996a *Ordinary Knowledge: An Introduction to Interpretative Sociology*. (translated by David Macey) Cambridge: Polity Press.

1996b *The Time of the Tribes: The Decline of Individualism in Mass Society*. London: Sage.

Mauss, Marcel

1989 《礼物：旧社会中交换的形式与功能》(*The Gift: Forms and Functions of Exchange in Archaic Societies*)。(何翠萍译) 台北：远流。

McClelland, John S.

1989 *The Crowd and the Mob: From Plato to Canetti*. London: Unwin Hyman.

Morgan, Edmund S.

1988 *Inventing the People: the Rise of Popular Sovereignty in England and America*. New York: Norton.

Ortega y Gasset, Jose

1989 《群众的反叛》(*The Revolt of the Masses*)。(蔡英文译) 台北：远流。

Pieper, Josef

1952 *Leisure: The Basis of Culture*. Translated by Alexander Dru. New York: Pantheon.

Simmel, Georg

1950 *The Sociology of Georg Simmel*. (translated by Kurt H. Wolff) New York: Free Press.

Tarde, Gabriel

1903 *The Laws of Imitation*. New York: Henry Holt.

Tönnies, Ferdinand

1988 *Community and Society.* (translated by Derek Coltman) New Brunswick, N. J.: Transaction Books.

Vattimo, Gianni

1992 *Transparent Society.* (translated by David Webb) Cambridge, England: Polity Press.

Williams, Raymond

1963 *Culture and Society 1780–1950.* New York: Penguin Books.

1983 *Keywords: A Vocabulary of Culture and Society.* London: Fontana.

Young, Iris M.

1990 “The ideal of community and the politics of difference,” in Linda J. Nicholson (ed.) *Feminism/Postmodernism.* New York: Routledge, 300–323.